예순아홉,
이제부터 어린이 마음으로 살자

예순아홉,
이제부터 어린이 마음으로 살자

초판 1쇄 발행 2025. 12. 15.

지은이 박재원
펴낸이 김병호
펴낸곳 주식회사 바른북스

편집진행 황금주
디자인 최다빈
마케팅 송송이 박수진 박하연

등록 2019년 4월 3일 제2019-000040호
주소 서울시 성동구 연무장5길 9-16, 606호 (성수동2가, 블루스톤타워)
대표전화 070-7857-9719 | **경영지원** 02-3409-9719 | **팩스** 070-7610-9820

•바른북스는 여러분의 다양한 아이디어와 원고 투고를 설레는 마음으로 기다리고 있습니다.

이메일 barunbooks21@naver.com | **원고투고** barunbooks21@naver.com
홈페이지 www.barunbooks.com | **공식 블로그** blog.naver.com/barunbooks7
공식 포스트 post.naver.com/barunbooks7 | **페이스북** facebook.com/barunbooks7

ⓒ 박재원, 2025
ISBN 979-11-7263-711-8 03810

•파본이나 잘못된 책은 구입하신 곳에서 교환해드립니다.
•이 책은 저작권법에 따라 보호를 받는 저작물이므로 무단전재 및 복제를 금지하며,
이 책 내용의 전부 및 일부를 이용하려면 반드시 저작권자와 도서출판 바른북스의 서면동의를 받아야 합니다.

박재원
지음

예순아홉,
이제부터 어린이 마음으로 살자

인도네시아 오지에서 만난 사람들, 가진 것도 이룬 것도 없이도 마음은 풍요로웠고
말없는 미소는 세상의 무엇보다 환하고 넉넉했다.

그 순간, 내 안의 어린 시절이 깨어났다.

그래, 남은 삶은 세상의 굴레를 벗어나
자유롭고 따뜻한 어린이 마음으로 살자.

프롤로그

거울 속에서 만난 아버지

몇 해 전부터, 거울 속에서 아버지를 마주친다.
면도를 하다 문득 고개를 들면, 낯선 눈빛이 나를 응시한다.
분명 내 얼굴인데, 그 안에 아버지의 무표정이 겹쳐 있다.
나이가 들수록 나는 아버지를 닮아간다.

나는 아버지를 좋아하지 않았다.
그는 유복한 집안에서 태어났지만,
시대의 격랑을 헤쳐 나갈 용기도, 가장으로서의 책임도 외면했다.
어머니가 생계를 떠맡았고, 집 안에는 다툼이 끊이지 않았다.
그런 환경 속에서 나는 아버지를 멀리했고,
말없이 고개를 돌리던 그의 모습은
내게 무기력과 체념의 상징으로 남았다.

그런 아버지가 거울 속 내 얼굴과 겹쳤을 때,
억울함과 서글픔이 밀려왔다.
누구보다 치열하게 살아왔다고 믿었는데,

왜 내 얼굴엔 아버지의 체념이 스며 있는가,
나는 과연 아버지보다 더 나은 삶을 살아온 것일까?

나는 충남 서해안의 작은 농촌에서 태어났다.
겨울이면 얼어붙은 드넓은 논에서 썰매를 탔고,
여름이면 개펄 위를 기어다니며 놀았다.
봄이면 두릅이 돋고,
가을엔 머루와 다래가 지천이던 뒷산을 뛰어다녔다.
가난은 어른들의 몫이었고, 아이들의 마음은 풍요로웠다.

어머니는 장남인 나에게 희망을 걸었다.
서울 숙부댁으로 보내져 고등학교에 진학했고,
해양대학을 나와 해군 복무를 마친 뒤 외항선 항해사가 되었다.
세계의 바다를 누비며 제법 많은 돈을 벌었다.
처음엔 부모님께 효도하겠다는 마음이었지만,
돈이 모이자 욕망이 효심을 밀어냈다.
'내 인생을 바꾸고 싶다'는 열망이 앞섰다.

스물아홉, 미국 유학길에 올랐다.
MBA를 마치고 귀국해 컨설팅 회사에 들어갔고, 결혼도 했다.
이후 경영학 박사학위를 받고 경제지에 칼럼을 쓰며 이름을 알렸다.
서해안의 작은 농촌 마을 출신으로는 나름 성공한 삶이었다.

조용하시던 아버지는 내가 쓴 칼럼을 빠짐없이 스크랩해 두셨고,

만날 때면 미소를 지으며 그것을 내밀곤 하셨다.
나는 무심한 듯 고개를 돌린 채로만 받았다.

욕망은 끝이 없었다.
1993년, 컨설팅사를 창업했고,
필리핀 정부의 대형 프로젝트를 따내며 자신감은 하늘을 찔렀다.
그 기세로 닷컴 열풍에 편승해 필리핀에 정보통신 회사를 세웠다.
큰 성공이 눈앞에 펼쳐지는 듯했지만,
거품이 꺼지자, 모든 것이 한순간에 무너졌다.

그 후. 남은 자금과 지인의 투자금으로
필리핀 민다나오섬의 구리 제련소를 인수했다.
한때 세계 3대 제련소 중의 하나였으나,
마르코스 정권 몰락 이후 가동이 멈춘 채 방치된 곳이었다.
장비를 해체해 팔면 큰 이익을 남길 거라 믿었지만,
현실은 달랐다. 무장 반군의 위협, 지방 권력의 탐욕,
주민들의 약탈이 끊이지 않았다.
수백만 달러에 계약된 장비들이 부두에 도착했을 땐
이미 고철이 되어 있기도 했다.

1년이면 끝낼 줄 알았던 프로젝트는 3년이 걸렸다.
마지막 장비를 실어 보내던 날,
나는 문득 헤밍웨이의 『노인과 바다』가 떠올랐다.
거대한 청새치를 잡아 항구까지 끌고 왔지만,

상어 떼에 살점은 모두 뜯겨 뼈만 남았던 그 노인.
나 역시 결국 빈손이었다.

현실을 외면하듯 골프에 빠졌고,
초청 대회에서 우승도 했지만 상실감은 회복되지 않았다.
이후 뉴질랜드 프로젝트에도 뛰어들었으나
기대는 컸고 결말은 초라했다.

그 무렵, 구리 제련소 투자자였던 지인이 은퇴하며
자신의 회사를 맡아달라고 했다.
나는 한국에 돌아와 대표직을 맡았고,
한 대학에서 학생들을 가르치며 오랜만에 안정을 맛보았다.

내가 경영을 맡은 회사는 국내 1위의 검사 기업이었으나,
관행에 안주한 채 정체돼 있었다.
글로벌기업들의 진출로 경쟁력마저 위태로웠다.
나는 경영컨설턴트의 눈으로 회사를 들여다보았다.
중장기 계획을 세우고, 정보시스템을 새로 구축하고,
해외 영업 네트워크를 확장했다.
회사는 변화에 적응하며 서서히 경쟁력을 회복해 갔다.

예순다섯이 되던 해,
나는 '이제 나의 인생을 살겠다'는 열망에 사로잡혔다.
아내는 빠른 은퇴를 아쉬워하면서도 내 결정을 지지했다.
그렇게 나는 은퇴라는 결단을 내렸다.

나를 찾아 여행을 떠나다

은퇴 후, 코로나가 전 세계를 휩쓸었다.
캠핑카 여행도, 요트를 타고 세계를 일주하는 계획도 접어야 했다.
시골 전원주택에서의 삶 또한 아내의 뜻에 따라 내려놓았다.

대신, 사진과 유화를 배우고,
역사서와 철학서를 읽으며 조용한 시간을 보냈다.
그러던 중, 니체의 『차라투스트라는 이렇게 말했다』를 읽었다.

순간, 깨달음이 스쳤다.
나는 낙타처럼 묵묵히 세상의 짐을 짊어지고,
때론 사자처럼 세상에 맞서 외쳐왔지만,
단 한 번도 나답게 살지 못했다.
남의 시선을 벗어나
자유롭게 살아본 적이 없었다.

그래서 다짐했다.

남은 인생은 어린이 마음으로 살겠다고.
좋으면 마음껏 웃고 신나면 어디든 걸으며,
작은 것에도 감탄하고 기뻐하리라.
세상의 굴레와 관습을 벗어던지고,
타인의 시선을 의식하지 않으며,
나다운 삶을 살아가리라.

그러나 다짐한 지도 어느덧 3년.
나는 여전히 계획을 세우고,
새로운 목표를 좇으며 분주했다.
다시 낙타가 되어 짐을 지고,
사자처럼 애쓰느라,
어린이 같은 자유로운 삶은 멀어지고 있었다.

그러던 어느 날, 마음 깊은 곳에서
작지만 선명한 목소리가 들려왔다.
'지금 떠나라, 다른 시간과 공간에서
온전히 자기 삶을 살아가는 이들을 만나보라!'

나는 배낭 하나와 카메라 가방을 들고 길을 나섰다.
목적지는 인도네시아 플로레스섬,
한때 바다가 갈라져 거대한 대륙이 하나로 이어졌던 땅.
인류의 기원이 숨 쉬고,
동서양 문명이 격렬하게 교차했던 경계의 지대였다.

그곳에서 잊고 지낸 나를 다시 만나고 싶었다.
무거운 짐을 진 낙타도,
세상과 맞서는 사자도 아닌,
그저 환히 웃고 노래하는 어린이로서의 나를.

여행을 마치고 돌아와 거울 앞에 섰을 때,
아버지의 얼굴에 겹쳐진 내 얼굴이
더는 욕망에 지친 체념이 아니라,
어린이 마음으로 환히 웃고 있기를 바랐다.

목차

프롤로그
거울 속에서 만난 아버지
나를 찾아 여행을 떠나다

1장

자카르타,
바타비아의 기억을 마주하다

자카르타에 도착하다 _ 20
순다 켈라파: 대항해 시대 세계 최강 해양 제국의 심장 _ 26
해양박물관: 식민제국의 기억이 보관된 곳 _ 42

2장

족자카르타,
자바의 영혼을 만나다

기차를 타고 자바 평야를 횡단하다 _ 60
보로부두르 사원, 침묵의 소리를 듣다 _ 68
소노부도요 박물관, 자바의 영혼을 만나다 _ 84
어둠에서 피어나는 이야기, 와양 그림자 인형극 _ 92

3장

우붓,
신의 세계와 예술을 만나다

기억 속 신들의 섬 _ 100
라이스 테라스: 생존을 위한 인간 응전의 증거 _ 112
띠르타 엠풀 사원의 정화의식 _ 124
몽키 포레스트, 자연과 권력의 은유 _ 133
우붓의 예술가들 _ 144
아르마(ARMA) 박물관에서 만난 우붓 예술 _ 153

4장

플로레스,
오래된 생명의 흔적을 만나다

원시 인류와의 만남을 상상하며 _ 180
리앙 부아 동굴: 작은 인간의 흔적을 만나다 _ 195
300년 동안 은둔한 마을 와에레보 _ 217
와에레보에 사는 사람들 _ 228

───── 5장 ─────

여행하며 자신의 길을 찾는
젊은 영혼들을 만나다

코모도 해상공원 _ 258
라보엠의 보헤미안들 _ 305
돌아오는 길 _ 336

에필로그

다시 만난 아버지

1장

자카르타,
바타비아의 기억을 마주하다

바타비아의 기억 위에
삶은 느리게 이어지고 있었다.
순다 끌라빠의 바람 속에서
이들이 다시 일어설 미래를 상상해 보았다.

자카르타에 도착하다

자카르타행 비행기에서 다시 읽는 니체

아침 일찍 송도에서 공항버스를 타고 인천국제공항에 도착했다. 시계는 오전 6시 5분. 이른 시간이었지만, 공항은 이미 사람들로 북적였다. 경기 불황이 무색하게, 이들의 얼굴엔 설렘이 가득했다.

이번 여행은 말 그대로 배낭여행이다. 티셔츠 세 장, 반바지와 긴바지 각각 두 장, 양말 네 켤레, 속옷 세 장을 배낭에 넣고, 카메라 본체와 광각과 표준 줌렌즈를 챙긴 카메라 가방, 그게 전부였다. 11월의 인도네시아는 우기가 시작되어 관광 비수기다. 하지만, 열대 지방의 한바탕 비는 뜨겁게 달궈진 땅을 식혀주는 반가운 손님이 되기도 한다.

쿠알라룸푸르 공항에 도착한 뒤, 자카르타행 환승까지 3시간 반을 기다려야 했다. 탑승 게이트 근처에서 버거킹 와퍼 세트로 늦은 점심을 해결하고, 가방에서 니체의 『차라투스트라는 이렇게 말했다』를 꺼냈다. 얼마 전 읽은 책이지만, 짧은 단락으로 구성된 이 책은 여행 중에 틈틈이 읽기에 더없이 알맞았다.

니체는 내가 살아온 삶의 방식과는 사뭇 다른 인간상을 제시한다. 그에 따르면 인간 정신은 먼저 '무거운 짐을 짊어진 낙타'가 되고, 이어 '세상에 맞서 싸우는 사자'가 되며, 마침내 '놀이하는 어린이'로 거듭나야 한다.

순응과 인내의 단계를 지나, 반항과 해체를 거쳐, 끝내 자신의 삶을 스스로 창조하는 존재가 되라는 것이다.

돌이켜 보면, 나는 늘 낙타처럼 살아왔다. 책임을 짊어지고, 주위의 기대에 부응하려 애쓰며, 묵묵히 견디는 삶이었다. 과중한 짐을 불평하기보다 감당하는 것을 미덕이라 여겼고, 그 무게야말로 내 존재 이유라 믿었다. 그러나 이제는 안다. 그것만으로는 내 삶이 온전히 채워지지 않는다는 것을.

니체가 말한 사자의 반항도 내게도 낯설지 않다. 익숙한 가치와 방법에 의문을 품고, 답답한 질서에 저항하며 살아온 시간도 있었다. 하지만 사자에 머문 삶은 결국 끝없는 투쟁에 갇히고 만다.

니체는 말한다. 인간의 마지막 변형은 '어린아이'다. 규칙에 얽매이지 않고, 두려움 없이, 놀이하듯 세계를 대하는 존재. 이제 인생의 마지막 여정을 앞둔 나는, 그 아이를 다시 만나고 싶다. 인생의 모든 짐을 내려놓고, 세속적 성취를 위한 분투를 멈추고, 다시 어린아이처럼 살고 싶다.

역사의 이치는 순환이라 했던가. 인간의 삶 또한 결국 처음으로 돌아가는 법이다. 이제는 겹겹이 둘러싸인 이성의 외피를 벗어 던지고, 감정에 충실한 낭만주의자가 되고 싶다. 보이는 것 너머를 상상하고,

따지고 묻기보단 느낌으로, 계획하기보다는 흘러가는 대로, 남은 날들을 그렇게, 더 자유롭고 더 풍성하게 살아가고 싶다.

피카소는 말했다. "미켈란젤로처럼 그리는 데는 3년이면 족했지만, 어린이처럼 그리는 데는 평생이 걸렸다."

진정한 나다움은 관습과 굴레를 벗어던지고, 다시 어린이 마음으로 세상을 대하는 데 있다. 그것은 결코 쉽지 않은 도전이다.

그러나 인생의 끝자락이 이른 지금, 그 도전을 외면한다면 나라는 존재의 의미는 어디서 찾을 수 있을 것인가.

자카르타의 낯섦과 다짐

자카르타에 도착한 시간은 늦은 오후였다. 한국의 영하의 날씨와 달리, 열대 특유의 더위와 습기가 공항 안을 가득 채우고 있었다. 기온이 오르면, 냄새 분자들이 흩어지는 건지, 낯선 냄새들이 이곳이 낯선 땅임을 실감하게 했다.

유리 패널 너머로는 넓은 잎의 열대 식물과 키 큰 야자수가 어우러져 있었고, 공항 곳곳에는 전통 악기와 그림자극 인형, 산속 원주민 마을 풍경을 담은 사진들이 전시돼 있었다. 그중 허리를 틀고 손가락을 곧추세운 발리 무용수의 사진이 이 나라의 정체성을 상징하는 듯했다.

공항을 나서자 택시 기사들이 몰려들었다. 한때 김포공항에서도 흔히 보던 풍경이다. 사정을 잘 모르는 외국인을 상대로 하루치 수입을 노리는 생존의 절박함은 시대와 장소를 막론하고 크게 다르지 않았다.

나는 그랩 앱으로 택시를 부르려 했지만, 신용카드 오류로 결제가 되지 않았다. 결국 공항 내 고정 요금 택시를 이용하기로 했다. 가격은 앱보다 비쌌지만, 유니폼을 입은 직원이 영수증까지 건네주니 믿어 보기로 했다.

택시가 공항을 벗어나자, 평지에 주황색 기와지붕의 주택들이 끝없이 이어졌다. 그 사이로 고층 콘도 건물들이 솟아 있었다. 높은 층을 잇는 브리지, 울창한 조경수로 둘러싸인 수영장이 눈에 들어왔다. 낯선 도시의 생경한 풍경이다. 아마도 인도네시아 부유층의 삶을 보여주는 단면이리라.

40분쯤 지나 호텔에 도착했다. 하지만, 카운터에서는 환전이 불가능했다. 하는 수 없이 환율을 넉넉히 쳐서 달러로 택시비를 지불했다. 짐을 객실에 내려놓고, 저녁식사도 할 겸 로비 직원이 알려준 환전소를 찾아 밖으로 나섰다.

그곳까지는 제법 거리가 있었다. 가로등이 드문드문 켜진 거리는 이미 어둠에 잠겨 있었다. 인도는 널찍했고, 바닥은 뜻밖에도 깔끔했다.

20여 분을 걸어 도착한 작은 쇼핑몰에는 환전소가 없었다. 식당 몇 곳에 들러 달러를 사용할 수 있는지 물었지만, 모두 고개를 저었다. 10년 전에 달러를 적극적으로 환영하던 풍경은 이제 사라졌다. 그만큼 이 사회가 안정되었다는 뜻일 것이다. 불편했지만, 나는 이 변화를 긍정적으로 생각하기로 했다.

다행히 한 인도 식당이 달러를 받겠다고 했다. 인도네시아에서의 첫 식사가 인도 음식이라는 점은 다소 아쉬웠지만, 달리 방법이 없었다. 치킨 티카와 음료를 주문했다. 향신료가 강해 입에 잘 맞지는 않았지만, 허기를 달래기엔 충분했다. 식사 후 주인에게 부탁해 50달러를 루피아로 환전했다.

조금은 낯설고 불편했지만, 나는 이렇게 인도네시아에 첫발을 내디뎠다. 공항을 나서는 순간, 익숙한 질서와 감각에서 벗어난 세계가 낯설게 나를 맞이했다. 그 낯섦에서, 나는 문득 마음속 깊은 곳에서 다짐했다. "그래 이곳에서라면 잃어버린 어린이 마음을 되찾을 수 있을 거야."

세상의 굴레와 선입견, 익숙한 감각과 의무를 내려두고, 그저 눈을 크게 뜨고, 귀를 열고, 마음을 활짝 펴서, 이 세계를 만나보자. 놀라며, 웃으며, 질문하며, 기꺼이 길을 헤매며, 세상은 내가 알고 있는 너머에서도 이렇게 살아 숨 쉬고 있음을 느껴보자.

나의 여행은 그렇게 시작되었다.

그리고 그 첫걸음은 순다 켈라파(Sunda Kelapa)였다. 세계의 권력을 독점하려던 서양 제국들이 앞다투어 몰려들었고, 향료를 둘러싼 탐욕으로 치열한 경쟁과 살육이 일어났던 옛 항구, 인도네시아 전역에서 수집된 정향과 육두구가 이곳에 쌓이고, 향료를 가득 실은 선박들이 유럽을 향해 출항하던, 바로 그 출발점이었다.

향료창고의 벽돌과 나무 기둥 사이, 아직 남아 있을지 모를 잔향 속에서 나는 물을 것이다. "도대체 향료가 무엇이기에, 그들은 죽음을 무릅쓰고 이 먼 곳까지 왔을까?", "향료 더미 속에서 그토록 원하는 것을 끝내 이루었을까?"

그리고 나 자신에게도 물을 것이다.

"그들이 향료를 좇았듯, 치열하게 살아온 내 인생의 끝에 남은 것은 무엇인가?"

순다 켈라파:
대항해 시대 세계 최강 해양 제국의 심장

순다 켈라파는 어떤 모습으로 남아 있을까?

자카르타 북부 해안에 위치한 순다 켈라파(Sunda Kelapa) 항구는 한때 동남아 해상 교역의 핵심 거점이었다. 자바 전체의 경제와 문화가 중국, 그리고 믈라카 해협을 거쳐 인도, 아라비아반도와 연결되던 전략적 관문이기도 했다. 후추, 정향, 육두구 같은 향신료는 물론, 직물과 도자기, 귀금속과 일상용품까지, 각지의 상인과 물자가 이 항구를 통해 오갔다.

무엇보다도 이 항구의 의미는 단순한 무역항에 머물지 않는다. 이곳에 실려 나간 '향기의 무게'가 바로 유럽 대륙을 흔들었고, 결국 '대항해 시대'를 깨운 직접적인 동력이 되었다.

선사시대 이래 인도를 오가는 아랍 상인들에 의해 향료에 매혹되었던 유럽인들은 15세기 후반에 이르러, 막강한 해양력을 바탕으로 향신료의 원산지인 말루쿠 제도(Moluccas, '향료 제도')에 찾기 위해 새로운 항로를 탐색했다.

그리고 그 진입로에 있던 순다 켈라파는 유럽 제국주의의 첫 발걸음이 찍힌 해상 관문이 되었다. 1512년, 포르투갈 상인들은 이곳에 도착해 토착 왕국과 조약을 맺고 상관을 설치했다. 이것이 동남아에 본격적으로 유럽 세력이 진출한 기점이었다.

순다 켈라파는 힌두계 토착 국가였던 파자자란(Pajajaran)의 외항으로, 14세기부터 활발히 운영되었다. 16세기 초에는 중국, 인도, 아랍, 말레이계 상인들과 함께 유럽인들까지 오가는 국제적 요충지로 발전했다. 하지만 포르투갈과의 연합에 반발한 이슬람 세력인 데막(Demak) 술탄국은 1527년 군사행동을 통해 이 항구를 점령하고, 그 이름을 '자야카르타'(Jayakarta)로 바꾸었다. 오늘날 '자카르타'라는 이름은 여기서 유래한다.

더욱 큰 변화는 1619년에 일어났다. 네덜란드 동인도회사(Vereenigde Oostindische Compagnie: VOC)가 무력으로 자야카르타를 점령하고, 도시를 파괴한 뒤 그 자리에 새로운 도시를 건설하고, 이름을 '바타비아'(Batavia)라 명명했다. 이 항구는 이후 유럽으로 향료를 수출하기 위한 집산지이자 물류기지, 그리고 자바 식민 통치의 행정 중심지로 기능했다.

이곳에서 유럽으로 보내진 후추와 정향, 육두구는 '검은 금'이라 불릴 정도로 귀했으며, 순다 켈라파는 무역과 폭력, 자본과 식민이 교차하는 전초기지가 되었다.

그러나 시간은 모든 것을 밀어냈다. 19세기 말, 대형 선박을 수용할 수 있는 더 수심이 깊고 현대적인 신항 탄중프리오크(Tanjungpriok)가 건설되면서, 순다 켈라파는 점차 쇠퇴했다. 수심이 얕고 기반 시설도

낙후된 이곳은 점차 전통 목선 '피니시'(Phinisi)만 오가는 한적한 부두로 전락했다.

한때 대항해 시대를 깨운 향기가 모이던 세계의 입구였던 이곳, 세계 최강 해양 제국의 심장이었던 이 항구는, 오늘 어떤 모습을 하고 있을까.

순다 켈라파 가는 길

아침 식사 후, 그랩 택시를 타고 순다 켈라파로 향했다. 구글맵에는 '자카르타 올드타운' 북쪽에 있는 것으로 표시되어 있었다.

우선, 옛 행정청이 있던 올드타운으로 향했다. 지금은 '자카르타 역사박물관'(Jakarta History Museum), 혹은 '파타힐라(Fatahillah) 박물관'으로 불리는 건물 근처에서 택시를 내렸다. 광장을 한 바퀴 둘러본 뒤, 곧장 순다 켈라파를 향해 걷기 시작했다.

길을 찾던 중 경찰 초소를 발견해 물었다. 경찰은 잠시 고개를 갸우뚱하더니, 건물 사이 좁은 골목을 가리켰다.

"쭉 가다가 오른쪽으로 꺾으세요."

나는 약간 미심쩍었지만, 그래도 경찰의 말이니 믿고 골목 안으로 들어섰다.

그러나 한참을 걸어도 항구의 기척은 없었다. 낡은 2층 건물만 줄지어 있었고, 인적도 드물었다. 작은 모스크를 지나쳐도, 여전히 퇴락한 골목은 끝날 기미가 없었다. 마침내 벌겋게 녹슨 채인 더미와 철제 부품들이 무더기로 쌓여 있는 선구상이 나타났다. 하지만, 항구는

잡화를 가득 실은 손수레 앞,
장사 나설 채비를 하며
상인은 환하게 웃었다.

여전히 보이지 않았다.

그늘에 앉아 잠시 땀을 식히는데, 길 건너 한 남자가 눈에 들어왔다. 손수레를 정리 중이었는데, 산더미처럼 쌓인 물건들 사이로 일회용 과자 봉지, 샴푸, 양철 쓰레받기, 냄비와 프라이팬 같은 생활용품들이 빼곡했다.

나와 눈이 마주치자, 그는 자신의 손수레를 가리키며 환하게 웃었다. 마치 '어때 내 솜씨, 괜찮지요?'라고 말하는 듯한 표정이었다. 차량이 다니기 어려운 강변 마을에서는 이런 손수레 행상이 딱 맞춤일 것이다. 그가 골목에 들어설 때마다 작은 소란이 일어나리라. 아이들은 과자 봉지를 가리키며 엄마를 졸라대고, 엄마들은 낡은 냄비를 새 것으로 바꾸려고 흥정을 벌일 것이다.

그 모습을 보며, 문득 어린 시절이 떠올랐다. 내가 살던 시골 마을에도 행상들이 찾아왔다. 소금 장수, 빗자루 장수, 기름 장수, 박물 장수… 각자의 물건을 지게에 지고 마을에 들어서며 큰 소리로 외치던 '소금이요!', '기름 사세요!'. 그들이 찾아오면, 정적이 감돌던 마을이 갑자기 살아났다.

그중에서도 우리 어린이들에게 가장 인기 있던 행상은 단연 '아이스께끼' 아저씨였다. 설탕물에 색소를 넣어 얼린 막대 아이스케이크 박스를 짐 자전거에 싣고, 초여름에 우리 마을을 찾아왔다.

"아이스께끼!" 그 외침이 들리면, 우리의 미각은 단숨에 반응했다. 조용하던 골목에 아이들의 침 삼키는 소리가 퍼졌다.

우리는 모두 가난했다. 엄마에게 졸라봐야 소용이 없다는 걸 알았기에, 우리는 곧장 집 안팎을 뛰어다니며 교환할 만한 물건을 찾았다. 빈 병, 헌 고무신 한 짝, 밭에서 갓 캐낸 마늘 한 묶음. 그것이면 충분했다. 아저씨의 자전거에는 그런 물건들이 굵은 고무줄에 묶여 마치 작은 동산처럼 차곡차곡 쌓여갔다.

지금 생각해 보면, 아저씨는 몇 개의 고개를 넘어 먼 도시에서 우리 마을을 찾아왔다. 돌아가는 길, 자전거는 훨씬 무거워졌지만, 그 무게만큼 기쁨도 더해졌으리라. 우리는 가난했지만, 그 시절의 행복했던 기억은 지금도 선명하다.

옛 기억에 잠긴 채 걷다 보니, 드디어 '순다 켈라파'를 가리키는 교통 표지판이 눈에 들어왔다. 좁은 골목길이 큰길과 만나는 지점, 왼쪽은 해양박물관, 오른쪽은 순다 켈라파다. 그리고 길 너머 건물 틈 사이로 바다가 보였다.

표지판을 따라 오른쪽으로 한참 걸어가자, 보행자와 차량 출입구가 나란히 있는 정문이 나타났다. 옆에는 작은 경비 초소가 있었지만, 안은 텅 비어 있었다.

나는 조용히 정문을 통과해 안으로 걸어 들어갔다. 오른편엔 넓은 마당을 둔 2층짜리 항만 관리청사가 보였다. 단정한 청사와는 달리, 그 앞쪽으로는 오랫동안 사용되지 않은 듯한 낡은 건물들이 늘어서 있었고, 도로는 여기저기 움푹 파여 있었다. 잡초는 무성했고, 사람의 기척도 없었다.

조금 기묘하다는 느낌이 들었지만, 하늘은 청명했다. 그 때문일까. 마음 한편이 알 수 없는 기대감으로 두근거리기 시작했다.

과거의 영광 - 거대한 목선 피니시선

입구를 지나 한참을 걸어 들어가자, 길가에 심어진 성긴 잎의 나무 아래 한 노인이 앉아 있었다. 햇볕에 그을린 얼굴에는 깊은 주름이 패여 있었다. 그는 엉덩이보다 작은 깨진 시멘트 조각 위에 몸을 얹고 있었다. 내가 다가가 인사를 건네며 "순다 켈라파?" 하고 묻자, 노인은 어리둥절한 표정으로 나를 바라보다가 말없이 미소를 지었다. 다시 내가 "켈라파!"를 반복하자, 그는 천천히 팔을 뻗어 한쪽을 가리켰다.

그가 가리킨 방향으로 100미터쯤 더 걸어가자, 도로변에 대형 트럭들이 몇 대 서 있었다. 기사들은 운전석 창을 열어둔 채 두 다리를 문 밖으로 내민 채 낮잠을 자고 있었다.

그 곁을 지나 오른쪽으로 꺾는 순간, 숨이 멎는 듯한 광경이 펼쳐졌다. 거대한 목선들이 줄지어 정박해 있었다. 육중한 선체, 하늘을 찌를 듯 솟은 돛대, 햇빛에 바래고 손때가 묻은 듯한 굵은 밧줄들.

순간, 나는 대항해 시대를 배경으로 한 영화 세트장에 들어선 듯한 착각에 빠졌다. 오래전부터 시간이 멈춘 듯, 모든 것은 낡고 낯설었지만, 이상하게도 정겨운 풍경이었다. 가슴 한편이 저릿하게 먹먹해졌다.

정박 중인 피니시선
흙 부대로 제방을 쌓은 부두, 하지만 곳곳이 물웅덩이가 되어 있다.

　한참을 바라보다가, 비로소 그것들이 인도네시아 전통 목선 피니시(Phinisi)임을 알아차렸다. 수백 년 전, 술라웨시 사람들이 바다를 누비던 시절, 그들은 네덜란드의 스쿠너(Schooner)선을 본떠, 당시로서는 바다를 지배할 만큼 앞선 배를 만들었다. 하지만, 이 배들은 오늘날에도 여전히 수작업으로 건조되며, 기술적 진보는 오래전에 멈추었다.

　아놀드 토인비는 『역사의 연구』에서 성장이 멈춘 문명을 '절벽을 오르다 중턱에서 멈춰 선 등반자'로 비유했다. 문명의 진보가 '창조적 소수의 응전'에서 비롯된다고 보았지만, 그 응전이 어느 순간부터 창조가 아닌 과거를 향한 모방으로 바뀔 때, 문명은 활력을 잃고 정체된다. 관습의 틀 안에 스스로를 가둔 사회는, 더 이상 미래를 향해 나아가지 못한 채, 역사의 강물 속에 고인 웅덩이처럼 남게 된다.

지금 조용히 순다 켈라파에 정박해 있는 피니시선들 역시, 영광스러웠던 과거의 숨결을 품은 채 역사의 시간 속에 머물러 있는 듯했다.

1841년, 1차 아편전쟁. 세계 최초의 철제 군함 네메시스(Nemesis)는 홍콩과 마카오 사이, 주강 어귀에서 청나라의 대형 목선 함대를 단숨에 격파했다. 철과 증기, 무장과 속도. 그 압도적인 기술력은 전통 해양 질서의 붕괴를 알리는 신호탄이었고, 목선의 시대는 그날로 사실상 종지부를 찍었다.

그러나 지금 이곳에는, 역사 속으로 사라졌다고 여겼던 거대한 목선들이 여전히 줄지어 정박해 있었다. 마치 마지막 전투를 앞두고 숨을 고르고 있는 유목제국 중가르의 낙타[1]처럼.

그 배들을 바라보며 문득 생각했다. 혹시 나 역시, 이들처럼 전진을 멈추고 천천히 내 생의 끝자락으로 미끄러져 가고 있는 것은 아닐까.

그러나, 이제는 생각이 달라졌다. 멈춤이 꼭 쇠퇴를 의미하지는 않는다. 어린이가 놀이 속에서 멈춰 한 줄기 바람을 느끼며 미소를 짓듯, 이 정지의 순간이야말로 다시 시작을 알리는 숨 고르기일 수도 있다. 피니시선도, 나도, 이 낡음과 멈춤 속에서 또 다른 방식의 삶을 살아가는 중인지도 모른다.

---

[1] 중가르의 낙타: 17세기 말~18세기 중반, 중앙아시아를 지배했던 오이라트 몽골계 유목제국, 준가르 칸국은 청나라 강희제의 군사 원정에 의해 멸망했다. 준가르족은 대규모 학살과 추방으로 거의 소멸했고, 이 과정은 유목제국의 최후를 상징하는 사건으로 기록되었다. '중가르의 낙타'는 패망 직전, 더 이상 이동하지 않고 황야에 주저앉은 유목민과 그들의 짐승들을 상징적으로 표현한 말로, 공원국의 『여행하는 인문학자』(민음사, 2012)에서 인용하였다.

순다 켈라파의 현재 – 해수면 상승과 지반 침하, 그리고 계속되는 생존

　순다 켈라파는 자바섬 북서쪽 고원에서 발원해 자카르타 시내를 가로지르는 칠리웅강(Ciliwung River)의 어귀에 자리한다. 강폭은 좁고 수량도 많지 않아 유속도 더뎠다. 강둑 양쪽에는 수많은 판잣집이 다닥다닥 붙어 있었고, 그곳은 이미 도시 빈민들의 삶터가 되어 있었다.
　순다 켈라파는 지금 위기의 현장이다. 강을 따라 흘러 내려온 토사가 해저에 쌓이고, 기후변화로 인한 해수면 상승과 지반 침하가 동시에 진행되고 있기 때문이다. 부두는 곳곳이 침수돼 있고, 부두의 끝자락을 흙 부대로 제방을 쌓아 바닷물의 범람을 막고 있다.
　전혀 예상치 못한 풍경이었다. 제방은 플라스틱 자루에 자갈 섞인 붉은 흙을 담아 쌓은 것이었다. 제방을 쌓은 지 이미 오래된 듯, 여기저기 자루가 터지고 찢어져 그 사이로 흙이 흘러나와 부두 전체를 붉게 덮고 있었다. 한때 VOC의 향료무역 중심지였던 항구는, 이제 지저분한 흙 부대 제방으로 바닷물의 범람에 저항하며 마지막 수명을 연명하고 있었다.
　흙 제방 위에는 사다리가 드문드문 걸쳐져 있었다. 사람들은 사다리를 타고 제방에 올라, 다시 배의 난간에 걸쳐 놓인 널빤지를 딛고 선박에 올랐다. 피니시선들은 약 30도 각도로 비스듬히 부두에 접안해 있고, 상어 주둥이처럼 돌출된 선수는 밑에서 올려다보면 위압적으로 다가왔다. 길이는 약 30~50미터, 폭은 10~15미터 정도. 목선이지만 500여 톤의 화물을 실을 수 있다니, 한때, 동남아 무역선의 최강자로 바다를 누볐을 위용이 아직도 선체에 배어 있는 듯했다.
　제방을 걷다가 모자 행상을 마주쳤다. 팔에는 모자 수십 개를 겹겹이 포개 들고, 어깨에는 검은색 자루 하나를 둘러메고 있었다. 이런

스쿠터 음식 행상
히잡을 쓴
스쿠터 음식 행상인,
무슬림 여성에 대한
편견을 흔든다.

한적한 부두에까지 모자를 팔러 다니다니, 시장은 꼭 저잣거리에만 서는 것이 아니다. 사람들이 모이는 곳이라면, 어디든 시장이 된다.

제방에 바짝 붙어, 검은색 사리를 두르고 히잡을 쓴 여성이 스쿠터를 타고 오갔다. 스쿠터 뒤편에는 두세 개의 냄비와 빵 바구니, 소스병, 청량음료를 담은 플라스틱 박스가 실려 있었다. 배에서 손짓이 오면, 그녀는 스쿠터를 멈추고 선원이 내려올 때까지 말없이 기다렸다.

주위를 둘러보니 이런 음식 스쿠터 행상인이 여럿 오가고 있었다. 적막이 감도는 항구에도 여전히 사람들이 일하고, 사고팔고, 먹고 마시며 살아가고 있었다. 쇠락한 부두 위로, 인간의 삶은 그렇게 조용히, 그러나 어김없이 이어지고 있었다.

시간이 멈춘 피니시선들
부서지고 낡은 목선들, 바다를 누비던 시간은 멈춰 있다.

　제방을 따라 더 바다 쪽으로 더 걸어가자, 폐선이라 믿을 만큼 심하게 부식된 배들이 눈에 들어왔다. 화재가 났던 듯 온통 검게 그을린 배, 외판이 떨어져 나가 늑골이 훤히 드러난 선체, 녹물이 외벽을 타고 붉은 눈물처럼 흘러내리는 배. 기묘하고도 괴기스러운 풍경이었다.
　그러나, 가까이 다가서자, 벗겨진 페인트와 바랜 색, 녹물이 남긴 흔적은 또 다른 모습으로 다가왔다. 마치 세월과 자연이 그려낸, 우연하고도 완벽한 한 편의 추상화 같았다.

선체 외벽의 보수 작업
붓질과 땜질로 수리된
이 배는 과연 바다를
항해할 수 있을까.

한 남자가 햇볕에 그을린 윗몸을 드러낸 채, 플라스틱 통을 엮어 만든 뗏목에 올라 배를 수리하고 있었다. 틈이 벌어진 외판을 메꾸는 중인 듯했다. 내가 소리쳐 무엇을 하느냐고 묻자, 그는 고개를 돌려 환하게 웃으며 손을 흔들더니, 이내 다시 일에 몰두했다. 내가 제방 끝까지 갔다 돌아오는 길에도, 그는 같은 모습으로 묵묵히 일하고 있었다.

계속 제방 위를 걷는데, 인기척 하나 없던 피니시선의 선교에서 누군가 불쑥 모습을 드러냈다. 그는 나를 향해 손을 흔들며, 자신을 가리키며 사진을 찍어달라고 소리쳤다. 내 외침과 손짓에 맞춰 그는 위치를 옮겨가며 포즈를 취했다. 내가 한국인이라고 하자, 엄지를 치켜세우며 환하게 웃어 보였다.

순다 켈라파의 미래는?

순다 켈라파에 있는 사람들은 예전 방식 그대로 살아가고 있다. 그러나, 이곳의 미래는 불투명하다. 지난 수십 년간 무분별하게 퍼 올린 지하수로 인해 지반이 꺼지고, 기후변화로 해수면은 점점 높아지고 있다. 그 결과, 바닷물은 더 깊숙이 육지로 침투하고 있다.

물론, 지구의 기후는 원래부터 주기적으로 변화해 왔다. 태양과 지구의 상대적 리듬 속에서, 지구는 빙하기와 간빙기를 반복하며 천천히 숨을 쉬어왔다. 그 느린 숨결 덕분에 인류는 농경을 시작하고 문명을 이룰 수 있었다. 하지만 지금의 변화는 그 자연스러운 리듬을 벗어나고 있다.

산업혁명 이후 단 250여 년 만에, 인류는 수십만 년 동안 유지되던 기후의 균형을 흔들어 놓았다. 누구도 화석 연료의 사용이 지구의 기후를 이렇게까지 교란할 줄은 미처 알지 몰랐다. 문제의 심각성을 깨달았을 때는 이미 늦어 있었다. 더 큰 문제는 이 위기의 해법이 국가 간 이해관계에 얽혀 있다는 점이다. 치열하게 서로 경쟁하는 각국은 에너지 사용을 줄이지 못하고, 협력은 더욱 요원하다. 우리는 이제 '인류세'를 넘어, 기후변화가 폭발적으로 가속화되는 '대가속'(Great Acceleration)의 시대를 살고 있다.

인류는 늘 환경 변화 앞에서 두 가지 선택을 해왔다. 맞서 싸우거나, 떠나는 것. 그러나 이번엔 그 어느 쪽도 쉽지 않다. 변화는 너무 빠르고, 떠날 수 있는 땅은 담장 너머에만 있다. 순다 켈라파와 칠리웅강 가의 사람들은, 그 담장 안으로 들어가지 못한 채 마지막 순간까지 버텨야 한다.

출구 쪽으로 돌아오니, 들어올 때 만났던 노인이 여전히 그 자리에 앉아 있었다. 다만, 그늘이 옮겨 가자, 그도 앉아 있던 시멘트 조각을 조금 옮겨놓은 듯했다. 더위 속에서 묵묵히 하루를 지키고 있는 그의 모습은, 시대의 급류를 앞에 둔 '정지된 삶'처럼 보였다. 내가 다가가자, 그는 주름진 얼굴 가득 순박한 미소를 띠며 손을 흔들었다.

그 미소에는 아쉬움도 원망도 없었다. 마치 이곳에서 이렇게 살아가는 것 자체가 이미 충분하다는 듯, 세상의 속도와는 무관한 평온이 느껴졌다. 지금까지 내가 살아온 삶과는 너무나 달랐지만, 문득 깨달았다. 이들의 삶을 나의 잣대로 재려 했던 것이 오만일지도 모른다는 사실을. 어쩌면, 그 느리고도 단단한 삶 속에 인류가 잃어버린 생명의 근원과 자연의 변화에 대응하는 깊은 지혜가 숨어 있을지도 모른다.

멈춤과 나아감 사이에서

출구로 향하는 보도의 오른쪽에는 녹슨 철제 펜스가 둘러쳐 있었고, 그 안쪽엔 고풍스러운 주택 한 채가 조용히 자리를 지키고 있었다. 사람의 기척은 느껴지지 않았지만, 집 안에서 무성하게 자란 꽃나무 가지들이 울타리를 넘어 자유롭게 뻗어 있었고, 그 위로 벌들이 윙윙거리며 날고 있었다. 열대 꽃들은 대체로 색이 강렬하고 선명하다. 더 많은 벌을 끌어들이기 위한 생존 전략일지도 모른다.

문득, 생각이 스쳤다. 이 화사한 꽃은 언제까지 피어 있을까. 벌들은 얼마나 오래 이곳을 기억하며 날아올까. 피니시선들은 앞으로도 짐을 싣기 위해 이곳을 찾아올까. 부두에 묶인 낡고 부서진 배들은,

언젠가 다시 바다를 향해 나아갈 수 있을까.

시간이 멈춘 듯한 이곳에서, 낯설고 느린 시간이 조용히 흘렀다. 그러나 그 느림 속에도 생명은 끈질기게 숨 쉬고 있었다. 꽃은 피었고, 벌은 날았고, 피니시선은 여전히 물 위에 떠 있었다.

그 순간, 문득 떠올랐다. 언젠가 다른 모습으로, 이 항구와 피니시선들도 다시 시대와 호흡할지 모른다. 지금은 멈춘 듯 보여도, 그것이 곧 끝이 아니다. 역사는 늘 그랬다. 멈춘 듯 보였던 생명이 다시 피어났고, 길을 잃은 듯한 시간 속에서도 새로운 길은 생겨났다.

순다 켈라파에서 뜻밖의 시간 여행을 마친 후, 그랩 택시를 불러 호텔로 돌아왔다. 택시 안에서 창밖으로 스쳐 가는 거리 풍경을 바라보며 짧지만 인상 깊은 시간을 곱씹었다. 그리고 문득 이 항구의 미래와 그곳에서 살아가는 사람들의 삶에 대해 생각이 이어졌다.

한때 패기 있게 전진하던 순다 켈라파는 이제 역사의 흐름이 멈춘 곳처럼 보였다. 토인비는 문명의 성장이 외부의 도전에 어떻게 응전하는가에 달려 있다고 말했지만, 나는 그 해석이 지나치게 '진보'라는 방향성에만 매달린 것은 아닐까 생각했다. 때로는 멈춤도 하나의 선택일 수 있다. 이미 이룬 것에 만족하고, 조용한 삶을 택하는 태도. 어쩌면 그것이 인간 본성에 더 가깝고, 오늘의 우리에게도 필요한 자세일지 모른다.

순다 켈라파의 풍경은 내 눈에 쇠락처럼 보였지만, 그곳 사람들의 표정은 의외로 태연했다. 바닷물이 해마다 높아진다 해도 크게 걱정하는 기색도 없었다. 돌아보면, 그들이 살아내고 있는 지금의 삶 또한, 오랜 역경 끝에 일군 응전의 결과였다.

이들의 선조가 누구인가? 약 7만 년 전, 기후변화와 지각 변동에 맞서 동아프리카를 떠나, 인도양 연안을 따라 이동한 이들이다. 고고유전학자 오펜하이머가 말한 '거대한 원호형 확산'(Great Arc Dispersal)의 위대한 여정을 이룬 주인공들. 그들의 후손들이 바로 이곳, 순다 켈라파에 살고 있다.

바닷물의 범람은 분명 위기를 예고한다. 그러나 조상들처럼 이들도 그것을 넘어설 것이다. 바람에 밀리고, 물에 떠밀리면서도 끝내 한 걸음 앞으로 나아갔다. 때로는 쓰러지고, 길을 잃었지만, 결국 길을 찾아냈다. 잠시 숨을 고른 후, 다시 가장 적합한 삶의 방식을 찾아냈다. 그것이 바로 인류가 지금까지 생존해 온 방식이었다.

생각에 잠겨 있는 사이, 택시는 어느새 호텔에 도착했다. 나는 무거운 생각을 안고 차에서 내렸다. 현관에 들어서기 전 잠시 되돌아보니, 자카르타의 고층 건물 위로 뜨거운 햇살이 쏟아지고 있었다. 그 빛은 순다 켈라파의 쇠락한 피니시선 위에 흩어지던 햇살과 다르지 않았다.

그래, 역사는 언제나 한 방향으로만 흐르지 않는다. 계곡을 질주하던 물줄기도 평야에 이르면 잠시 숨을 고르고, 때로는 작은 소(沼)에 머문다. 순다 켈라파는 어쩌면, 쉼 없이 흘러온 시간의 강에서 잠시 멈춰 선 한 지점일지도 모른다. 그러나 그 멈춤이 곧 끝을 의미하지는 않는다. 고요 속에서도 풀잎은 흔들리고, 물결은 일렁인다. 멈춘 듯 보이는 그곳에서도, 사람들의 삶은 느린 속도로, 그러나 자기 나름의 속도로, 다시 앞으로 나아가고 있었다.

해양박물관:
식민제국의 기억이 보관된 곳

식민 관리의 심장에서 역사박물관으로

다음 날, 아침 일찍 서둘러 다시 올드타운으로 향했다. 오전에는 파타힐라 박물관(Fatahillah Museum), 그리고 오후엔 해양박물관(Maritime Museum)을 방문하기 위해서다.

파타힐라 박물관의 공식 명칭은 자카르타 역사박물관(Jakarta History Museum)이다. '파타힐라'는 아랍어로 '신의 영광'을 뜻하며, 16세기 인도네시아의 국민 영웅 이름이기도 하다. 식민 지배의 심장부였던 건물에 영웅의 이름을 붙였다는 사실은, 실용적인 절충일까, 역사적 반격의 선언일까.

문득 떠오른다. 조선총독부 건물을 국립박물관으로 쓰다가, 마침내 폭파해 무너뜨리던 그 장면, 1995년 8월 15일 당시 생중계되었던 그 날의 풍경과 감정이, 그리고 복원된 광화문과 경복궁의 전경이, 이 낯선 도시의 오래된 광장 위에서 겹쳐진다.

이 건물은 네덜란드 식민 시대의 대표적 건축물이다. 광장 남쪽에 우뚝 선 흰색 외관은 열대의 강렬한 햇빛을 받아 위용 있게 빛났다. 입구에 들어서면 1층에 전시관이 있었고, 계단을 따라 4층까지 이어졌다. 선사시대부터 현대까지의 다양한 유물들이 전시되어 있었으나, 주된 전시는 식민 시대의 물품들이었다.

박물관 안에 들어서니, 인도네시아 선사시대는 몇 점의 유물과 함께 벽화로 간략히 소개됐다. 본격적인 전시는 16세기 유럽인의 도착 이후를 다루고 있었다. VOC 관리들의 일상생활을 보여주는 목조 가구, 회화, 자기, 가정용품들이 중심을 이뤘다. 실제 사용되던 모습 그대로 배치된 가구들은 특히 눈길을 끌었다. 가느다란 프레임 안에 정교하게 조각된 칸막이, 발판이 덧대어진 목재 구조물, 섬세한 문양. 실용성과 예술성이 함께 깃든 인도네시아 목공예의 진수를 보여줬다.

한쪽 벽에는 네덜란드 관리들의 초상화와 생활을 묘사한 대형 유화가 걸려 있었다. 가구는 크고 섬세하며, 기능을 넘어 미학적 완성도를 지니고 있었다. 실용성을 중시한 한국의 담백한 전통 목가구와는 결이 달랐다. 17세기 황금시대의 네덜란드 화가들의 예술혼이 이 땅의 장인들에게 전해진 것일까, 아니면 이 땅 사람들에게 깃든 천부적 예술의 힘일까?

박물관을 거닐다 보면, 인도네시아인들이 식민 지배에 대해 가지고 있는 인식이 우리와 매우 다르다는 점이 느껴졌다. 우리는 일제 식민 지배의 기억을 분노와 상처로 각인했지만, 인도네시아인은 문명을 전수한 은인으로 여기는 듯하다. 이는 식민 기간의 길이에서 비롯된 차이일지도 모른다.

네덜란드는 VOC의 자바 진출 이후 약 300년에 걸쳐 인도네시아 전역을 점령했다. 그 과정에서 VOC와 인도네시아 왕국들은 때로는 적대했지만, 때로는 연합했고, 서로 영향을 주고받기도 했다. 그리고 무엇보다, 해방 이후 네덜란드 국왕과 총리, 외교부 장관의 반복된 사과로 역사적 감정을 완충시켰다.

박물관을 나오니 뒤편의 분수 정원으로 이어졌다. 작은 조각상들이 서 있었고, 반대편엔 고딕식 기둥이 받치는 긴 회랑이 있었다. 그 늘진 회랑 아래, 많은 사람이 바닥에 둘러앉아 식사하고 있었다. 인도네시아 인의 식사는 단출하다. 흰 밥에 몇 가지 반찬과 소스를 손으로 버무리며 비벼 먹는다. 카메라를 들이대자, 식사를 멈추고 손가락으로 '브이'를 그리며 웃어주었다.

박물관 건물을 돌아 나와 광장에 들어서니 사람들로 가득했다. 단체로 여행을 온 듯한 학생들이 뙤약볕 아래 바닥에 앉아 그림을 그리고 있었다. 카메라를 들이대자, 몇몇이 고개를 들어 환하게 웃었다. 나에게 어디서 왔느냐고 묻기에 '코리아'라고 답하자, 일제히 탄성이 터졌다. 낯선 도시의 광장에서, 한류의 위력을 새삼 실감했다.

광장 맞은편에는 '카페 바타비아'란 식당이 있었다. 식민 시대의 건물을 개조한 고급 레스토랑이다. 입구를 들어서자 전통 의상을 입은 종업원이 조용히 안내했다. 실내는 긴 커튼으로 햇빛을 가려 어두침침하면서도 서늘하고, 오래된 목제 가구가 정숙한 분위기를 자아냈다.

점심으로 나시고렝과 야자 주스를 주문했다. 메뉴는 평범했지만, 가격은 꽤 비쌌다. 그러나 고풍스러운 공간에 앉아 3인조 밴드가 올드 팝을 잔잔하게 연주하는 가운데 식사를 한다는 것 자체가 하나의 경험이었다. 창밖 광장의 뜨거운 활기와 카페 안의 서늘한 고요함이 묘하게 균형을 이루고 있었다.

해양박물관이 된 VOC의 향료창고

카페를 나와 해양박물관을 향하여 걸었다. 어제 순다 켈라파를 찾아갔던 길을 따라가다, 대형 교통 표지판이 보이는 곳에서 왼쪽으로 방향을 틀었다. 20여 분쯤 걷고 칠리웅강을 가로지르는 다리를 건너자, 왼편에 해양박물관이 모습을 드러냈다.

내가 이곳에 관심을 갖게 된 이유는, 『향료전쟁』(원제: Nathaniel's Nutmeg)이란 책 때문이었다. 저자인 자일스 밀튼은 우연히 발견된 영국인 선장 나타니엘 코트호프(Nathaniel Courthope)의 항해일지를 바탕으로, 17세기 초 유럽 열강이 인도네시아의 육두구를 둘러싸고 벌인 식민지 쟁탈전을 생생하게 그려냈다. 코트호프의 기록에는 말루쿠 제도의 '작은 섬 룬'(Run)을 중심으로, 영국과 네덜란드가 벌인 치열하고 피비린내 나는 향료전쟁의 실상이 담겨 있다. 당시 육두구는 '황금보다 귀한 열매'였다. 유럽 상류층의 식탁에서, 그리고 약제로 쓰이던 이 열매를 독점하기 위해 도시가 불탔고, 수천 명의 생명이 스러졌다. 이 전쟁은 결국 네덜란드가 신대륙의 뉴암스테르담(지금의 뉴욕 맨해튼)을 영국에 넘기는 조약으로 이어졌다.

나는 이 해양박물관을 단순한 인도네시아 역사의 전시 공간이 아니라, 대항해 시대 서유럽제국들의 탐욕이 구체화된 향료전쟁의 현장으로 마주하고 싶었다. 육중한 목조 건물과 벽돌 바닥, 바다 쪽으로 열리는 크레인 창문은 아직도 그 시대의 흔적을 품고 있었다.

그러나 막상 박물관에 들어서니, 내가 기대했던 향료무역에 대한 전시물은 일부에 불과했고, 대부분의 공간은 인도네시아의 해양 문화와 인류의 항해 역사를 다루고 있었다. 처음엔 실망스러웠지만, 전시를 둘러보는 사이 인도네시아라는 나라가 품은 시간의 깊이와 공간의 넓이를 실감하게 되었다.

입구 오른쪽 전시실에는 선사시대부터 이어진 선박들이 시대순으로 전시되어 있었다. 두 개의 아우트리거가 돛을 받쳐주는 리거 카누, 통나무 속을 파내 만든 마상이(Dugout Canoe) 같은 배들이 눈에 띄었다. 이런 작은 배들을 타고 오스트로네시아인들[2]은 수천 년 전부터 남중국해를 건너 필리핀과 인도네시아를 지나, 남태평양의 대부분의 섬에까지 정착했다.

2층에는 인도양을 따라 아라비아반도와 동아프리카를 일곱 차례나 항해한 명나라의 정화(鄭和, Zheng He) 제독, 인류 최초 세계 일주를 한 마젤란, 그리고 태평양의 수많은 섬을 발견한 전설적인 탐험가 쿡 선장 같은 역사상 실존 인물의 밀랍 인형이 전시되어 있었다.

그 옆에는 마조 여신과 포세이돈처럼, 바다를 둘러싼 상상과 믿음의 상징들이 함께 자리하고 있었다. 바다는 단지 무역의 통로가 아니라, 믿음과 상상력이 깃든 세계였다. 당시 주요 수출품이었던 바틱 직물, 그리고 남획으로 멸종 위기에 처한 해양 포유류 두융(Dugong)의 박제도 눈에 띄었다.

전시관을 옮기자, 대항해 시대 유럽과 아시아를 오갔던 당시 최첨단 범선인 플라이트(Fluyt)선의 모형과 선원들의 생활상이 밀랍 인형으로 재현되어 전시되고 있었다. 어제 순다 켈라파에서 본 피니시선

---

2 오스트로네시안인(Austronesian peoples): 고대 대만 지역을 기원지로 하여, 수천 년에 걸쳐 뗏목과 카누를 타고 남중국해, 필리핀, 인도네시아를 거쳐 태평양과 인도양으로 퍼져 나간 해양 민족이다.
언어학적으로는 '오스트로네시안어족'이라는 방대한 언어 계통을 형성하며, 오늘날 마다가스카르부터 이스터섬까지 퍼진 1,200여 개 언어가 이 계통에 속한다. 이들의 이동은 단순한 생존을 넘어서, 바다를 삶의 터전으로 삼은 인류사의 가장 놀라운 탐험 가운데 하나로 평가된다.

의 모형도, 그 유래에 대한 설명과 함께 전시되어 있었다.

해양박물관은 서유럽 식민지 경제의 흔적을 넘어, 이 지역 바다의 생태와 민속, 그리고 바다를 둘러싼 인도네시아인의 정신세계를 입체적으로 보여주고 있었다.

향료 향기 속에 남아 있는 피비린내

그러던 중, 전시동 한쪽의 크지 않은 방에서 마침내 나를 이곳으로 이끈 물건들과 마주했다. 벽을 따라 줄지어 놓인, 오래된 포대들. 그 안에는 말라붙은 육두구, 정향, 후추가 담겨 있었다. 나는 무심결에 한 포대 위에 손을 얹었다. 거친 천의 감촉 너머로, 희미하게 남은 냄새가 스며드는 듯했다. 향은 거의 사라졌지만, 그 열매에 켜켜이 배인 시간과 피비린내 나는 역사의 무게는 여전히 묵직했다.

박물관의 향료부대
거친 부대에 담긴 말라붙은 육두구와 정향. 향기로운 향은 사라지고,
오직 피비린내가 여전히 코끝에 스치는 듯하다.

유럽의 식탁에 오르기 위해 바다를 건너던 이 작은 열매들이, 수많은 생명의 희생과 맞바꿔졌다는 걸 떠올리자, 그 희미한 향기마저 피비린내처럼 느껴졌다. 나는 한참을 그 자리에 멈춰 서 있었다. 이토록 보잘것없는 열매 하나에 사람들이 목숨을 걸었다니. 인간의 탐욕은 역사를 움직였지만, 결국 무엇을 남겼는가. 오늘도 그 탐욕은 다른 이름과 모습으로 여전히 우리의 일상을 지배하고 있지 않은가. 나 역시 그 길을 무심코 따라 걷다, 이곳까지 이르렀다.

지금 내 앞에 놓인 이 말라붙은 열매는, 어린 시절의 순수했던 감각을 닮아 있었다. 오랜 세월을 지나 잊고 지냈던 어떤 것.

나는 향기조차 거의 사라진 이 향료 열매 앞에 멈춰 서서, 삶의 무게를 다시 묻고 있었다. '나는 여태껏 무엇을 위해 살았는가. 그리고 지금, 내게는 무엇이 남아 있는가?'

박물관을 나와 구내에 있는 전망대에 올랐다. 붉은 기와를 얹은 창고 건물들이 부두를 따라 길게 늘어서 있었다. 향료를 보관하고 선적하던 장소. 그 시절, 중세 유럽에서 금가루보다 비쌌던 육두구가 이곳에 산더미처럼 쌓여 있었다고 한다. 말 그대로 '향료 제국의 금고'였다.

당시, 유럽을 떠나 바타비아에 도착하는 데 꼬박 1년 가까이 걸렸다. 항해 도중 괴혈병, 각기병, 실명, 광기 등으로 절반이 넘는 선원들이 목숨을 잃었다. 죽음의 항해 끝에 살아 도착한 선원들이 처음 맡았을 육두구의 향기는 어떤 것이었을까. 살아남았다는 안도, 눈앞에 펼쳐진 일확천금의 꿈, 그리고 다시 죽음의 바다로 나서야 한다는 두려움—그 모든 감정이 그 향 한 줌에 겹쳐 있었을 것이다.

표류기 속 하멜을 상상하다

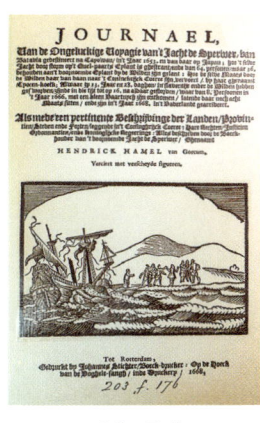

하멜표류기

어쩌면, 그들 중 한 명이 헨드릭 하멜이었을지도 모른다. 17세기 VOC 무역선의 서기였던 그는 바타비아(현재의 자카르타)에 도착한 뒤 동남아와 일본을 오갔다. 그러던 어느 날, 폭풍에 휩쓸려 조선에 표류하게 된다. 그곳에서 13년 동안 억류된 그는 자신의 부재를 입증하기 위해 '하멜 표류기'를 남겼고, 이 기록은 유럽에 조선을 처음 소개한 문헌이 되었다. 하멜은 원치 않게 역사의 중심에 서게 되었지만, 그가 남긴 기록은 오늘날까지 중요한 사료로 남아 있다.

당시 유럽에서는 '고결한 야만인'(Noble Savage)이라는 개념이 유행하고 있었다. 문명화되지 않았지만 순수하고 도덕적인 삶을 살아가는 타자에 대한 이상화된 이미지였다. 아시아, 아메리카, 폴리네시아 등지에 대한 여행기와 탐험 보고서가 유행하며, 이들은 타락한 유럽 문명에 대한 반성의 거울로 읽히곤 했다.

그러나 하멜은 탐험가가 아니었다. 그는 상인이자 실무자였고, 기록자였다. 그의 기록의 목적은 자신의 억류 사실을 입증하기 위한 것이었으며, 조선에 대한 긍정적 서술이 있다고 해도, 그것이 꾸며낸 허구일 가능성은 크지 않다.

나는 지금, 400년 전 이 향료창고 앞마당을 분주히 오갔을 하멜을 떠올린다. 출항을 앞두고 긴장에 싸여 있는 선원들과 분주한 하역 인부들 사이를 오가던 그. 그에게 이곳은 단순한 무역의 거점이 아니라,

예기치 못한 역사의 무대로 이어지는 출발점이었을 것이다.

그의 발걸음 위에 나의 상상이 겹친다.³

나는 바타비아의 향료창고 앞에 서 있다.
문틈 사이 퍼져 나오는 육두구, 정향, 후추의 냄새는 무겁고도 매혹적이다.
인도네시아의 숲에서 자라난 작은 열매들이, 유럽의 부를 위해 이곳에 쌓여 있다.

향기롭지만 거칠고 텁텁한 이 냄새는 나를 멈춰 세운다.
한때 나도 이 탐욕의 체계 안에 있었다.
1653년 8월, 우리는 바타비아(자카르타)를 떠나, 포르모사(타이완)를 거쳐 낭가삭께이(나가사키)로 향하던 중이었다.
그러다 폭풍을 만나 방향을 잃었고,
안개 속에 떠오른 육지가 바로 코레이(조선)의 꾸엘빠르츠(제주) 해안이었다.
64명 중 절반만이 살아남았고, 우리는 포로가 되었다.

그들은 우리를 쇠사슬로 묶어 끌고 갔고,

---

3 하멜의 독백은 『하멜 표류기』(유동익 역, 더스토리, 2023)의 내용을 주된 참고 자료로 삼았다. 지명 및 인명의 표기는 원본을 따른 후 괄호 안에 한국식 이름 및 지명을 병기하였다. 또한, 17세기 VOC의 향료무역, 대항해 시대의 국제 정세, 17세기 중반 북반구를 휩쓴 소빙하기의 기후 변동에 대해서는 고 관련 서적을 참고하였다. 다만, 하멜의 내면적 성찰 부분은 시대적 맥락 속에서 필자의 상상력으로 재구성한 것이며, 이는 독자의 서사적 몰입을 위한 장치임을 밝혀둔다.

낯선 말과 풍속 속에 내던져졌다.

하지만, 그들은 허기에 지친 우리에게 쌀죽을 가져다주었고

'너희의 소유물을 돌려주겠다'라는 뜻을 전했다.

자유는 없었지만, 생존은 허락되었다.

왕이 보낸 벨떠프레인(박연)을 만났다.

'너희가 새라면 날아가도 좋지만, 어떤 외국인도 이 땅에서 내보낼 수 없다'는 왕의 말을 전했다.

절망한 우리는 탈출을 시도했지만 실패했고, 혹독한 곤장을 맞았다.

그리고 우리는 시오로(서울)로 이송되어 훈련도감에 배치되었다.

1662년, 조선은 혹독한 흉년과 기근에 시달리고 있었다.

기후가 서서히 식어가던 '소빙하기'의 한복판이었다.

그해, 나는 전라도 사이에싱(여수)으로 보내졌다.

그곳의 관리는 친절하고, 듬직한 우정을 보여주었다.

그들은 기독스도의 이름을 몰랐지만, 그 가르침을 실천하는 이들이었다.

나는 그 낯선 땅에서 조선 사람들의 삶을 지켜보았다.

농민들은 부지런했고, 상인들은 분주했다.

관리는 엄격했고, 사소한 과실에도 형벌이 내려졌다.

하지만, 조선에는 억압만 있는 것이 아니었다.

왕이 행차할 때면, 시종이 말을 타고 앞서가며,

백성의 억울한 사연을 담은 상소문을 받아 올렸다.

그 사연은 곧바로 왕에게 전달되었고,

궁궐에서 신문되고 처리되었다.

백성의 억울함이 곧바로 왕에게 닿는 통로가 조선에는 있었다.

흰옷에 갓을 쓴 양반들은 느릿하게 걸었고,

사람들은 그들 앞에서 고개를 숙이며 길을 비켰다.

그들의 말과 몸짓엔 여유와 품격이 배어 있었다.

이들은 우상을 섬기지 않았다.

자신들이 그보다 뛰어나다고 생각하기 때문이다.

그들의 태도는 조선이라는 나라의 자부심처럼 보였다.

조선은 문을 닫은 나라였다.

이들은 외부 세계와 단절된 채,

스스로 지켜낸 질서 안에서 살아가고 있었다.

1666년, 우리는 마침내 13년 만에 바다를 건너 탈출에 성공했다.

조선을 떠나 다시 바타비아 항으로 돌아온 지금,

나는 그 긴 시간을 돌아본다.

이 창고 앞에 다시 선 나,

나는 더 이상 예전의 내가 아니다.

향료를 쫓아 바다를 넘던 나는, 이제 묻는다.
우리는 무엇을 위해 이 먼바다를 건넜던가.
부와 명예, 정복과 소유, 그 모든 욕망의 끝은 무엇이었는가.

조선이라는 이방의 땅에서,
자유를 잃었었지만, 나 자신을 만났다.

그 길고도 고요한 억류의 시간 동안,
조선인들과 함께하며,
나는 다시 인간이 되는 법을 배웠다.

하멜의 목소리는 거기까지였다. 나는 한동안 그 자리에 서서, 바다 냄새와 창고의 곰팡이 밴 창고의 향료 내음을 깊이 들이마셨다.
조선에서 탈출한 그는 일본 나가사키에서 1년을 머문 뒤 바타비아로 복귀했지만, 그 13년의 세월은 어떤 말로도 온전히 환원될 수 없었을 것이다. 기록은 남았고, 기록 너머의 삶은 사라졌다.
나는 이 낯선 땅에서, 하멜처럼 기록되지 못한 수많은 이들을 떠올렸다. 미지를 향해 출항한 이들, 돌아오지 못한 이들, 역사의 곁길 혹은 가장자리에서 사라져간 사람들, 하멜은 단지 운 좋게 기록을 남겨 오늘까지 기억되는 몇 안 되는 인물 중 하나였을 뿐이다.

해양박물관을 나선 후, 그랩 택시를 불러 감비르(Gambir) 역으로 향했다. 다음 목적지인 족자카르타(Yogyakarta)에 가는 기차표를 예매했다. 요금은 53만 5,000루피아, 우리 돈으로 4만 5,000원쯤. 역을 나서며 다시 그랩 택시를 불러 타고 호텔로 돌아왔다.

향료창고 앞에서 느꼈던 감정이 몸 깊숙이 스며들었는지, 샤워를 마친 후 침대에 눕자, 다 어느새 잠이 몰려왔다. 눈을 감기 직전, 향료 포대에서 풍기던 희미한 향기와 먼 옛날의 시간이 다시 내 안에 피어올랐다.

흙 내음 나는 인도네시아 커피

잠에서 깨어보니 오후 5시 반. 몸이 한결 가벼워졌고 기분도 상쾌했다. 호텔을 나와 근처의 간이식당에서 저녁을 먹었다.

식사 후 축구장을 한 바퀴 돌고, '베조 커피'라는 세련된 간판의 카페에 들렀다. 수마트라 커피를 주문했다. 흙 내음에 과일 향이 은은히 배어 있는 커피였다. 짙은 갈색의 색감에 강한 쓴맛을 예상했지만, 의외로 산미가 약하고 부드러웠다. 드립 방식으로 뽑았음에도 농도가 묵직하고 향이 풍부했다.

그런데, 서빙된 커피는 표면에 커피 가루가 둥둥 떠 있었고, 찻잔 벽에 가루 입자가 붙어 있었다. 필터링 문제인가 싶어 종업원에게 물어보니, 이런 부유물은 인도네시아 커피의 특징이라 했다. 잠시 시간이 지나자, 입자들은 용해되어 사라졌다. 호기심이 일어 원두를 보여달라 했더니, 유리병에 담긴 커피 가루를 가져다주었다. 진한 갈색의 곱게 간 원두에서 묵직한 향이 퍼졌다. 인도네시아 커피를 눈으로 경험한 순간이었다.

　인도네시아의 커피 재배는 VOC에서 비롯되었다. 18세기, 신대륙에서 들여온 고추와 새로운 향신료가 유럽인의 입맛을 바꾸자, VOC는 향료 교역에서 설탕과 커피 생산으로 무게를 옮겼다. 화산재로 비옥해진 경사지의 토양, 아열대 기후는 커피 생산에 이상적이었다. 그 결과, 인도네시아는 한때 세계 커피 생산량의 18%를 차지할 정도로 대규모 재배지를 가지게 되었다. 생산지에 따라 자바 커피, 수마트라 커피, 발리 커피, 플로레스 커피 등 다양한 이름으로 불린다.

　인도네시아 커피는 추출 방식부터가 독특하다. 성근 금속 필터를 사용해 많은 가루 입자가 잔 안에 부유하거나 벽면에 들러붙는다. 마시다 보면 텁텁한 가루가 입안에 남기도 한다. 그런데 시간이 지나면서 그 입자들이 사라지며, 커피는 점점 더 짙은 검은빛을 띠며 맛도 깊어진다. 인도네시아 커피는 마시기 위해 '잠시 기다림'이 필요하다.

　커피를 거의 다 마셨을 즈음, 또 하나의 놀라움이 기다린다. 잔 바닥에 두툼하게 가라앉은 앙금. 마지막 한 방울까지 마시는 습관이 있는 내게는 잠시 아쉬움이 느껴지는 순간이다. 이 앙금이 생기는 데에는 몇 가지 이유가 있다고 한다. 인도네시아 특유의 원두 가공법인 웻헐링(Wet-Hulling), 화산토의 미세한 입자, 느린 속도의 로스팅, 성근 필터 사용 등이 그것이다.

　이 모든 것을 알고 나면, 둥둥 떠다니던 입자도, 벽면에 달라붙은 가루도, 바닥의 앙금조차도 처음 만나는 낯선 커

인도네시아 커피의 침전물

피 문화로 다가온다. 낯섦이 이해와 기다림 속에서 감탄으로 바뀌는 순간이었다.

커피를 마신 뒤, 호텔 주변을 산책했다. 도로는 어두컴컴했다. 가로등은 세 개 중 하나만 켜져 있었다. 상가나 주택에서 흘러나오는 불빛도 희미했다. 어쩌면, 저녁이면 거리가 온통 빛으로 채워지는 인천 송도에 익숙해진 내 눈에 더 어둡게 느껴지는지 모르겠다.

그 어스름한 거리에서 마주친 사람들의 눈빛이 부드러웠다. 경계도 적의도 없이, 낯선 이방인을 향한 따뜻함이 담겨 있었다. 처음 보는 이들과 짧은 눈 맞춤 속에서 그런 인상을 받을 수 있다는 건 참 신기한 일이다. 그때 문득 나는 생각했다. 빛보다 사람의 눈빛이 더 따뜻하고 밝게 느껴지는 이 도시의 저녁은, 어린 시절 내가 살던 농촌 마을의 어스름과 닮아 있었다.

호텔에 돌아와 오늘 하루의 경험을 노트에 기록했다. 그리고 니체의 글을 몇 줄 읽다가 잠이 들었다.

2장

족자카르타, 자바의 영혼을 만나다

돌에 새겨진 인간의 고통과 구도의 길,
그림자로 이어지는 신들의 이야기.
족자카르타의 밤,
나는 신화와 삶이 교차하는 길 위에 서 있었다.

기차를 타고 자바 평야를 횡단하다

창밖의 풍경과 스치는 마을들

아침 일찍 일어나 짐을 챙기고, 그랩 택시를 타고 감비르 역에 도착했다. 족자카르타까지는 568킬로미터, 약 6시간 반의 여정이다. 자카르타가 인도네시아의 경제와 정치 중심이라면, 족자카르타는 전통과 예술, 신앙이 살아 숨 쉬는 '영혼의 도시'(City of Soul)로 불린다.

감비르 역을 출발하자마자 기차는 경쾌한 속도로 들판을 가로질렀다. 1시간 반이 지나도록 지평선까지 이어지는 논이 끝없이 펼쳐지고, 일부 구역은 추수가 마쳤지만 대부분은 여전히 푸르렀다. 구불구불한 논두렁, 흙을 돋운 논길, 들녘에 내려앉는 햇살이 정겹고도 느긋했다. 저 멀리 지평선 가까이에는 주황색 기와지붕의 집들이 조그만 마을을 이루고 있었다.

창밖으로 끝없이 이어지는 자바의 대평원. 수확이 끝난 마른 논두렁이 적막한 들녘의 시간을 말해준다.

　기차는 쉬지 않고 달렸다. 들에는 일하는 사람도 가축도 보이지 않았다. 추수가 끝난 논에는 볏짚을 태운 잿더미들이 군데군데 남아 있었다. 농수로는 있지만, 바닥은 바싹 말라 있었다. 이토록 넓은 들판에 날아다니는 새 한 마리조차 없다는 사실이, 문득 이상하게 느껴졌다.

　기차는 2시간 넘게 달렸지만, 한 번도 정차하지 않았다. 열차는 마을을 따라 구불구불 이어지는 철로가 아니라, 큰 도시를 잇는 직선 노선을 따라갔다. 그래서, 지나치는 마을은 철도에서 저만치 멀어져 있었다.

　30분쯤 더 달렸을까, 멀리 산이 보이기 시작했다. 산이 반가웠다. 들판만으로는 풍경이 완성되지 않는다. 들판과 강, 그리고 산이 함께 어우러져야 한다.

　씨레본(Cirebon) 역에 도착했다. 역 주변에는 주택이 밀집해 있었고, 푸른 채소가 무성한 텃밭이 주위를 감싸고 있었다. 주택들은 대체로 정사각형의 모임지붕을 얹고 있었다. 남향의 장방형으로 지어 햇빛을 끌어들이는 우리의 주택과 달리, 적도 지방의 집들은 강렬한 열대의 햇살을 차단하기 위한 구조다. 그래서 실내는 낮에도 어스름하고, 그늘진 바람이 선선하게 흐른다.

지나는 마을마다 어김없이 모스크가 나타났다. 주택들에 가려 본체는 잘 보이지 않지만, 둥글게 솟은 돔은 확실한 존재감을 드러내고 있었다. 매끈한 금속, 유리, 플라스틱 등 다양한 재질의 돔들이 햇살을 받아 은은하게 빛났다. 돔의 꼭대기에는 언제나 초승달 깃대가 세워져 있었다.

이슬람은 언제, 어떻게 이 땅에 뿌리를 내렸을까. 동남아 대부분의 국가는 불교가 주된 종교가 아닌가? 그런데 자바섬을 달리는 기차 창밖으로 수많은 모스크의 돔이 솟아 있는 풍경은 그 질문을 자연스럽게 떠올리게 했다. 기원전 3세기 불교가 들어왔고, 8세기에는 보로부두르와 같은 거대한 사원이 세워지며 절정을 이루었다. 이어 힌두교도 들어와 인도네시아의 정신적 토양을 풍요롭게 했다.

그러다 13세기 무렵, 향신료 교역을 따라 들어온 무슬림 상인들과 함께 이슬람이 전파되기 시작했다. 우리는 보통 세계사를 중국 중심, 근대 이후에는 서구 중심으로 배워왔지만, 실제로 인류의 오랜 문명 교류의 무대는 인도양이었다. 계절풍을 이용한 항해는 이미 기원전부터 이어져 왔고, 그 바닷길을 따라 향신료와 직물, 보석뿐 아니라 종교와 신화, 음악과 이야기까지 흘러 다녔다.

바닷길을 누빈 무슬림 상인들은 단순히 물건만이 아니라, 삶의 방식과 정신을 함께 나르던 사람들이었다. 어린 시절 읽었던 「아라비안 나이트」 속 알라딘[4]의 이야기가 떠올랐다. 물론 알라딘은 허구의 인물이지만, 그 설화 속 모험과 신비는 당시 인도양을 건너던 무슬림 상인들의 활력과 낯선 세계에 대한 동경을 상징하는 듯하다. 그렇게

---

4   알라딘은 본래 무슬림이 아닌 중국 청년으로 설정된 인물이다. 원래 「천일야화」에는 포함되지 않았던 이야기를 18세기 프랑스 번역자 앙투안 갈랑이 시리아 상인에게서 들은 구전 설화를 수록하면서 널리 알려지게 되었다.

보면 알라딘의 이야기도 단순한 동화가 아니라, 인도양 교역망이 빚어낸 인류 공동의 상상력의 산물이었다.

하지만 이곳에서 이슬람이 깊이 뿌리내린 힘은 상업이나 권력의 힘이 아니었다. 율법보다 내적 합일과 영적 체험을 중시한 수피 이슬람(Sufism)의 전도 방식 덕분이었다. 금욕과 명상, 시와 음악, 춤을 통해 신과 합일을 추구했던 그들의 핵심은 바로 "신은 내 심장에 있다."는 고백이었다. 신을 외부에서 강요하거나 권력으로 강제하는 것이 아니라, 각자의 내면 깊은 곳에서 체험하고 만나는 길. 그래서 수피의 가르침은 불교·힌두 전통과 대립하기보다 조화를 택했고, 이슬람은 종교라기보다 삶의 방식으로 자리 잡았다.

16세기에 포르투갈이 가톨릭을, 17세기에 네덜란드가 개신교를 전파하려 했지만, 이미 수피 전통 속에 깊이 뿌리내린 이슬람은 쉽게 흔들리지 않았다. 지금도 기차가 지나는 마을마다 높이 솟은 모스크의 돔이 그 역사를 증언하고 있었다.

흔히 이슬람의 확산을 '한 손에 코란, 다른 손에 칼'이라고 단정하지만, 그것은 십자군 전쟁 이후 서구가 만든 오랜 편견에 가깝다. 오히려 폭력만으로 설명할 수 없는 다른 길이 존재했다. 오래전 넷플릭스로 보았던 리들리 스콧의 영화 「킹덤 오브 헤븐」은 그 사실을 떠올리게 한다. 12세기 말 제3차 십자군을 배경으로, 기독교 세력이 지배하던 예루살렘을 살라딘(Saladin)[5]이 탈환하는 장면이 나온다.

영화 속 살라딘은 예루살렘 함락 이후 보복 대신 질서를 세우고, 기

---

5 살라딘(Saladin, 1137~1193): 쿠르드계 출신 장군으로, 이집트와 시리아를 아우른 아이유브(Ayyubid) 왕조의 창건자이자 술탄. 1187년 하틴 전투에서 예루살렘을 탈환하여 제3차 십자군을 이끈 리처드 1세(사자심왕)와 맞섰다. 전투의 승리와 함께 기독교인들의 안전한 퇴각을 보장하는 등 관용적 리더십을 보여 서구 역사에서도 존경받는 인물로 기록되었다.

독교인들의 안전한 퇴거를 보장한다. 성묘 교회를 모욕하지 않고 존중의 대상으로 다루는 모습은 전쟁의 승리가 아니라 인간의 존엄을 지키는 품위가 무엇인지를 보여주었다. 역사 속 살라딘 역시 적장 리처드 1세(사자심왕)와도 협상을 이어가며 포로 교환과 휴전을 논의했다. 그래서 그는 서구의 기록에도 '적장이지만 존경할 수밖에 없는 인물'로 남았다.

그 장면들이 오래도록 내 마음을 붙잡은 이유도 여기에 있었다. 그가 보여준 절제와 관용의 리더십은 '폭력의 종교'라는 고정관념을 넘어, 역사 속 다른 가능성을 환기시켰다.

8세기 무렵 이베리아반도가 이슬람 세력에 의해 정복되었을 때, 알 안달루스(Al-Andalus)로 불렸던 이곳에서 유대인과 기독교인들은 '성서의 백성'으로서 일정한 세금을 납부하는 조건으로 신앙과 공동체의 자유가 보장되는 '디미 제도(Dhimmi System)'의 적용을 받았다. 실제로 코르도바와 톨레도 같은 도시는 학문과 철학, 의학이 활발히 교류하며 '관용의 사회'라는 명성을 얻기도 했다. 물론 모든 시대가 그렇게 관용적이지는 않았다. 그러나 이 제도는 적어도 다른 신앙을 전면적으로 말살하기보다 일정한 틀 안에서 공존을 가능케 한 역사적 시도였다.

그런 사실을 떠올리면, 오늘날 중동에서 폭력과 테러로 비치는 극단주의 세력들이야말로 이슬람의 본래 정신과는 거리가 멀다는 점이 더욱 분명해진다. 그들의 등장은 단순한 권력욕 때문이라기보다, 십자군 전쟁 이후 이어진 기독교와 이슬람의 극단적 대립, 그리고 식민지 시대와 근대 정치의 상처가 겹겹이 쌓인 결과라는 점에서 더 안타깝다.

그리고 나는 다시 예수의 가르침을 떠올린다. 원수를 사랑하고 작은 자를 귀히 여기라는 말씀, 섬김 속에서 드러나는 진정한 위대함. 십자군이라는 이름으로 자행된 폭력 속에서 잊혀졌던 복음의 핵심이, 아이러니하게도 살라딘의 절제와 관용 속에서 다시 빛났다. 구약에서 하나님이 바벨론과 앗시리아를 징계의 도구로 사용하셨듯, 살라딘의 리더십은 그 시대 교회를 비추는 거울이었는지도 모른다.

이슬람은 이 땅에서 칼과 권력보다 이해와 감화, 신비와 정서를 통해 확산된 드문 종교였다. 그리고 오늘 여행길에서 만난 인도네시아 무슬림들의 온화한 미소 속에서, 나는 다시금 깨달았다. 신앙은 이해를 통한 관용과 사랑 속에 살아 있음을. 이슬람은 이 땅에서 칼이나 권력이 아니라, 이해와 감화, 그리고 신비와 정서로 확산된 보기 드문 종교였다. 지금 기차가 달리는 자바섬의 들판과 마을 위로 솟은 수많은 모스크 돔은, 그 조용한 전파의 유산을 증언하고 있었다.

산에 가까워지자, 기차는 속도를 늦추었다. 산비탈에는 계단식 논이 펼쳐졌다. 비탈을 따라 구불구불 이어지는 논두렁은, 그 자체로 생존의 곡선이었다. 자연을 거스르지 않으며 공존을 모색하며 살아온 사람들의 손길이 그 위에 선명했다. 저 아래 계곡에서 산 능선으로 이어지는 계단식 논은, 고난의 삶이 남긴 아름다운 흔적이었다.

산을 넘어서자 다시 평야가 펼쳐졌다. 산에서 흘러내린 강물이 논을 적시고, 곳곳에서 모내기가 한창이었다. 품앗이로 모내기하던 어린 시절의 기억이 문득 떠올랐다. 벼농사란 혼자 할 수 없는 일이었다. 그것은 공동체의 숨결 그 자체다.

밤의 도시, 별빛의 침묵

6시간 반이 지나자 드디어 족자카르타에 도착했다. 역 밖으로 나오자, 넓은 평지 위에 제법 큰 도시가 펼쳐져 있었다.

족자카르타는 인도네시아에서 특별한 위상을 지닌 술탄국으로, 전통과 현대가 공존하는 특별구역이다. 술탄이 행정의 수장인 주지사 직을 겸임하고 있으며, 왕실의 전통은 여전히 명예로운 자취로 이어지고 있다. 이곳은 8세기 사일렌드라 왕국의 중심지였고, 세계 최대의 불교 유적 보로부두르 사원이 자리한 곳이며, 자바 문화의 원형이 고스란히 남아 있는 도시이기도 하다.

우리는 흔히 인도네시아의 역사적 중심지를 자카르타로 생각하지만, 그것은 서양 세력 도래 이후의 일이다. 그보다 오래된 역사는 이곳, 중부 자바의 넓고 비옥한 평야에서 펼쳐졌다.

호텔에 체크인하니 이미 해가 저물어 있었다. 저녁을 위해 외국인 거리로 알려진 프라위로타만(Prawirotaman)으로 향했다. 그러나 '외국인 거리'라는 이름이 무색하게, 거리는 조용했다. 어두운 가로등 아래 몇 대의 트라이시클이 늘어서 있었고, 기사들은 지루한 듯 스마트폰을 들여다보고 있었다.

거리에는 로컬 식당들 사이사이에 이탈리안과 미국식 레스토랑이 드문드문 섞여 있었다. 그중 한 로컬 식당의 2층에 자리를 잡았다. 관광지라면 북적거릴 법한 시간이었지만, 넓은 2층에는 나를 포함해 단 두 명뿐이었다.

피시앤칩스를 주문했다. 그러나 내어 온 음식은 기대에 한참 못 미쳤다. 작은 생선 몇 조각과 감자 몇 개가 전부였다. 내륙 지방에서 생선을 주문한 게 어쩌면 잘못이었는지도 모른다. 저녁으로는 부족한 듯해서 나시고렝을 추가로 주문했다. 이제는 그 미묘한 맛의 차이도 어느 정도 구분할 수 있을 만큼 익숙해졌다.

식사를 마치고 거리로 나와, 반쯤 졸고 있던 트라이시클 기사를 깨워 호텔로 돌아왔다. 밤공기는 서늘하고 고요했다. 도시도, 나도 하루를 마무리하고 있었다.

호텔 2층 라운지에는 커다란 유리창과 편안한 소파가 놓여 있었다. 그곳에서 바라본 족자카르타의 야경은 정겨웠다. 도시는 전체적으로 어두워 건물의 실루엣만 어렴풋이 드러났다. 하늘에는 은하수가 흐르고, 별들이 조용히 반짝이며 도시의 침묵을 내려다보고 있었다.

그 풍경을 바라보다 문득 고흐의 그림, 「별이 빛나는 밤」(The Starry Night)이 떠올랐다. 고흐의 그림 속 하늘은 달빛과 별빛이 소용돌이치며 격렬한 생명력을 쏟아낸다. 그러나 그 아래 마을은 고요히 잠들어 있다. 족자카르타의 밤은, 다른 방식으로 그 그림을 닮아 있었다.

이곳의 하늘은 절제된 침묵 속에서 은하수를 흘리고, 별빛은 차분히 반짝였다. 도시의 희미한 불빛은 건물들 사이로 새어 나와 도시의 윤곽을 드러냈다. 빛과 어둠이 서로 거스르지 않고 부드럽게 공존하는 풍경, 말 없는 평온이 나를 감싸안았고, 나는 금세 잠들었다.

보로부두르 사원, 침묵의 소리를 듣다

800년 만에 깨어난 불교사원

보로부두르(Borobudur)는 족자카르타를 대표하는 관광명소다. 세계 최대의 불교사원이자, 1,000년 동안 화산재 속에 묻혀 있던 사원이라는 사실은 이곳에 신비로움을 더한다.

보로부두르는 8세기 사일렌드라 왕국의 전성기에 건설이 시작되어 825년경 완성된 사원이다. 대승불교의 위상을 보여주는 상징적인 유적으로, 수백 개의 불상과 부조가 새겨진 웅장한 석조 건축물이다. 그러나 1006년 머라삐(Merapi) 화산의 대폭발로 화산재에 묻힌 뒤 사람들의 기억에서 잊혀졌다가, 1814년 영국 총독 래플스(Thomas S. Raffles)의 지시로 발굴되며 세상에 모습을 드러냈다. 오늘날 보로부두르는 유네스코 세계문화유산으로 지정되어 전 세계인의 발길을 끌고 있다.

나는 문득 이런 의문이 들었다. 왜 사라진 문명이나 유적은 대부분

유럽인에 의해 발견되는 것일까? 로제타석, 투탕카멘의 무덤, 앙코르와트까지, 19~20세기 제국주의 시대의 발굴이었다. 유럽은 군사적·경제적 지배를 넘어 고대 문명에 대한 지적 우위를 선점하며 이를 식민지 지배의 정당화 수단으로 삼았다.

보로부두르도 예외가 아니었다. 이 거대한 사원을 세운 것은 자바 사람들이지만, 다시 세상에 드러낸 이는 제국주의자들이었다. 그러나 역설적으로 그 덕분에 오늘날 세계문화유산으로 자리매김할 수 있었다.

보로부두르의 부침은 모든 문명이 흥망성쇠를 겪는다는 사실을 일깨운다. 과학과 산업혁명으로 세계를 지배하고 있는 서양 제국도 언젠가 쇠퇴하고, 새로운 문명이 떠오를 것이다. 다만 그 순환 과정에는 늘 폭력과 갈등이 따른다. 동남아시아 역시 예외가 아니었다. 16세기 포르투갈은 말루쿠 제도를 장악해 향료무역을 독점했고, 17세기 네덜란드는 VOC를 통해 인도네시아 전역을 식민지화하며 자원을 착취하고 전통문화를 억압했다.

보로부두르의 역정 또한 이러한 역사적 흐름과 맞닿아 있다. 대승불교의 황금기를 상징했던 사원은 힌두교와 이슬람의 확산 속에 중심에서 멀어졌고, 화산재에 묻혀 잊혔다가, 다시 제국주의 시대 발굴을 거쳐 세계인의 발길을 모으고 있다. 사라진 문명은 이렇게 다른 맥락 속에서 재해석되고 계승된다.

인간의 손으로 지은 우주의 형상

호텔에서 보로부두르 사원까지는 그랩 택시를 이용했다. 35만 루피아(약 3만 원). 이동하는 동안 창밖으로 펼쳐진 동자바의 풍경은 느릿느릿 흘러가는 강물 같았다. 끝없이 펼쳐진 푸른 논밭이 바람에 따라 물결처럼 흔들렸고, 드문드문 보이는 농부들의 움직임도 서두름이 없다. 풍경은 마치 이곳의 시간마저 천천히 흘러가는 듯한 인상을 주었다.

사원에 도착할 무렵, 기사가 제안을 해왔다. 돌아가는 길에 30만 루피아를 약속하면 기다리겠다는 것이다. 거부할 이유가 없다.

입장료는 외국인 37.5만 루피아. 내국인은 15만 루피아이다. 인도네시아 관광지에서 흔히 볼 수 있는 이중 구조다. 매표소 앞에 긴 줄이 늘어서 있었지만, 아무도 불평하지 않았다. 어쩌면 이 기다림 자체가, 거대한 유적을 마주하기 전 치르는 의식 같은 것일지도 모른다.

표를 받고 입구를 지나자, 거대한 아까시나무가 드리운 그늘에서 안내원을 기다리는 사람들이 모여 있었다. 그곳에서 사원 경내용 슬리퍼를 받았다. 부드러운 갈색 식물 줄기를 엮어 만든 쪼리였다. 처음 신어 보는 사람들은 발가락 사이가 쓸려 아파할 수도 있겠지만, 나는 어릴 때 늘 신던 경험이 있어, 곧 적응할 수 있었다.

문득 엉뚱한 생각이 들었다. 이 사소한 불편함이, 식민지 시절 수탈을 당했던 이들이 서양인에게 돌려주는 작은 복수는 아닐까.

잠시 뒤 안내원이 도착했고, 20명 남짓한 일행과 함께 관람을 시작했다. 시간은 1시간 30분으로 제한되었고, 그룹에서 이탈하지 말 것, 나무나 구조물을 훼손하지 말 것 등이 안내되었다.

웅장한 사원의 전경
만다라 구조의 거대한 석조 사원, 관광객들은 뜨거운 햇살을 받으며 신성한 구조를 천천히 오른다.

오른쪽에 숲을 두고 걷다가, 숲이 끝나는 지점에서 방향을 틀자 저 멀리 사원이 한눈에 들어왔다. 순간, 숨이 멎는 듯했다. '와, 거대한 인간의 성취를 마주하는구나.' 가슴 깊은 곳에서 벅찬 감동이 밀려왔다.

그러나 곧 생각이 스쳤다. 나는 성취를 좇는 삶을 내려놓고자 이 여정을 시작하지 않았던가. 그런데 인간의 압도적인 성취 앞에 또다시 가슴이 뛰다니. 하지만 곧 깨달았다. 그것은 부와 권력을 과시하기 위한 성취가 아니라, 고통을 견디며 구원을 향한 염원으로 한 겹 한 겹 쌓아 올린 시간의 결정체라는 것을.

사원으로 향하는 길에는 푸른 잎 더미 위에 붉은 꽃이 보석처럼 얹힌 나무들이 줄지어 있었다. 그 사이로 약 500미터 정도 이어진 길을 걸으며. 점점 사원의 규모와 석조 건물의 중량감이 온몸으로 다가왔다. '세계에서 가장 큰 불교사원'이라는 말이 실감이 났다. 높이와 너비가 압도적이어서, 카메라의 줌렌즈를 최대 광각으로 열어도 전경이 한 프레임에 담기지 않았다.

사원은 9층으로 된 기하학적 피라미드 형태였다. 아래 두 개 층은 넓고 안정적인 사각형 기단으로 이루어졌고, 그 위로 다섯 개 층의 사각형 기단이 각 변의 중앙이 돌출된 톱니 모양으로 점차 좁아지며 쌓여 있었다. 맨 위에는 세 개 층으로 구성된 원형 기단이 자리했다.

사원의 회랑과 옹벽은 직사각형 석재들이 서로 맞물려 견고하게 결합되어 있었다. 그래서인지 이 거대한 석조 구조물은 1,200년 동안 단 한 곳도 무너지거나 기운 흔적이 없었다. 안내원은 이 구조물이 만다라의 원리에 따라 설계되었다고 설명했다. 즉, 사각형의 중심에 원을 두는 구조로, 신성한 우주를 상징하는 형식이라는 것이다. (후에 자료를 찾아보니, 이 사원의 구조는 불교의 금강계 만다라(Vajradhatu Mandala)보다는 힌두교의 스리 얀트라(Sri Yantra)에 더 가깝다는 주장도 있었다.)

돌에 새겨진 고통과 구도의 서사

사원에 사용된 석재는 중간 톤의 회색빛을 띠고 있었다. 얼핏 보기엔 현대의 시멘트 블록 같았지만, 안내인은 그것이 화산 폭발 시 분출된 용암이 굳어 형성된 안산암이라고 설명했다. 복원하는 과정에서도 다른 재료를 전혀 섞지 않았다고 했다.

우리는 동쪽 계단을 이용해 1층으로 올라가 반시계 방향으로 회랑을 따라 걸었다. 회랑의 석재 바닥은 마치 정교한 자물쇠처럼 맞물러 있었고, 벽면의 직사각형 패널마다 부조가 정교하게 새겨져 있었다. 무려 2,673쪽에 달하는 이 부조는 불교의 팔고(8 苦) - 생로병사와 애별리고(愛別離苦), 원증회고(怨憎會苦), 구부득고(求不得苦), 오음성고(五

고통과 삶의 부조 벽화
회랑의 벽면에 붙여진 2,673개 부조. 팔고(八苦)와 자바인의 삶이 정교하게 새겨져 있다.

蘊盛苦)-가 새겨져 있었다.

 그것은 단지 고통만이 아니었다. 부처의 가르침과 더불어 자바 사회의 일상이 함께 펼쳐져 있었다. 아이의 탄생과 장례, 밭을 가는 농부와 장터에서 흥정하는 사람들, 춤과 음악이 울려 퍼지는 잔치, 칼을 맞부딪치는 전쟁과 슬픔에 잠긴 곡소리까지, 출생에서 죽음에 이르는 인간사의 희로애락이 벽면을 따라 이어졌다.

 거칠게 다듬어진 부조의 이미지는 정밀한 조각보다 더 진한 감동으로 다가왔다. 그 거친 표면 속에서 인간의 고뇌와 시간의 흐름, 석공들의 땀과 헌신이 전해졌다.
 그 순간, 나는 다른 종교 예술들을 떠올렸다. 중세 가톨릭의 성화, 러시아 정교회의 목판 이콘, 고려 불교의 탱화까지—모두 인간의 고뇌를 위로하고 구원의 길을 보여주기 위해 만들어진 종교적 예술이었다. 그러나 성화와 이콘, 탱화가 한 편의 시라면, 보로부두르의 부조는 세대를 이어 완성된 장대한 서사시였다. 끝없이 이어지는 돌에 새겨진 이미지의 하나하나가 내 마음을 흔들었다.

마지막 패널을 지나 원형 기단으로 오르기 전, 나는 회랑의 담에 기대어 잠시 눈을 감았다. 그 순간, 1,200년 전의 대역사의 현장이 눈앞에 펼쳐졌다.

> 수만 명의 인부들이 뜨거운 태양 아래에서,
> 석재를 운반하고,
> 거친 돌을 다듬어 정교하게 맞추어 쌓아 올리고 있다.
> 한쪽에선 수십 명의 석공이 석판 위에 끌을 대고 망치를 두드린다.
> 그들의 손길에서 돌가루가 흩날리고,
> 묵직한 망치 소리가 메아리친다.
> 그들은 무아의 경지에 이르러,
> 마침내 돌 속에 잠든 고통받는 인간의 형상을 끌어낸다.
> 석공들은 그것이 인간의 고통만을 묘사한 것이 아님을 깨닫는다.
> 그것은 해탈로 가는 길이고, 돌 위에 새겨진 구도의 발자취다.

그들의 모습은 중세 가톨릭 수도사들과 겹쳐졌다. 수도사들은 평생을 수도원에 은둔하며, 성경을 양피 위에 필사했다. 글자 하나하나에 경건한 마음을 담았고, 특히 '하나님'이란 단어가 나오면 펜을 멈추고 목욕으로 몸을 정화한 뒤 다시 작업을 이어갔다.

얼마 전 보았던 다큐멘터리 「미켈란젤로」의 장면도 떠올랐다. 그는 광산에서 차디찬 대리석 덩어리를 마주했을 때, 돌 속에 숨어 있는 성모와 예수의 형상을 먼저 보았다. 피에타(Pieta)를 조각하는 과정은, 그 형상을 대리석 속에서 끌어내는 일이었다. 그는 대리석과 끊임없이 대화하며, 마음속에 떠오르는 형상에 따라 망치로 정의 머리를 두드렸다. 마침내 극도로 처연한 비애를 담은 성모의 얼굴과 생명을 잃은 예수의 몸이 돌에서 드러냈다.

보로부두르의 석공들 역시 그러했을 것이다. 그들은 끌과 망치를 들고, 안산암 속에 잠든 인간의 고통과 부처의 가르침을 끌어냈다. 미켈란젤로가 돌 속에서 구원을 보았다면, 이들은 돌 속에서 해탈을 보았다. 그들의 조각은 단순한 장식이 아니라, 신성한 메시지를 돌에 담은 구도의 행위였다. 그러나 그들의 이름은 어디에도 남아 있지 않다. 다만 수천 장의 부조만이 그들이 영혼을 증언하고 있을 뿐이다. 어쩌면 그들의 무명을 안타까워하는 것은, 아직 세속적 욕망에서 벗어나지 못하는 나의 속된 마음 때문일지도 모른다.

회랑 벽에 새겨진 조각들은 살아나, 꿈틀거리며 내게 다가왔다. 그것들은 조용히 속삭였다.

　　　　욕망과 성냄, 그리고 어리석음에서 벗어나라.

조각들은 부처의 가르침으로 나를 세상의 번뇌에서 해방하려 했다. 하지만 나는 여전히 바깥세상에 대한 미련을 버리지 못했다. 나는 잠시 서서 먼 산을 바라보았다. 그리고 다시 일행을 따라 발걸음을 옮겼다.

인간의 욕망과 불멸의 신비

회랑에는 움푹 들어간 불감(佛龕)마다 부처상이 좌정해 있었고, 그 수가 504개에 달했다. 불교에서는 일반 신도라 할지라도 부처를 믿고 보살행(菩薩行)을 실천하면 성불할 수 있다고 한다. 이곳의 불상들은 성불한 중생들을 상징하며, 참배객들이 '나도 부처가 되리라'라는 염원을 품도록 한 것일지도 모른다.

그러나 많은 부처상은 머리가 잘려 나가 있었다. 안내원은 그것이 도난 때문이라고 했다. 보로부두르 사원의 부처 머리가 부와 행운을 가져다준다는 믿음 탓에, 부유한 이들이 높은 값을 치르고 사들였다는 것이다. 가격이 미화 100만 달러에 이른다는 말을 들었을 때, 나는 충격을 금할 수 없었다. 인간의 욕망과 어리석음 앞에서는, 부처의 머리조차 무사할 수가 없었다.

하기야 보로부두르의 건립 자체도 왕국의 위엄과 안녕을 기원하는 통치자의 염원에서 비롯된 것이 아니었던가. 부처의 이름을 빌려, 결국 자신의 소망과 욕망을 이루고자 했던 것이었을지도 모른다. 인간의 어리석음과 욕망은 시대를 넘어 반복되고 있다는 생각이 들었다.

최상단의 거대한 스투파
거대한 스투파 속 부처상을 마주한 순간,
이곳이 사원의 영적 중심임을 온몸으로 느낄 수 있었다.

    마침내 나는 최상단 원형 기단에 올라섰다. 그 가장자리를 따라 부처의 사리를 봉안한 스투파들이 규칙적으로 놓여 있었다. 7층에는 32개, 8층에는 24개, 9층에는 16개가 배치되어 있었는데, 긴 손잡이가 달린 와인잔을 엎어놓은 모습이었다. 그리고 중앙에는 이 모든 신비를 봉인한 듯, 거대한 스투파 하나가 위엄있게 자리 잡고 있었다.

    나는 그 앞에서 오랫동안 발걸음을 멈췄다. 웅장한 스투파와 그 안에 좌정한 부처상은 수많은 기도와 염원이 응축된 형상처럼 느껴졌다. 그 순간, 나는 사원의 영적 중심에 서 있다는 감각을 온몸으로 받아들였다.

관람을 마치고 내려오는 관광객들
땀과 숨이 뒤엉킨 고단한 몸으로 계단을 내려오면서도,
사원에서 스며든 감동은 가슴 깊은 곳에 오래도록 남는다.

    한동안 그 자리에 머물다 서쪽 계단을 따라 내려왔다. 넓은 흙 마당을 지나고, 가파른 언덕에 직각으로 이어지는 돌계단에 내려서자, 회색빛 나무들이 줄지어 서 있었다. 그 나무들의 가지는 가늘고 비틀린 채 하늘을 향해 뻗어 있었고, 그 끝에 유난히 크고 붉은 꽃이 매달려 있었다. 마치 이 같은 꽃을 피우기 위해 나무는 스스로 균형을 잃고 몸을 내맡긴 듯한 모습이었다.

    나는 그 꽃을 바라보다가 문득 생각했다. 자신을 비틀면서 끝내 피워낸 꽃, 그것은 욕망을 버리고 얻는 해탈의 형상일까, 아니면 욕망을 향해 몸을 내맡긴 인간의 모습일까. 어쩌면 두 모습은 다르지 않을지도 모른다. 희생과 욕망, 해탈과 집착은 늘 서로의 그림자처럼 맞닿아 있기 때문이다.

돌아가는 길은 멀고 뜨거웠다. 한낮의 태양 아래서 1시간 이상 걸었으니, 온몸이 땀으로 흠뻑 젖었다. 쪼리 사이에 낀 발가락은 쓸려 통증이 심했다. 어떤 서양인들은 아예 슬리퍼를 벗어들고 맨발로 걷고 있었다.

주차장에는 기사가 기다리고 있었다. 본래 계획은 인근의 또 다른 세계문화유산인 힌두사원 '칸디 프람바난'(Candi Prambanan)을 방문하는 것이었으나, 이미 지친 몸과 보로부두르가 남긴 감동으로 충분하다는 생각에 곧장 호텔로 향했다.

호텔 방은 말끔히 정돈되어 있었다. 타월과 침대의 리넨도 새것으로 교체되어 있었다. 냉방이 잘된 방에서 1시간 정도 낮잠을 자고 일어나니, 다시 원기가 돌아왔다. 상쾌한 마음으로 컴퓨터를 열어, 오늘 가지 못한 '프람바난'에 대해 찾아보았다.

1,000년의 구도, 여전히 우리에게 속삭이다

보로부두르라는 거대한 불교사원의 인근에, 어떻게 이토록 웅장한 힌두사원이 세워졌을까? 처음엔 불교를 숭상하는 사이렌드라 왕국이 힌두를 믿는 마따람 왕국으로 교체된 결과라 짐작했으나, 자료를 살펴보니 두 왕국은 경쟁자가 아니었다. 오히려 서로 다른 기반-사이렌드라는 해상 무역, 마따람을 내륙 농업-을 통해 거의 100여 년 동안 평화롭게 공존했다.

서로의 종교를 존중하고, 혼인 동맹과 경제적 협력을 통해 균형을 이루었기에 자바섬에서는 불교와 힌두교가 상호 영향을 주며 독특한 융합 문화를 꽃피울 수 있었다. 보로부두르와 프람바난은 바로 그 증거였다.

그러나 9세기경 마따람 왕국의 군사력이 강해지면서 사이렌드라 왕국은 쇠퇴했고, 결국 북부의 수마트라로 중심을 옮겼다. 그 결과 자바섬은 힌두 문화가 주도권을 잡았고, 불교는 서서히 자취를 감추었다. 그럼에도 보로부두르는 여전히 그 웅장함으로 불교문화의 흔적을 증언하고 있다.

두 종교의 공존에는 철학적 유사성도 한몫했을 것이다. 모두 인도에서 기원하여 윤회와 카르마, 해탈과 열반, 내적 수행을 통한 깨달음을 강조한다. 그러나, 차이 또한 뚜렷하다. 힌두교는 수많은 신을 숭배하는 다신교이며, 신들의 위계가 명확하다. 반면, 불교는 개인의 깨달음에 주목한다. 또한, 힌두교는 인간 사회의 카스트 제도를 종교적으로 정당화하지만, 불교는 이를 강하게 거부하며 인간의 평등을 강조한다. 하지만, 아이러니하게도 평등을 외친 불교는, 불평등을 제도적으로 정당화한 힌두교에 밀려 쇠퇴하고 말았다.

이 역설은 오늘날에도 반복되고 있다. 자본주의는 사회적 불평등을 정당화하면서 체제 경쟁에서 승리했다. 자유 경쟁의 이름으로 사회적 격차를 확대하고 있지만, 대중은 안녕과 질서를 위해 자발적으로 순응한다. 권위주의는 외부의 강압보다 오히려 대중의 동조 속에서 더욱 견고해진다. 우리는 과거의 군사문화에서 벗어난 듯 보이지만, 자본의 권위 앞에서 또다시 스스로 고개를 숙인다.

그런 모습은 대중문화에서도 드러난다. K-드라마에서 재벌 이야기가 유독 많은 것도 우연이 아니다. 그것은 단지 판타지가 아니라, 부와 권력을 가진 이들 곁에 머무는 것이 사랑이든, 성공이든, 안정이든 보장받을 수 있다는 무언의 메시지를 담고 있다. 놀라운 것은 이런 서사가 한국뿐 아니라 전 세계 시청자에게 폭넓은 공감을 얻는다는 사실이다. 이 이면에는 권력 구조 속에서 자신의 자리를 찾으려는 인간의 본능, 불안한 현실 속에서 확실성과 안정을 바라는 욕망이 숨어 있기 때문일지도 모른다.

사실, 오늘날 자본주의 사회는 형태만 다를 뿐 전체주의의 논리로 작동한다. "성공하려면 노력해야 한다."는 말은 이미 삶의 전제로 굳어졌고, 사람들은 그 말에 기대어 자신을 몰아세우며 체제에 순응한다. 결국, 돈과 권력을 가진 이들의 기준에 따르는 것이 가장 효율적이라고 믿는다.

그러나, 지금으로부터 약 2,500년 전, 그리스의 소크라테스는 젊은이들에게 이렇게 말했다. "세속적 성공을 좇기보다, 성찰을 통해 자신의 본질을 찾아야 한다." 참된 삶은 외적 성취가 아니라, 내면을 돌아보며 존재의 의미를 묻는 데 있다는 그의 가르침은 오늘의 현실과 정반대의 흐름에 서 있다.

성경도 같은 진실을 증언한다. "사람이 자기 일을 즐거워하는 것보다 다 나은 것이 없음을 보았나니, 그것이 그의 몫이기 때문이라."(전도서 3:22)

결국 진정한 만족은 바깥은 성취가 아니라, 내면 깊은 속에서 울려 나오는 조용한 목소리에 귀 기울일 때 찾아온다.

예순아홉 해를 살아온 지금에서야, 나는 그 목소리에 귀를 기울이게 되었다. 너무 늦게 도착한 이 깨달음 앞에서, 스스로에게 묻는다. '이제 남은 시간, 나는 무엇을 내려놓고 무엇을 지켜야 하는가'

나와 같은 해에 태어난 시대의 영웅 스티브 잡스는 스탠퍼드 대학

졸업식 연설에서 "Stay hungry, stay foolish."라고 말하며 수많은 젊은이들의 가슴을 뛰게 했다. 그러나 그의 말에는 삶을 돌아보는 성찰이 담겨 있지 않았다. 끝없는 갈망을 추구하라는 메시지는, 오히려 젊은 세대를 조급한 경쟁과 소비의 삶으로 내몰았다.

그는 분명 세상을 바꾼 인물이지만, 정작, 자신은 진정한 행복과 만족을 누렸을까? 만약 그가 승자뿐 아니라 수많은 '루저'들의 삶에도 따뜻한 긍휼과 연대의 마음을 품었더라면, 그의 상상력으로 시작된 디지털 시대는 지금보다 더 따뜻하고 포용적인 세상이 되었을 것이다.

인간 존재의 본질은, 끊임없는 경쟁을 통해 얻는 성취가 아니라, '어떻게 살 것인가'를 묻는 성찰에 있다. 1,000년의 침묵을 간직한 보로부두르 사원은 그 진실을 조용히 품고 있었다. 수천 장의 부조 조각과 거대한 스투파, 자애로운 부처의 미소 속에 고요히 숨 쉬고 있던 인간 고뇌와 희망, 삶과 죽음의 이야기들. 나는 그 회랑을 걸으며, 치열하게 살아왔던 나 자신을 돌아보았다.

세상은 여전히 부와 명예를 최고의 가치로 여긴다. 그러나 보로부두르는 말없이, 그러나 분명히 속삭이고 있었다.

　　욕망의 길이 아니라, 깨달음의 길을 걸어라.

나는 이제야, 돌들의 침묵 속에서 들려오는 그 속삭임에 응답할 수 있을 것 같다.

이제는 세상의 굴레와 인정의 사슬보다,
내면 깊은 곳의 목소리에 귀 기울이며 살고 싶다.

조금씩 번뇌와 욕망을 덜어내고,
더 단순하고 고요한 마음으로,
좋아서 웃고,
신나서 걷고,
감탄하고 기뻐하며,
지금 이 자리,
내게 주어진 하루의 일에서 작은 기쁨을 발견하는 것이
사람이 누릴 수 있는 가장 온전한 몫임을 마음속 깊이 새기며,
마치 석공이 돌 속에서 부처의 미소를 끌어냈듯,
내 안의 '정동'(情動)[6]이 이끄는 길을 따라 걷고자 한다.

---

6   감정(Emotion)과는 달리, 아직 언어로 규정되지 않은 채 몸과 마음을 움직이게 하는 근원적 힘을 뜻한다. 들뢰즈(Deleuze), 마수미(Massumi) 등 현대 철학자들이 인간 존재를 설명하는 핵심 개념으로 사용했다. 본문에서는 내면 깊은 곳에서 솟아올라 삶의 방향을 열어주는 힘을 뜻한다.

소노부도요 박물관, 자바의 영혼을 만나다

자바 전통의 방으로 들어가다

 호텔로 돌아온 것이 오후 1시였다. 휴식 후 호텔 식당에서 점심을 먹은 후 3시경 소노부도요 박물관(Museum Sonobudoyo)에 갔다. 소노부도요 박물관은 자바의 전통 예술품이 전시되어 있는 곳으로 유명하다. 자바인의 전통 예술품, 공예품, 마스크, 와양 쿨릿(Wayang Kulit, 그림자 인형), 무기류, 고고학적 발굴품 등이 전시되어 있어 자바의 문화, 역사, 그리고 당시의 생활상을 볼 수가 있다.

 박물관은 여러 동의 천장 높은 단층 건물로 구성되어 있었다. 입구를 들어서면, 도톰한 냄비를 연상시키는 청동 타악기가 사각형 나무틀의 두 변에 올려져 있었고, 나머지 두 변엔 대나무와 청동으로 만들어진 대형 실로폰이 놓여 있었다. 그 바깥쪽으로 우리의 징과 비슷한 청동 타악기를 매단 걸대, 아래로 홀쭉해지는 소리통에 가죽을 팽팽하게 덮은 드럼 몇 개가 놓여 있었다. 그리고 사각형 나무틀의 안

청동 악기로 구성된 가믈란 전시 공간, 두 손을 모은 여인의 조각이 음악의 제의적 기원을 말해준다.

쪽에는 여인이 앞에 제물을 펼쳐놓고 두 손을 펼치고 있었다. 이들 악기가 신을 경배하는 의식에 사용되었음을 암시했다.

관람은 안내 화살표를 따라 이루어진다. 첫 번째 방에는 게복(Gebyok)이라 불리는 목재 가림막들이 전시되어 있었다. 이는 검은 색 판재를 관통하며 전통 문양을 새겨 만든 스크린을 발판이 붙은 장방형 틀에 부착한 것이다. 틀에는 작은 은백색 조개껍데기가 촘촘하게 상감되어 있다. 사람 키보다 조금 놓은 크기이지만, 정교한 조각에는 만든 이들의 엄청난 집중이 요구되었을 것이다.

보로부두르 사원의 회랑 벽면을 부조한 장인들은 부처와의 교감으로 고된 작업을 위로받았을 텐데, 게복 장인들은 어떤 세계와 마음의 끈을 연결하고 있었을까? 극도의 집중 상태에서 자신의 존재조차도 잊어버린 무아의 경지에 이르지는 않았을까?

다음 전시실에는 자바 정통 복장을 한 실물 크기의 남녀 밀랍 인형들이 전시되어 있었다. 그런데 가만히 보면 이들이 입고 있는 의복에서 현대적 감각이 느껴졌다. 여성의 경우 상의는 몸에 딱 맞게 만들어져 몸매를 돋보이게 하고 하의는 잘록한 허리에서 넉넉하게 접힌 후 주름선을 타고 내려가 우아해 보였다.

와양 그림자 인형극의 캐릭터들

　남성의 경우 천으로 만든 채양 없는 모자에 흰색 혹은 검은색 바틱 천으로 만든 품이 풍성한 셔츠를 입고 아래로 길게 늘어진 스커트를 허리에서 스카프로 둘러매어 고정하고 있었다. 인도네시아 전통 복장의 특징은 단순한 디자인에 무척이나 정교하게 직조된 천을 사용하였다는 것이다. 군더더기가 없다. 절제된 화려함이 느껴졌다.
　전시실의 벽면에는 인형극에 사용하는 인물과 동물들의 인형이 유리 상자 안에 전시되어 있었다. 이들 캐릭터는 우리에게는 생소한 힌두 설화의 등장인물들이라고 하는데, 마치 베짱이를 연상시키는 모습을 한 노파가 있고, 용, 돼지, 코끼리 등은 두 발로 직립한 형태로 의인화되어 있었다. 이들 인형에는 모두 동작을 연기하기 위해서 관절, 즉 팔꿈치와 팔목, 무릎, 그리고 어깨에 조정용 막대기가 연결되어 있었다.
　그리고 그 옆의 유리 상자 안에는 인형극의 배경을 구성하는 물품들, 즉 다양한 나무와 초목, 그리고 사슴, 악어, 소 등의 인형이 꽂이에 연결되어 세워져 있었다. 전시된 캐릭터 인형과 배경 물품들이 족히 50여 개는 되는 듯했다. 이들이 인형극의 주인공과 조연이 되고, 다양한 배경 풍경을 만드는 데 사용되는 모양이다.
　이어서 나타난 전시실에는 바틱 직물이 걸려 있었다. 한 여인이 걸대에서 아래로 내걸린 황금빛 천 앞에 앉아, 왁스를 머금은 도구로

밀랍 여인의 섬세한 손끝에서,
바틱에 깃든 자바의 전통과 시간이
조용히 되살아난다.

정교한 문양을 그리고 있었다. 실물 크기의 밀랍 인형이지만, 집중한 표정과 섬세한 손놀림이 금방이라도 숨결이 닿을 듯했다. 어릴 적, 누나가 하얀 천을 나무틀에 끼워 무릎 위에 올려놓고 수를 놓던 모습이 문득 떠올랐다. 지금은 좀처럼 보기 힘든 풍경이다.

그 옆에는 다양한 문양의 바틱 직물, 바틱 직물로 만든 전통 옷을 입고 있는 남녀, 가족들의 모습이 전시되어 있었다. 여인들은 케바야(Kebaya)라는 레이스로 만든 저고리를 입었고, 치마는 바틱 직물을 허리춤에서 둘러 조인 사롱(Sarong)을 입고 있었다. 종교에 따라 머리를 히잡으로 감추거나 꽃을 꽂기도 했다. 남자의 경우엔 단추가 달린 바틱 셔츠를 입고 하의는 사롱, 그리고 블랑꼰(Belangkon)이라는 모자를 썼다. 인도네시아의 복식은 단순하지만 실용적이고 절제된 아름다움이 있었다.

다음 전시실로 이동은 일단 실외로 나가 디딤돌이 놓인 통로를 따라 이어지는데, 통로의 왼쪽에 자바 전통의 칸티 벤타르(Candi Bentar)가 세워져 있었고, 그곳에서 마침 전통 복장을 입은 두 여성 모델의 사진 촬영이 이루어지고 있었다. 잠시 촬영을 멈춘 사진가에서 다가가 모델들을 촬영해도 되겠느냐고 물으니, 웃으면서 승낙했다.

칸티 벤다르 앞,
전통 복장을 갖춘 두 여성의 자태에서
단정하고 고요한 아름다움이 흐른다.

　젊은 여성 모델이 칸티 벤타르를 배경으로 나란히 서서 나를 향하여 미소를 지으면서 포즈를 취해주었다. 검은색 케바야를 입고 히잡으로 머리를 감추고, 자주색 바탕에 황금색으로 작은 원을 프린트한 머플러를 한쪽 어깨를 거쳐 허리에 내려 두른 후 여유 있게 한 팔에 걸쳤다. 두 손을 앞에 모으고 한발을 앞으로 내디딘 포즈에서 순박한 아름다움이 묻어났다.
　그 단아한 자태는 박물관 안에서 보았던 전통 예술품들이 전해주던 인상과도 닮아 있었다. 이렇듯 소노부도요 박물관의 전시품 하나하나가 자바 사람들의 삶과 손길을 조용히 드러내고 있었다. 화려하진 않지만 절제된 아름다움이 오래 마음에 남았다.

거리에서 만난 자바인의 삶

박물관을 나오니 커다란 빌보드 간판이 보였다. 자바의 전통 그림자극인 와양 쿨릿의 공연을 알리고 있었다. 박물관의 바로 옆 건물에서 20:00~21:30에 공연이 예정되어 있었고, 아직 2시간 정도 남아 있어 미리 예약했다. 관람객이 많지 않아서인지 판매원이 직접 공연장에 안내하여 좌석을 선택하게 했다. 전면에 3미터 정도의 폭을 가진 무대가 1미터 정도의 높이에 설치되어 있었고 그 안쪽에 커다란 흰색 스크린이 설치되어 있었다.

무대 아래엔 정방형의 공간에 각종 악기가 질서 있게 놓여 있었다. 관람석은 악기가 놓여 있는 공간을 빙 둘러서 놓인 3줄의 의자였다. 나는 무대를 정면으로 바라보는 첫 줄의 중앙 좌석을 지정하여 예매했다. 공연이 시작되기까지는 아직 시간이 있으니, 거리로 나가 저녁을 먹은 뒤 공연 시간에 맞추어 돌아오기로 했다.

밖에 나오니 관광안내서에도 실린 말리오보로(Malioboro) 거리가 펼쳐졌다. 4차선 대로 양쪽으로 상점, 기념품을 파는 노점이 이어졌고, 곳곳에는 음식을 파는 마차 식당들이 불빛을 밝히고 있었다. 도로의 시작 지점에는 거대한 기념물이 세워진 공원이, 끝자락에는 현대적인 쇼핑센터가 차지하고 있었다.

보도는 양편으로 차도만큼이나 넓었다. 그 위에는 알록달록한 음료를 플라스틱 잔에 담아 쟁반에 가득 올려 들고 다니는 행상들이 호객을 하고 있었다. 바깥쪽에는 여인들이 무리 지어 앉아 연기를 피워 올리며 사테를 굽고 있었다.

보도 곳곳에는 벤치가 놓여 있어 가족들이 모여앉아 담소를 나누고, 주변엔 아이들이 주스를 들고 장난감을 흔들며 큰소리로 웃고 뛰어다녔다. 젊은이들은 여자의 어깨에 팔을 두른 채 바짝 다가앉아 있었다. 거리 한쪽에는 화가들이 자리를 잡고 능숙한 솜씨로 초상화를 그리고 있었는데, 전시된 그림은 사진처럼 정교했다. 세계가 인정하는 자바 화가들의 재능을 엿볼 수 있었다.

차도에는 화려하게 장식된 사륜마차가 오갔다. 지붕이 달린 다인승의 큰 마차를 한 마리의 말이 끌고 있는데, 의외로 빠른 속도로 달려 나갔다. 길이 평지라서 여러 사람을 태우고도 말은 크게 힘들어하지는 않는 듯했다.

그 모습을 보자, 문득, 필리핀 마닐라 인트라무로스에서 탔던 마차가 떠올랐다. 그곳에서는 훨씬 작은 마차를 끌던 말의 입가에 거품이 가득해, 타고 있던 내내 마음이 불편했던 기억이 있다. 그에 비해 이곳의 말들은 평온한 기색으로 다인승 마차를 끌고 있는데 어쩌면 그 고요한 모습 속에 자바인의 평온한 기질이 스며 있는지도 모르겠다.

말리오보르 거리의 풍경
거리에는 말이 끄는 사륜마차가 오가고, 음료를 파는 행상들이 분주하다.
가족과 상인, 여행객이 어우러진 활기찬 밤 풍경이 펼쳐진다.

족자카르타는 우리나라로 치면 경주쯤 되지 않을까? 관광객들은 외국인보다는 내국인이 많은 듯하고, 무슬림 사회답게 노인부터 어린아이까지 다세대로 이루어진 가족 단위가 눈에 많이 띄었다.

도보의 끝자락에 자리한 쇼핑몰로 들어서자, 거리의 상점가와는 달리 건물 전체가 냉방되어 있었고, 현대식 상점과 식당들이 줄지어 있었다. 그중 한 식당에서 똠얌폿(Tom Yum Pot)을 주문했다. 스테인리스 냄비에 어묵과 야채를 넣고 알코올램프 불로 끓여내는 태국식 음식이었지만, 정작 나온 모습은 기대에 미치지 못했다. 메뉴판 속 사진과 비교하면 지나치게 소박했던 것이다.

여행 중에는 이처럼 기대와 다른 경험을 마주하기도 한다. 그러나 예민해질 필요는 없다. 마음만 상할 뿐이다. 오히려 때로는 예기치 못한 호사를 만날 때도 있지 않은가?

어둠에서 피어나는 이야기,
와양 그림자 인형극

인형극에 깃든 종교와 역사

공연이 시작되기 30분 전, 공연장에 돌아와 지정된 자리에 앉아 시작을 기다렸다. 전통 타악기 앙상블인 가믈란(Gamelan) 연주자들이 자리를 잡고 음정을 조율하고 있었고, 대부분이 외국인들인 20여 명의 관객들이 자리에 앉아 공연을 기다리고 있었다.

무대의 배경이 되는 대형 흰색 스크린에 프로젝트로 스팟 조명이 투사되어 있었고, 무대 양쪽엔 극의 배경을 꾸미는 부채 형태의 물품들이 겹쳐 세워져 있었다. 의인화된 인형들은 극의 진행자인 달랑(Dalang)[7]의 앞쪽에 빼곡히 쌓여 있었다.

와양 그림자 인형극은 고대 인도의 서사시를 바탕으로 하면서, 달랑의 목소리와 인형의 그림자에 이슬람적 가치와 교훈을 덧입힌 예

---

7   와양 공연에서 수십 개의 인형을 혼자 다루며, 대사와 노래, 해설까지 맡는 인형극의 연출자이자 해설자. 단순한 극 진행자가 아니라 종교적·철학적 의미를 전달하는 교사의 역할을 겸하기도 한다.

술이다. 그렇다면 와양은 힌두 예술일까, 이슬람 예술일까, 아니면 두 전통이 어울린 융합의 산물일까?

역사의 흐름 속에서 인도네시아는 불교와 힌두교의 흔적 위에 이슬람이 겹겹이 더해지며 독창적인 문화를 빚어냈다. 오늘날의 와양 인형극과 가믈란 음악은 바로 그 융합의 집약된 표현이라 할 수 있다[8].

곧 마주할 공연이, 서로 다른 전통이 어떻게 재해석되어 살아 숨 쉬고 있는지를 보여줄지 기대되었다. 다만, 이들 종교에 대한 충분한 이해 없이 섣부른 판단을 하기보다, 겸손히 바라보고 귀 기울이며 그 속에 담긴 의미를 느끼고 싶다는 마음이 앞섰다.

그림자, 목소리, 음악이 엮어낸 이야기

8시 정각, 전통 복장을 한 여성 사회자가 등장해 와양 인형극에 대해 간단히 설명했고, 이어서 공연이 시작되었다. 극의 해설자이자 목소리 연기자인 달랑이 먼저 이야기의 배경을 풀어낸 뒤, 인형을 능숙하게 조종하며 캐릭터에 따라 목소리를 바꿔가며 이야기를 이어갔다. 무대에는 남녀 주인공을 비롯해 여러 조연과 신들, 의인화된 동물들이 차례로 등장했고, 음산한 그림자와 경쾌한 가믈란 음악이 뒤섞이며 서사가 흘러갔다.

줄거리는 선과 악의 대립과 애틋한 사랑 이야기로 전개되었지만, 내겐 결말보다도 긴 그림자 속에서 울리고 사라지던 목소리, 리듬처

---

8   공연 관람 전 위키피디아(Wikipedia)와 관련 자료에서 참조한 내용임.

럼 이어지던 북소리와 금속 타악기의 울림이 더 깊게 남았다. 마치 한 편의 옛 설화가 단순히 전해지는 것이 아니라, 눈앞에서 새롭게 숨 쉬는 듯한 경험이었다. 와양 인형극은 유네스코 인류무형문화유산으로 지정된 인도네시아의 대표적 전통 공연 예술이다. 달랑의 설명과 연기는 자바어로 진행되었고, 영어 자막은 없었다. 그러나 관객은 달랑의 음색과 억양, 인형의 동작과 배경의 분위기, 가믈란 연주의 템포와 음정만으로도 이야기를 따라갈 수 있었다. 처음에는 낯설었지만 곧 리듬과 그림자에 끌려 들어가듯 줄거리에 몰입하게 되었다.

 가믈란 연주는 극적 효과를 더했다. 대부분 타악기로 구성된 가믈란은 5음계의 음정으로, 슬픈 장면에서는 낮고 느린 박자로, 긴장감이 고조되는 장면에서는 빠르고 격렬한 리듬이 이어졌다. 관객들은 숨을 죽이고 두 손을 움켜쥔 채 이야기 속으로 빠져들었다. 달랑의 목소리와 가믈란의 앙상블은 절묘하게 어우러져, 단순할 수 있는 인형극을 장엄한 연극으로 승화시켰다. 우리의 판소리와 비슷하지만, 한 명의 소리꾼과 한 명의 고수가 목소리의 높낮이와 장단으로 음악을 만들어 가는 판소리에 달리, 와양 인형극은 그림자의 현란한 움직임, 달랑의 목소리, 그리고 가믈란 앙상블이 결합하여 이루어지는 종합 예술이었다.

공연은 무대 전면뿐 아니라 스크린 뒤에서도 볼 수 있었다. 앞에서는 화려한 컬러의 세계가 펼쳐졌지만, 뒤편에서는 흑백의 그림자만 남았다. 나는 여러 번 앞뒤를 오가다 결국 뒤편에 자리를 잡았다. 빛과 어둠만으로 드러나는 단순한 이미지는 오히려 더 큰 감동을 주었다. 색채보다 명암의 대비가 더 본능적으로 가슴에 와닿는 이유일 것이다.

사진은 200여 년 전 탄생 이후, 색채를 더욱 정확하게 표현하기 위해 발전해 왔지만, 사람들은 여전히 흑백사진을 사랑한다. 사라질 듯하던 흑백사진이 되살아난 이유는, 아마도 인간의 뇌가 빛과 어둠으로 이루어진 단순한 이미지에 더 익숙하기 때문일 것이다. 이성적 분석이 필요한 복잡한 색 이론이 아니라 본능적인 감성으로 가슴에 와닿는 흑백 이미지가 더 깊은 공감을 주는 법이다.

공연이 끝나고 나서야, 나는 내가 얼마나 인형극에 깊이 몰입했는지 깨달았다. 단순한 스토리와 음악이 남긴 여백에 나의 상상력이 더해져 새로운 이야기를 만들어 냈기 때문이 아닐까? 미술사가 곰브리치(E. H. Gombrich)가 말했듯, 작품의 의미는 작가가 아니라 관람자에 의해 완성된다. 달랑의 목소리와 그림자, 가믈란의 선율이 내 안에서 전혀 새로운 서사를 만들어 냈다. 나는 어느새 와양의 세계 속 일부가 되어 있었다.

오늘은 족자카르타에서의 마지막 날이다. 프람바난을 보지 못했고 와양 인형극을 한 번 더 보지 못한 아쉬움이 남지만, 감동은 때로 미련 속에서 더 깊어진다. 이제, 다음 이야기의 무대, 발리로 향한다.

3장

우붓,
신의 세계와 예술을 만나다

발리 우붓의 바람은
신들의 숨결과 예술의 혼을 함께 품고 있었다.
나는 그 숨결 속에서
조용히 나 자신을 다시 그려나갔다.

기억 속 신들의 섬

대학생 때 만난 발리

내가 발리에 대해 처음 알게 된 것은 대학생 때, 지금으로부터 거의 50년 전이다. 잡지가 그리 흔치 않았던 시절, 많은 사람이 읽던 한국어판 『리더스 다이제스트』(Reader's Digest)에 실린 르포 기사를 통해서였다.

그 기사에 따르면 발리는 아름다운 자연환경을 지닌 섬이었다. 발리인 여성은 아름답고 남자는 건장했으며, 기후는 온화하고 토지는 비옥해 물산이 풍부했다. 사람들은 예술적 재능이 뛰어나 아주 훌륭한 그림과 조각품을 만들어 냈다. 발리를 찾은 한 독일인 유명 조각가가 발리의 회화와 목공예를 보고 차마 자신이 조각가임을 밝히지 못했다는 일화도 소개하고 있었다.

기사는 이렇게 덧붙였다. 발리인에게 모든 것을 주고 난 신은 아차 했다. 너무 많이 준 것을 깨달았다는 것이다. 그렇다고 준 것을 다시

**푸푸탄을 행하는
발리 귀족들(위키피디아)**

뺏을 수는 없는 노릇이니 재앙을 하나 더하기로 했다. 그것이 바로 화산이다. 그래서 발리는 때때로 찾아오는 화산 폭발로 쑥대밭이 되곤 한다는 것이다.

내 기억 속 발리는 그렇게 "건장하고 아름다운 사람들, 풍요로운 자연과 예술, 그리고 모든 것을 삼켜버릴 듯 꿈틀거리는 화산"으로 남았다.

발리를 떠올릴 때 또 하나 생각나는 사건이 있다. 1906년 발리의 바둥(Badung)과 1908년 클룽쿵(Klungkung)에서 벌어진 왕족과 귀족들의 집단 자살 사건, 즉 "푸푸탄"(Puputan)이다. 이는 네덜란드의 인도네시아 식민지화의 마지막 단계에 접어들 무렵 일어났다.

VOC(네덜란드 동인도회사)가 인도네시아에 도착한 것은 17세기였다. 자카르타에 상관을 설치한 뒤, 향료무역의 대부분을 장악하고 있던 포르투갈 세력을 몰아내고, 영국과의 전쟁에서도 승리한 후 VOC는 막강한 무력을 앞세워 인도네시아의 섬들을 차례로 지배했다.

하지만, 발리는 수탈할 만한 경제적 자원이 크지 않았고, 이미 점령한 자바와는 다른 세계관과 사회 구조를 가진 아홉 개의 작은 왕국에 의해 통치되고 있어 네덜란드의 관심에서 벗어나 있었다.

그러던 19세기 후반, 발리가 무역로와 전략적 요충지로 떠오르자 네덜란드는 점령을 시도했고, 발리인들은 격렬하게 저항했다. 하지만 네덜란드의 압도적 무력에 이들 소왕국은 차례로 함락되었다. 1906년 네덜란드 식민지 군대는 마지막까지 극렬하게 저항하는 바둥 왕국을 치기 위해 산우르 해안으로 상륙해 수도인 덴파사르로 진격하여 왕이 거주하는 궁정에 다다랐다.

이때 바둥의 왕은 흰옷을 입고 네 명의 가마꾼이 이는 가마에 올라앉아, 마찬가지로 흰옷을 입은 신하들과 함께 조용히 장례 행진을 시작했다. 그리고 행렬이 네덜란드군 앞 백여 보 지점에 이르자 왕은 가마에서 내려섰다. 순간 왕을 수행하던 브라암 사제가 검을 왕의 가슴에 찔러 넣었고, 이어 수많은 신하가 차례로 스스로 목숨을 끊었다. 이것이 기록이 남아 있는 바둥의 푸푸탄이다.

푸푸탄은 네덜란드가 발리 왕국들을 점령하는 과정에서 반복적으로 일어났다. 항복을 불명예로 여기는 문화적 전통과 힌두교의 신념에 따른 것이라고 한다. 발리인들은 패배를 앞두고 죽음을 택함으로써 명예와 신념을 지키고 외국 세력 지배하의 삶을 피하려 하던 것이었다.

최근에 읽은 리자 베럿(Lisa F. Barrett)의 『이토록 뜻밖의 뇌과학(2021년)』(Seven and a Half Lessons About the Brain)에도 유사한 내용이 기술되어 있다. 발리인은 극심한 두려움에 직면했을 잠을 잔다는 것이다. 일반적으로 사람은 공포를 느낄 때 그 자리에서 얼어붙고 눈이 커진 채 숨을 헐떡거릴 것이다. 비명을 지를 수도 위협적인 것으로부터 재빨리 도망칠 수도 있다. 이런 반응이 공포에 대한 보편적인 대응일 것이다. 하지만, 발리인들은 잠을 잔다는 것이다.

압도적인 무력을 가지고 밀려오는 네덜란드군에 대항하여 바둥의 왕과 신하들이 푸푸탄을 수행한 것은, 어쩌면 위험을 처했을 때 "잠을 자는" 발리인의 심리에 기인한 것인지 모른다. 죽음은 영원한 잠을 의미하니 말이다. 푸푸탄은 화산 폭발이나 지진 등 자연재해가 발생했을 때 신에게 의지하며 마음을 가다듬는 의식으로 행해졌다고 한다. 현대의 심리학자들은 발리인들의 이런 행동을 일종의 심리적 방어기제라고 해석하기도 한다.

발리섬 우붓 가는 길

다음 날 일찍 그랩 택시를 불러 타고 족자카르타 공항에 갔다. 2019년에 건설된 신공항으로 시내에서 약 40킬로미터 떨어져 있었고, 도시 규모에 비해서 꽤 큰 것이 동부 자바의 허브 공항 역할을 하는 듯했다. 수화물 체크를 하고 좌석을 배정받은 뒤 대합실로 이동했다. 오후 3시 탑승까지는 아직 1시간 반이 남아 있었다.

공항 내를 둘러보았다. 탑승 게이트로 가는 길에 널찍한 광장이 있었고, 그 주위에는 커피점과 음식점 그리고 기념품 가게들이 늘어서 있었다. 활주로가 내다보이는 한쪽에는 특이한 조각품이 전시되어 있었다. 잠자리 날개가 달린 선녀상이었다. 본래 힌두교의 삼주신(三主神)은 남성이지만, 그들에게는 배우자인 여신들이 있다. 이곳의 조각상들은 머리에 화환을 쓰고 잠자리 날개를 단 채 공중을 날며 춤추는 모습으로, 마치 하늘에서 내려온 선녀들을 연상시켰다.

선녀는 동아시아 신화에 등장하는 천상의 여인이다. 우리나라 설화인 「선녀와 나무꾼」에도 나온다. 아름답고 정숙하며 춤에도 능한 존재로, 하늘거리는 얇은 옷을 걸치고 춤을 추는 모습으로 형상화된 경우가 많다.

유럽 문명의 뿌리인 그리스에도 수많은 여신상이 남아 있다. 하나

족자카르타 공항의 선녀상

같이 피타고라스의 황금비율을 적용하여 이상화된 모습으로 제작되었다. 그러나 그리스 여신들은 대개 선하지 않았다. 전쟁과 질투의 상징이자, 연인을 빼앗기 위해 살인도 서슴지 않는 이기적인 성품으로 묘사되곤 했다.

요즘 젊은이들은 예쁜 연예인을 일컬어 '여신'이라 부른다. 그러나 차라리 '선녀'나 '천사'라고 부르면 더 어울리지 않을까? 어쩌면 '나쁜 남자 신드롬'처럼, 나쁜 여인의 이미지가 요즘 세태와 더 잘 맞아떨어지는 것일지도 모른다.

3시경 탑승을 하여, 1시간 20분 후 발리 공항에 도착했다. 비행기에서 내린 후 셔틀버스를 타고 공항 건물 구역으로 들어가는 입구에 거대한 칸티 벤타르가 세워져 있었다. 이는 세속과 영적 세상을 구분하여 나쁜 영이 신령한 세계로 들어오지 못하게 막는 대문 역할을 한다고 한다. 다행히, 나는 나쁜 영에 오염된 수준이 높지 않았는지 무사히 그 문을 통과했다.

발리는 인도네시아의 다른 지역과 달리 주민의 대다수가 힌두교를 믿는다. 섬의 길이는 동서로 140킬로미터, 남북으로 80킬로미터로, 면적으로 따지면 제주도의 세 배가 넘는다. 생각보다 큰 섬이다. 아름다운 해변과 해양 생태계, 불교와 힌두교가 결합된 독특하고 문화적

유산이 풍부한 곳으로 잘 알려져 있다.

나는 신혼 여행객이 많이 몰려든다는 바닷가 리조트 대신에, 발리의 예술과 힌두 전통문화가 잘 보존된 산속의 마을 우붓(Ubud)을 목적지로 삼았다. 이곳은 과거 왕궁과 사원이 모여 있는 종교와 문화의 중심지였으며, 오늘날에도 미술관과 전통 무용, 요가와 명상 등 예술과 영성을 체험할 수 있는 공간으로 세계 여행자들에게 널리 알려져 있다.

우붓은 오래전에 본 줄리아 로버츠 주연의 영화 「먹고, 기도하고, 사랑하라」의 마지막 무대이기도 하다. 남편과 이혼한 주인공이 삶의 의미를 찾아 떠나, 이탈리아에서 진창으로 먹고 마시고, 인도에서는 엄숙하게 기도도 해보지만 끝내 채워지지 않는 공허감을 우붓에서 '사랑'으로 완성한다는 이야기다.

영화 속에서 그녀는 시골집 명상 모임에 참여하고, 주술가에게서 '머리로 계산하지 말고 가슴으로 느껴라'는 조언을 듣는다. 그러다 자전거를 타던 중 좁은 길에서 부딪칠 뻔한 남미 출신의 이혼남과 사랑에 빠지며 이야기가 전개된다. 전형적인 클리셰의 흐름이었지만, 먹고 기도해도 채워지지 않던 공허함이 결국 사랑으로 메워진다는 메시지가 잔잔한 여운을 남겼다.

신들의 땅에 들어서다

어제저녁, 족자카르타를 떠나기 전, 인터넷으로 발리 공항에서 우붓에 가는 교통편을 검색했다. 그런데 발리 공항이 '택시 마피아'에

장악되어 있다는 경고가 담긴 블로그 글이 눈에 띄었다. 조심하지 않으면 통상 요금의 두 배 이상을 강요당할 수 있다는 내용이었다.

그랩(Grab) 앱에서 확인한 공항에서 우붓까지 요금은 30만 루피아. 좋아, 협상할 기준은 마련됐다.

공항을 나와 택시 정류장으로 통로를 따라 걸어가는데, 덩치 큰 중년 남자가 낮은 목소리로 '그랩 그랩' 하고 호객을 한다. 소리가 너무 작아, 내가 알아들었다는 것이 신기할 정도였다. 아마 택시 생각에 집중돼 있어서 이런 작은 소리도 귀에 들어왔던 것 같다.

그에게 다가가 우붓까지 요금을 묻자 50만 루피아. 내가 대뜸 '25만' 하니, 그가 기가 막힌다는 표정을 짓는다. 그냥 가려 하자 '40만' 내가 다시 '30만' 하니, 그는 잠시도 망설이지 않고 '35만'을 부른다. 오케이. 다섯 마디 만에 요금이 결정됐다. 아마 이 중 5만 루피아는 중년 남자의 소개료일 것이다.

그는 나를 공항 근처 주차장으로 안내했다. 깨끗한 승합차 한 대가 대기 중이었고, 기사와 목적지와 요금을 다시 한번 확인한 뒤 차에 올랐다. 우붓까지는 약 1시간 반. 완만한 경사의 구불구불한 길을 따라 차는 마을 사이를 천천히 달려 나갔다.

왼쪽 지평선 근처에 둥근 해가 낮게 떠 있었다. 그런데 그 색깔이 예사롭지 않았다. 완전한 진홍빛, 아니, 핏빛이라고 해야 할까, 우주의 모든 붉은 기운이 농축되어 둥근 원에 수렴된 듯했다. 구름 한 점 없는 깨끗한 하늘 덕에, 검푸른 배경 위로 거대한 붉은 태양이 선명히 부유하고 있었다.

지구에서 태양까지의 거리는 약 1억 5,000만 킬로미터, 빛의 속도로도 8분 20초가 걸리는 아득한 공간을 가로질러, 그 순간 태양이 내 눈앞에 다가와 있었다. 손만 뻗으면 닿을 듯, 소리를 내면 전해질 듯한 거리에서 오묘한 빛을 쏟아내고 있었다.

모세가 떨기나무 사이에서 불꽃 속 신을 보았듯, 모하메드가 가브리엘을 환상 중에 만나듯, 나는 신의 메시지를 품은 듯한 태양과 마주했다. 그것은 환상이 아니라, 깊은 울림을 전하는 실재였다. 이 압도적인 색채와 기운이 어찌 곧 사라지고 말 환상일 수 있단 말인가?

마치 SF 영화 속 장면 같으면서도, 너무도 생생했다. 내 눈앞에서, 마치 나를 위해 펼쳐진 듯한 장엄한 태양이 나에게 속삭이는 듯했다.

'Welcome to Ubud!'

'그래, 나는 지금 신의 세계에 들어서고 있다. 서서히 밀려오는 경외심이 온몸을 감싼다. 우붓에서 나는 어쩌면 초월적인 체험을 하게 될지도 모른다'

우붓으로 가는 길 곳곳에 사원이 눈에 띄었다. 대부분은 작은 규모의 힌두사원들이었다. 길가 주택의 담장 위나, 지붕 위에도 신상이 놓여 있었고, 가게마다 다양한 신들의 조각상이 진열돼 있었다. 부처처럼 익숙한 형상도 있었지만, 낯선 신상들과 코끼리 같은 신화적 동물상들이 가게 앞까지 나와 있었다. 마치 경배자를 기다리듯, 신상들은 촘촘히, 겹겹이 늘어서 있었다.

인간이 만든 이 조각들은 어떤 과정을 거쳐 신으로 숭배받게 되는 것일까? 가톨릭에서는 예수상이나 십자가에 방사(放赦)의식을 거행해 성물(聖物)로 삼는다. 그리고, 이 많은 신상들은 다 어디로 가는 것일까? 사원이나 가정에서 주기적으로 교체되는 걸까, 아니면 지금도 새로운 사원이 계속 세워지고 있는 걸까?

이윽고 우붓 시내에 들어서자 분위기가 확 달라졌다. 구불구불한 좁은 길을 따라 따뜻한 조명이 켜진 상점과 카페, 음식점들이 줄지어 있었고, 보도에는 외국인 관광객들이 오갔다. 길가 식당에서는 사람들이 맥주잔을 기울이며 풍경을 즐기고 있었다. 마치 이곳만큼은, 관광객을 위해 신들이 잠시 자리를 비켜준 듯했다.

이윽고 호텔에 도착했는데, 일반적인 호텔과는 분위기가 사뭇 달랐다. 리조트라서일까, 입구는 사각 정자 형태의 팔라파 건물로 나무 기둥 위에 지붕이 얹혀 있었다. 왼쪽에 체크인 카운터가 있었는데, 자리를 비웠던 직원은 내가 계단을 올라서자 어슬렁 나타났다. 무표정한, 덩치 큰 남자였지만 응대는 의외로 친절했다.

묵을 방을 결정하는 과정은 꽤 복잡했다. 건물의 형태. 창문의 전망, 입구와의 거리, 외부의 소음 여부까지 선택하라고 했다. 이 정도면 방 선택에 수학적 알고리즘이라도 적용해야 할 듯했다. 인내심을 갖고 대화를 나눈 끝에 직원이 추천한 방은 조용한 독립 빌라, 정원이 내려다보이는 2층 객실이었다. 위치는 입구와는 반대편, 후문 근처였다.

안내 직원을 따라 리조트 안으로 들어서자, 초가지붕의 코티지들이 비탈진 언덕과 나무들 사이로 흩어져 보인다. 좁은 길을 따라 오르내리며 몇 번 방향을 틀고 거의 10분 만에 객실에 도착했다.

그런데 숙소는 예상과 매우 달랐다. 2층짜리 길쭉한 콘크리트 건물로, 숲속의 코티지를 기대했던 풍경과는 거리가 있었다. 그러나 이미 10분을 걸어 왔으니 다시 돌아갈 수는 없었다. 신중한 결정이 반드시 올바른 선택으로 이어지는 것은 아니라는 사실을 새삼 실감했다.

방 바닥에는 원목 조각 타일이 깔려 있었다. 책상과 캐비닛은 수작업으로 만든 듯 투박했다. 바깥쪽 넓은 여닫이문을 열자, 후끈한 서향 햇빛이 쏟아져 들어오는 커다란 베란다가 있었다. 아래로는 키 큰 야자수들이 숲을 이루고, 빨간 꽃이 달린 관목, 짙은 녹색 잔디가 어우러져 풍성한 장원이 내려다보인다. 이 정도면 충분했다.

우붓의 저녁노을을 보며 가족을 떠올리다

배낭을 내려놓고 저녁을 먹기 위해 후문으로 나섰다. 리조트의 외곽으로 2차선 폭의 길이 나있고, 길의 양쪽으로 상점과 음식점들이 듬성듬성 늘어서 있었다. 위쪽으로 걸어가 보니, 커다란 통유리창이 세련되어 보이는 건물이 눈에 띄었다. 안으로 들어가 보니 뜻밖에도 우크라이나 식당이었다. 종업원이 가져온 메뉴에는 키릴 문자와 영어로 적힌, 전혀 알 수 없는 음식들이 나열되어 있었고, 가격도 꽤 비싸다. '이건 아니지' 싶어 발길을 돌렸다.

이번에는 아래쪽으로 걸었다. 한 무리의 젊은 서양 여성들이 식사하고 있는 자그마한 팔라파 건물의 식당이 눈에 들어왔다. 사방이 탁 트인 식당의 중앙에 대여섯 개의 테이블이 놓여 있고, 가장자리에는 바깥 풍경을 바라보는 바(Bar) 테이블이 배치되어 있었다.

중앙 테이블에는 서양 여성들이 앉아 있었다. 그들은 전혀 알 수 없는 언어로 유쾌하게 웃고 떠들며 식사를 하고 있었다. 나는 해지는 풍경이 내다보이는 바 테이블에 자리를 잡았다. 멀리 초록빛 논이 끝없이 펼쳐져 있고, 키 낮은 벼들은 바람을 따라 잔물결처럼 흔들리고 있었다. 왼쪽으로는 논두렁을 따라 소박한 주택이 몇 채 보이고, 오른쪽 멀리에는 3층 높이의 사원이 우뚝 솟아 있었다.

택시를 타고 오며 보았던 신비했던 진홍빛 석양은 이미 사라졌고, 하늘은 검푸른 어둠에 잠기고 있었다. 지평선 가까이에는 아직 붉은 기운이 남아 있었지만, 위로 갈수록 주홍빛이 옅어지더니, 곧 황금빛 노란색으로 번져 하늘을 채웠다. 들판에서 불어오는 저녁 바람은 아직 한낮의 열기를 머금은 듯 부드럽게 피부에 닿았다.

여성들의 왁자지껄한 웃음소리는 어느새 의식에서 멀어지고, 불현듯 라흐마니노프 교향곡 2번 3악장이 머릿속을 채웠다. 한때는 시베리아 초원을 가로질러 우랄산맥을 넘기 전, 드넓은 러시아 평원에 서서 붉은 석양을 바라보며 이 음악을 듣겠노라 꿈꾸던 기억이 떠올랐다. 잔잔한 현악기의 떨림은 지평선 너머로 사라지는 태양의 마지막 숨결 같았고, 애잔하게 끊길 듯 이어지는 클라리넷 선율은 멀고 먼 기억 속으로 사라진 이들의 희미한 속삭임처럼 귓가에 맴돌았다.

주문한 음식이 나오자 현실로 돌아왔다. 식당 안은 다시 시끌벅적했다. 튀긴 치킨과 볶은 채소를 안주 삼아 맥주를 마셨다. 음식 맛은 이곳의 소박한 분위기와 잘 어울려 넘치지도, 모자라지도 않았다. 값도 모두 합쳐 10만 루피아, 한국 돈으로 약 8,500원. 가성비가 훌륭했다.

식사하며 저녁노을에 물든 풍경을 배경으로 셀카를 찍어 가족에게 카톡으로 보냈다. 잠시 후 답장이 왔다. 서울에 있는 아내, 토론토에 있는 딸, 그리고 싱가포르에 있는 아들. 모두 여행은 어떤지, 몸은 무탈한지 걱정하는 마음을 전해왔다. 내가 이렇게 평안한 시간을 보내고 있음에도 가족들의 걱정은 여전했다.

문득, 사랑과 걱정은 거리와 헤어진 시간에 비례하여 커지는 것일지도 모른다는 생각이 들었다. 같은 하늘 아래 살아도, 서로의 일상과 마음이 온전히 겹쳐질 수 없을 만큼, 물리적 거리는 너무나 멀고 아득하다.

한때 하루의 반 이상을 같은 공간에서 부대끼며 살았던 우리 가족이 이제 동서 경도로 150도, 남북 위도로 50도의 거리만큼 흩어져 있다. 이런 생각이 떠올리자 아득한 그리움이 가슴 깊숙이 차올랐다.

내가 이곳에서 누리는 평온함이 가족들에게도 전해지기를. 각자의 자리와 시간 속에서도 이 고요가 잔잔히 스며들기를 바랐다.

라이스 테라스:
생존을 위한 인간 응전의 증거

정원의 아침, 지구의 미래를 생각한다

푹 자고 나니 아침 8시 반. 창밖으로 화창한 아침 햇살이 약간의 열기를 머금고 방안에 들어왔다. 미닫이를 열고 베란다로 나가보니 야자수가 높은 숲을 이루고 있었고, 그 사이로 코티지의 지붕들이 보였다. 정원의 바닥엔 잎 넓은 잔디가 심겨 있었고 가장자리로 소담스러운 관목들이 무리 지어져 있었다. 산세비에리아, 몬스테라, 파키라 등이 눈에 들어왔다. 우리 집 베란다에 있는 것들보다 훨씬 밝고 선명한 초록색을 띠고 있었다. 적도의 뜨거운 햇빛을 가득 받아서인지 그 안에서 왕성한 생명력이 흘러나오는 듯했다.

문득 이 생명력이 어디서 비롯된 것일까를 생각하니. 지구의 오래된 시간이 겹쳐졌다. 인도네시아는 지구의 마지막 빙기(약 11만 년~1만 2,000년 전)까지 고순다 대륙(Sunda Shelf)이 형성되어 유라시아 대륙과 이어져 있었다. 그 시기 말레이반도를 통해 호모 에렉투스와 호모 플로레시엔시스가 이주했고, 대륙의 동식물도 함께 흘러들어왔다. 그러나 빙하기가 끝나면서 해수면이 상승하자 대륙은 수많은 섬으로 흩어졌고, 생태계는 고립된 채 오늘까지 이어졌다. 지금 내가 내려다보는 정원은 인간인 길러낸 식물들로 채워져 있지만, 그 뒤에 이어져 온 깊은 역사를 생각하면 겸허해졌다.

지구의 나이는 약 46억 년, 호모 사피엔스의 등장은 30만 년 전이다. 농경과 목축을 시작하며 자연을 변형하기 시작한 것은 1만 년 전이다. 그리고 18세기 후반 산업혁명 이후 화석 연료 사용의 폭발적 증가는 지구의 생태계를 급격히 흔들어 놓았다. 지질학자들은 지난 250여 년간의 변화가 홀로세를 넘어 인류세(Anthropocene)로 불릴 만큼 뚜렷하다고 말한다. 특히 1950년 이후 대량 생산과 소비, 플라스틱 오염, 핵 실험에 따른 방사성 동위원소 확산 등은 '대가속'(Great Acceleration) 현상의 증거로 꼽힌다. 문제는 이미 가속된 성장을 멈출 장치가 없다는 것이다.

대학 시절에 읽었던 로마클럽 보고서 「성장의 한계」(1972)는 자원 고갈, 환경 오염, 인구 과잉, 경제와 자원의 불균형으로 인한 지구의 종말을 경고했다. 반세기가 지난 지금, 그 예측은 여전히 유효하다. 2020년 로마클럽의 재분석은 2070년경 지구 붕괴의 시나리오가 여전히 진행 중임을 확인했다. 이제 인류에게 남은 시간은 길어야 45년일지도 모른다.

지난 반세기 동안 인구는 두 배, 1인당 에너지 소비는 열 배 늘었는데, 대부분이 화석 연료에 의존했다. 그 결과 기후변화는 더 이상 미래의 위협이 아니라 일상의 문제가 되었다. 산불과 홍수, 가뭄과 폭염이 빈번해지고 있지만, 해결을 위한 논의는 여전히 분분하고 실질적인 변화는 더디다.

 과거 인류는 환경이 파괴되면 새로운 땅을 찾아 이동했다. 그러나 이제 지구에는 더 이상 비어 있는 땅이 없다. 이 상황에서 일론 머스크(Elon Musk)의 화성 이주 프로젝트는, 한때 오스트로네시아족이 남태평양 미지의 섬들을 향해 나아갔던 대이주를 떠올리게 한다. 인류는 늘 한계를 넘어 생존을 이어왔지만, 지금 80억 인구 중 과연 몇 명이나 그 여정에 동참할 수 있을까?

 최근 읽은 류츠신의 SF소설 『삼체』(The Three Body's Problem) 3부작은, 외계 문명의 침략보다 더 무서운 것은 인류가 스스로의 문명으로 자멸할 수 있다는 사실을 말하고 있다. 문화대혁명의 상처, 문명 간의 불신, 그리고 통제 불능의 기술 발전은 결국 외계의 그림자보다 훨씬 가까운 위협이었다. 소설은 허구이지만, 기후변화와 전쟁, 끝없는 소비와 경쟁 속에 놓인 우리의 현실을 떠올리게 한다. 어쩌면 인류의 미래는, 외부의 적이 아니라 우리 자신에게서 이미 결정되고 있는지도 모른다.

 암울한 생각에 잠기기엔 날씨가 너무 화창했다. 나는 머리를 가볍게 흔들고 아침 식사를 위해 레스토랑으로 향했다. 길모퉁이마다 석상들이 서 있었다. 부처나 힌두 신상, 쭈그리고 앉은 원숭이 상, 아기를 안고 있는 모자상, 남성과 여성의 상까지, 형상은 제각각이었지만 표정은 하나같이 평온했다.

 레스토랑은 천장이 높은 2층의 정사각형 누각에 있었다. 바깥으로는 넓은 베란다가 뻗어 있었고, 중앙에는 열대 과일로 가득한 뷔페 테이블이 놓여 있었다. 천장에 매달린 긴 날개 선풍기가 느리게 돌며, 부드럽고 신선한 아침 공기를 피부 위로 흘려보냈다. 차분해진 마음

속에서 서서히 활기가 차올랐다.

　식당에는 유독 서양인 노부부들이 많았고, 한쪽에는 한국인 가족도 보였다. 그러나 10대 아들과 딸은 지루한 표정이었다. 숲속 리조트의 고요함이 그들에겐 따분했으리라. 테이블 한가운데는 스킨답서스 한 줄기가 반쯤 물을 채운 컵에 담겨 하얀 뿌리를 드러내며 싱그러움을 더하고 있었다. 나는 무심코 영화 사운드 오브 뮤직의 '에델바이스'를 흥얼거렸다.

　식사가 끝날 즈음, 종업원이 서빙한 수마트라 커피(혹은 자바 커피일지도 모르겠다.)의 진한 향이 은은하게 퍼졌다. 청량한 공기, 생기 있는 식물, 묵직한 커피 향, 그리고 바쁠 것 없는 여유가 나를 감쌌다. 내 안에는 이미 행복과 생기가 채워지고 있었다.

　나의 정동[9] 상태는 이미 '쾌'와 '활력'으로 기울어져 있었다.

신과 함께 사는 삶: 짜낭사리의 영적 일상

　아침 식사를 마치고 후문을 나서자, 폭이 좁은 2차선 도로가 이어졌다. 길을 따라 걷다 보니, 전통 바틱 의상을 입은 젊은 여성이 꽃바구니를 들고 서 있었다. 가까이 다가가 보니, 그녀는 짜낭사리(Canang Sari)-힌두교 신앙을 기반으로 한 전통적인 제물 공양-를 드리고 있

9　순간적으로 느껴지는 기본적인 정서적 상태를 의미한다. 리자 펠드먼 배럿(Lisa Feldman Barrett)은 『감정은 어떻게 만들어지는가』(북트리거, 2019)에서 정동을 '쾌-불쾌(Pleasant - Unpleasant)'와 '활력-저조(High - Low Arousal)'라는 두 축으로 설명하며, 우리가 느끼는 감정(Emotion)이 이 기본 정동 경험 위에서 사회적, 언어적 맥락을 통해 구성된다고 주장한다. 내가 경험한 아침의 평온함과 생기 넘침은 각각 이 두 차원의 긍정적 방향에 해당한다.

짜낭사리

었다. '짜낭'은 작은 바구니를, '사리'는 본질이나 핵심을 뜻한다. 발리인들은 이를 통해 매일 신에게 감사를 전하고 축복을 구한다.

여인은 전통 의상인 케바야와 사롱을 단정히 차려입고 머리를 올려 묶고, 그 위에 꽃을 꽂아 장식한 채 조신한 몸짓으로 공양을 올렸다. 왼손으로 바구니를 허리에 받쳐 들고, 한쪽 무릎은 살짝 굽혀 자세를 낮춘 후, 공양 물품을 하나씩 집어내 바닥에 정성스럽게 배열했다. 바구니 안에는 깻잎 모양의 잎사귀, 라임, 향신료, 그리고 커다란 절화가 담겨 있었고, 한쪽에는 하얀 쌀밥이 놓여 있었다.

여인은 손바닥을 아래로 향하게 한 후 손목을 돌려 손바닥을 천천히 한 바퀴 회전시키고 나서야 물품을 집었다. 이 동작을 반복하며, 한 가지씩 바닥에 공손히 내려놓는다. 동작 하나하나에서 지극한 정성이 느껴졌다. 이윽고 골목 입구에서 공양이 끝나자, 여인은 가까운 담장으로 이동하여 같은 의식을 반복했다. 그녀의 몸짓은 마치 흐르는 물처럼 자연스러웠고, 한순간도 서두르는 법이 없었다.

그 모습을 바라보며 깨달았다. 발리인들에게 삶은 단순한 일상이 아니라, 현세와 영적 세계가 맞닿아 있는 시공간 속에서 매 순간 신을 의식하며 조화를 이루는 과정이었다.

오늘 내가 향할 곳 또한 그러한 공간이다. 계단식 논 테갈랄랑 라이스 테라스(Tegalalang Rice Terraces)와 힌두사원 띠르타 엠풀(Tirta Empul). 신과 자연의 숨결이 이어진 곳으로 가기 위해 나는 스쿠터를 빌렸다.

스쿠터를 렌트하는 과정은 놀라울 만큼 간단했다. 면허나 여권도 확인하지 않았다. 하루 렌트료는 10만 루피아, 우리 돈으로 8천 원 남짓. 조작법은 묻자, 종업원은 "키를 꽂고 시동을 켠 뒤, 왼쪽은 브레이크, 오른쪽은 액셀러레이터."라며 단 몇 마디로 조작법의 설명을 끝냈다. 그의 태도를 보니 나도 덩달아 '아, 그냥 그렇게 타면 되는구나' 하는 생각이 들었다. 이곳에서는 법이나 절차보다 신뢰가 더 중요한 듯한 분위기였다. 나도 어느새 그 분위기에 휩쓸려 마음이 가벼워졌다.

헬멧을 쓰고 선글라스를 낀 후, 핸드폰의 구글맵을 켜서 거치대에 올린 뒤 시동을 걸었다. 그런데 출발이 부드럽지 않았다. 엉거주춤 앞으로 나아가다 심하게 출렁거렸지만, 이내 균형을 잡았다. 오른쪽 핸들을 안쪽으로 감으니 온몸으로 가속감이 전해졌다. 40킬로미터 정도의 속도를 유지하며 달리자, 마치 바람을 가르는 듯 경쾌한 느낌이 들었다.

도심을 벗어나자 길은 논 사이를 구불구불 지나쳤다. 패인 웅덩이를 피해 오르막을 오르고, 다시 마을 사이를 지나갔다. 논둑 옆 소박한 집들 사이로 열대 나무들이 무성하게 자라고 있었다. 그 너머 어딘가엔, 영화 속 줄리아 로버츠가 찾았던 점술가의 집과 명상센터가 있을 것만 같았다.

라이스 테라스 논길 너머의 삶을 만나다

40분 정도 달리자, 도로 오른쪽으로 깊은 계곡이 나타났다. 곧 계단식 논, 즉 라이스 테라스가 서서히 모습을 드러냈다. 10여 분을 더 달려 식당, 기념품 가게, 환전상 등이 모여 있는 곳에 도착했다. 한 기념품 가게 앞에 스쿠터를 세우고 주인에게 주차해도 되느냐고 묻자, 그녀는 마치 '그런 걸 왜 묻느냐'는 듯 환하게 웃으면 고개를 끄덕였다.

테라스에 가려면 비탈을 따라 계곡을 내려간 후 반대편 기슭으로 올라가야 했다. 막 계단을 내려가려 하니 청년이 다가와 입장료를 내라고 했다. 사방이 트인 논길에서 입장료를 받는다니 의아했지만, 청년은 태연하게 손을 내밀었다. 결국 돈을 내고 영수증을 받았다. 그는 영수증을 잘 간직하라며, 그렇지 않으며 재입장 시 다시 돈을 내야 한다고 했다.

한눈에 보이는 테라스의 규모는 생각보다 크지 않았다. 그러나 가까이 다가가자 논들이 층층으로 이어지며 구릉 너머로 이어지고 있었다. 가파른 경사를 따라 지그재그로 난 길을 내려가 계곡의 바닥에 닿으니, 대나무를 엮어 만든 다리가 놓여 있었다. 다리를 건너 건너편 비탈에 오르자 테레스의 본격적인 풍경이 펼쳐졌다. 논길을 따라 천천히 오르자, 능선 곳곳에 농가들이 보였다. 농가는 통나무 기둥 위에 붉은 기와를 올린 구조였고, 벽은 널빤지나 식물 줄기를 엮어 만든 명석으로 마감되어 있었다. 단정한 형태가 주변 풍경과 자연스럽게 어우러져 소박한 안정감을 주었다.

논 모서리에 조그만 나무 움집이 있었는데, 한 노인이 마른 줄기를 엮어 항아리 모양의 바구니(현지어로 바쿨, Baku이라고 한다.)를 만들고 있

었다. 사진을 찍어도 되냐고 묻자, 노인은 하던 일을 멈추고 천천히 일어나더니, 양 끝에 커다란 바구니를 매단 장대를 어깨에 메고 포즈를 취했다. 마치 모델처럼 익숙한 동작이었다.

테라스를 배경으로 몇 장의 사진을 찍은 뒤 인사를 하고 떠나려 하니 노인이 손을 내밀었다. 돈을 달라는 것이었다. 인도네시아에서 처음 겪는 상황이라 잠시 당황했지만, 생각해 보니 그는 바쿨 장인이라기보다는 관광 모델이 주업일 수도 있었다. 1만 루피아를 건네자, 노인의 얼굴에 살짝 불만스러운 표정이 스쳤지만 조용히 돈을 받았다. 노골적으로 적다고 말하지 않는 모습에서 순박함이 느껴졌다.

논의 가장자리에 자그마한 힌두 신상 사원의 탑이 서 있었다. 주변의 논과 어우러진 모습이 마치 이곳을 지키는 수호신 같았다. 힌두교가 고대 인도의 토착 신앙과 베다 시대의 브라만교가 융합되는 과정에서 나무와 강, 산과 같은 자연물과 특정 장소를 신성시하는 전통이 만들어졌다고 한다. 이를 생각하면, 험한 골짜기에서 귀한 쌀을 길러내는 이 테라스 또한 신성한 장소가 되는 것은 어쩌면 당연한 일일 것이다.

테라스에 쌓인 시간의 두께

계곡은 깊고 가팔랐다. 이 험한 지형 위에 층층이 옹벽을 쌓아 계단식 논을 만들어 놓았다. 어떤 옹벽은 높이가 족히 5미터는 되어 보였다. 비탈의 굴곡에 따라 논이 초승달처럼 휘어져 있었고, 길이는 30~50미터. 하지만, 폭은 1~5미터 정도에 불과해 실제 경작 면적은 그리 넓지 않아 보였다.

이토록 가파른 땅을 일구기 위해, 대체 얼마나 오랜 세월 동안 옹벽을 쌓아 올렸을까? 고립되고 험준한 산악 지형에서 살아남기 위해 이들은 수세대에 걸쳐 처절할 만큼 집요한 투쟁을 이어왔을 것이다.

인간은 어떤 환경에서도 생존할 방법을 찾아냈다. 그것은 본능이자, 동시에 역사의 일부다. 이곳에 정착한 사람들은 아마도 4~5,000년 전, 남중국이나 타이완을 떠나 남쪽으로 내려온 오스트로네시아어(Austronesian)를 사용하는 민족 집단의 후예일 것이다.

재러드 다이아몬드는 그의 저서 『총, 균, 쇠』에서 동아시아와 태평양 민족의 충돌을 다루며, 이들이 단순한 탐험가가 아니라 더 안전한 삶을 찾아 떠돈 방랑자였을 가능성을 제기한다. 목적지를 정해놓고 이동했다기보다, 살 만한 땅을 만나면 머물고, 그렇지 않으면 다시 길을 떠난 사람들이었다는 것이다.

바닷길에서 멀고, 높은 산과 깊은 계곡으로 둘러싸인 이곳은 그들에게 안전한 땅처럼 보였을 것이다. 그러나 곧 문제는 분명해졌다. 식량을 생산할 만큼 넓은 땅이 부족했고, 가파른 능선에는 사냥할 짐승도, 채취할 식물도 찾아보기 어려웠다. 결국 그들은 남중국에서 익힌 농사 기술을 바탕으로 계곡의 비탈을 계단식 논으로 바꾸기로 결심했을 것이다. 그리하여 수십, 수백 년을 걸친 노동 끝에. 이 험준한 땅은 마침내 생명의 터전이 되었다.

계단식 논은 보로부두르 사원과 같은 거대한 건축물과는 본질적으로 다르다. 사원이나 피라미드 같은 역사적 인공물은 대개 통치자의 권위를 과시하기 위해, 수많은 인력을 동원해 단기간에 지어진 기념비적 구조물이다. 하지만 계단식 논은 소규모 가족 집단이 세대를 이어가며 쌓아 올린 집요한 노동의 결과다.

이 논둑을 쌓은 사람들은 왕이나 사제의 명령을 따른 것이 아니다. 생존을 위해, 다음 세대의 안전을 보장받기 위해 이 척박한 땅을 개척한 것이다. 계단식 논은 수백 년에 걸쳐 한 층 한 층 쌓아 올린 인간 생존의 기록이자 흔적이다. 주위를 둘러보면 처절한 숭고함이 느껴진다. 극한의 환경 속에서 끊임없이 적응하고, 끝내 살아남은 인간의 이야기가 논둑 위를 따라 이어지는 물길과 층층이 쌓인 돌 축대 사이에 깊이 새겨져 있었다.

조금 더 가니, 계곡 능선 중간에 작은 식당이 나타났다. 식당이라기보다는, 통나무 기둥 위에 지붕을 얹고 그 아래에 나무 탁자 몇 개를 놓은 것이 전부다. 그늘과 시원한 바람만으로도 충분히 고마워지는 공간이었다.

나시고랭을 주문했더니 음식이 나오기까지 무려 30분이나 걸렸다. 토담에 걸린 솥과 프라이팬을 꺼내 나뭇가지를 태우며 밥을 짓고, 하나하나 조리했기 때문이었다. 이윽고 내어 온 따뜻한 나시고랭의 첫 순갈이 입안에 퍼질 때, 말로 설명할 수 없는 감정이 조용히 스며들었다. 나뭇불로 지은 밥, 테라스에서 수확한 쌀과 채소로 만든 음식, 모든 과정이 느리고 번거로웠지만, 그래서인지 오히려 더 풍성하고, 아련한 울림이 있었다.

그 순간, 나는 문득 잊고 지냈던 감각 하나가 되살아났다. 어린 시절, 뒷동산을 온종일 뛰놀다 돌아오면 어머니가 차려주신 따뜻한 밥상, 허기진 몸에 퍼지던 고소하고도 포근한 밥 냄새. 지금 이곳의 밥도, 그때 그 냄새와 다르지 않았다. 나는 잠시, 그 시절로 돌아가 있었다.

수십 년 쌓여 있던 세월의 벽이 걷히고, 바람과 햇볕, 흙냄새, 입안의 온기, 그리고 세상에서 가장 따뜻했던 어머니의 미소가 나를 감싸 안았다.

 식사를 마치고, 들어갔던 길을 따라 스쿠터를 주차한 곳으로 되돌아오니 어느새 오후 2시가 되어 있었다.

띠르타 엠풀 사원의 정화의식

성스러운 샘물에 몸을 담그는 사람들

스쿠터를 타고 20여 분을 달려 띠르타 엠풀 사원에 도착했다. 유네스코 세계문화유산으로 지정된 이 힌두사원은 규모가 매우 크고, 분위기부터가 압도적이었다. 입구에서 입장료를 낸 뒤, 바틱 천으로 만든 사롱을 건네받았다. 남녀 모두 허리 아래를 가리는 복장은 힌두 신에게 경의를 표하는 전통이라고 했다.

사원 안으로 들어서자, 성스러운 샘물 앞에서 목욕 제례를 치르는 참례객들이 눈에 들어왔다. 띠르타 엠풀 사원은 네 개의 팔을 아래위로 벌리며 우주와 만물을 보존한다는 비슈누 신을 모신 사원으로, 성스러운 샘물로 몸과 마음을 정화하는 의식이 중심을 이룬다. 사람들은 이 물이 육체의 때와 영혼의 무거움까지 씻어내는 힘을 지녔다고 믿는다.

띠르따 엠풀 사원의 정화의식

　허리 높이까지 물이 차오른 직사각형 수조 앞에는 일정한 간격으로 물줄기를 뿜는 주둥이들이 줄지어 설치되어 있었다. 참례객들은 그 물줄기 앞에 서서 머리를 숙이고, 온몸으로 물을 맞으며 정화의식에 참여했다. 놀라운 것은 대다수가 서양인들이라는 사실이었다.

　한때 이곳을 식민 지배하며 의식을 '미신'이라 치부했던 이들이, 이제는 수천 킬로미터를 날아와 손을 모으고 머리를 조아리고 있었다. 서양인들은 왜 동양의 종교, 특히 힌두교나 불교의 신들을 통하여 영혼을 정화하려는 것일까. 이는 어쩌면, 인간의 마음 깊은 곳에 내면화되어 있는, 죽은 뒤 겪게 될 무서운 형벌에 대한 두려움 때문이 아닐까.

　고대 그리스와 로마에서는 죽음이 늘 가까이 있었다. 한 여성이 10명의 자녀를 낳으면, 그중 세 명만 열 살을 넘길 수 있었고, 유년기를 넘긴 사람들조차 평균 수명이 40대 중반을 넘지 못했다.

　사람들은 일상 속에 '메멘토 모리'(Memento Mori), 즉 죽음을 상기하는 물체를 놓고 살았다. 원인을 알 수 없는 전염병이 계속되었다. 기원전 430년 아테네 인구의 3분의 1을 사망에 이르게 한 역병, 14세기의 흑사병, 이어진 전쟁, 그리고 현대의 두 차례 세계대전까지, 유럽은 끊임없이 수천만 명의 속절없는 죽음을 경험해 왔다.

그러나 이러한 예고 없는 고통과 죽음보다 더 깊은 공포는, 죽음 이후에 닥칠 일에 대한 것이었다. 고대 그리스인과 로마인은 악을 저지른 영혼이 저승 하데스(Hades)에서 영원한 고문을 받는다고 믿었다. 그 지하 세계에서 가장 어둡고 끔찍한 곳은 타르타로스(Tartaros)라 불렸으며, 죽은 자의 영혼은 이곳을 지키는 라다만토스(Rhadamanthos)라는 심판관 앞에 끌려가, 죄에 따라 '가장 끔찍하고 괴롭고 두려운 고통'을 영원히 견뎌야 했다.

성경에도 비슷한 이야기가 있다. 예수께서 전한 '부자와 나사로'의 비유다.

> 그가 음부에서 고통 중에 눈을 들어 멀리 아브라함과 그의 품에 있는 나사로를 보고 불러 이르되 아버지 아브라함이여 나를 긍휼히 여기사 나사로를 보내어 그 손가락 끝에 물어 찍어 내 혀를 서늘하게 하소서 내가 이 불꽃 가운데서 괴로워하나이다. (누가복음 16:23-24)

이 장면의 부자는 생전에 사치를 누렸지만, 죽은 뒤에는 불꽃 가운데서 단 한 방울의 물을 갈망하며 고통을 받는다. 부자라는 사실 자체가 죄는 아니다. 그는 자신의 문 앞에서 굶주리고 있는 나사로에게 어떤 긍휼(矜恤)도 보이지 않았기 때문이었다.

그러나, 프랑스대혁명 이후 유럽에는 유물론이 대두되었고, 회개의 대상은 사라졌다. 신은 철학적으로 '죽었다'라고 선언되었으며, 사후세계는 허구, 혹은 '무'로 치부되었다. 그럼에도 인간은 죽음을 향한 근원적 두려움에서 벗어나지 못한다. 알게 모르게 세속의 때에 물들고, 욕망을 위해 자신을 속이며 살아가는 우리의 마음속 어딘가에는 회개하고 싶다는 욕망, 구속받고 싶다는 갈망이 여전히 자리하고 있다.

신이 죽었다고 해서 구원에 대한 필요까지 사라지는 것은 아닐 것이다. 인간은 신을 부정하면서도 여전히 정화와 속죄의 제의를 반복한다. 그 반복은 문화나 종교가 만들어 낸 관습이 아니라, 인간 존재 깊숙한 곳에서 솟아나는 존재의 불안, 그리고 지워지지 않는 죄의식에 대한 응답일지도 모른다.

사원 안쪽으로 더 들어가니 작은 규모의 신전들이 이어졌다. 담으로 둘러싸인 사원 입구마다 칸티 벤타르가 세워져 있었고, 그 앞에는 무서운 형상의 괴물상이 입을 벌린 채 앉아 있었다. 이는 성역의 입구를 지키는 악령 차단용 파수꾼들이었다.

작은 신전들은 대부분 일반인의 출입이 제한되어 있으며, 각기 다른 신을 모신다고 한다. 힌두교의 신들은 여러 개의 팔을 가진 인간형뿐 아니라, 코끼리, 원숭이, 사자, 거북이 등 동물 형상에 이르기까지 그 수를 헤아릴 수 없을 정도다. 경내 곳곳에는 이들 신들의 모습을 새긴 석상과 부조가 즐비하고, 어떤 부조는 이미지가 뒤엉켜 있어 그로테스크한 미감을 자아냈다.

돌아 나오는 길, 커다란 연못이 있는 아름다운 정원을 지나게 되었다. 연못에서는 잉어들이 떼를 지어 유유히 헤엄쳤다. 누군가 먹이를 던지자 물결이 일렁이며 잉어들이 새까맣게 몰려들었다. 문득 궁금해졌다. 힌두교와 잉어는 어떤 관련이 있을까?

신의 연못에서 유영하는 잉어들

신들이 넘쳐나는 이 사원에서, 잉어 또한 신의 상징 가운데 하나일지도 모른다. 아니, 굳이 상징이 아니라 해도, 이토록 많은 신들의 시선 아래 살아간다는 것은, 세상의 모든 생명과 사물이 어딘가 신적인 기운을 머물고 있다는 뜻일 것이다.

그 순간, 나는 생각했다. 신은 저 멀리 높은 하늘이 아니라, 낮은 물 위 고요한 잉어의 움직임 속에도 깃들 수 있다는 것을. 무언가 숭배한다는 것은, 특별한 형상 앞에 무릎 꿇는 일이 아니라, 일상의 사소한 생명 앞에서조차 경이로움을 느끼는 일일지 모른다.

어쩌면 내가 잃어버렸던 감각, 그리고 되찾고 싶은 삶의 태도는 바로 이런 것 아니었을까.

삼거리에서의 교통사고

날이 어두워지기 전에 스쿠터를 타고 돌아가야겠다는 생각에 서둘러 사원을 나섰다. 스쿠터는 차도에서 가파르게 내려간 지점에 있는 주차장에 세워두었는데, 이제는 그 경사를 다시 올라와, 양방향의 차량

통행에 동시에 틈이 생기기를 기다려 건너편 차로로 넘어가야 했다.

문제는 이 순간에 액셀과 브레이크를 예민하게 조절해야 한다는 점이었다. 스쿠터 운전에 서툰 나로서는 여간 긴장되는 일이 아니었다. 결국, 주차장을 관리하던 젊은이에게 스쿠터를 언덕 위까지 옮겨 달라고 부탁하자, 그는 밝게 웃으며 기꺼이 도와주었다.

언덕 위에서 한참을 기다린 끝에, 양방향 차로에 동시에 틈이 생겼고, 마침내 무사히 건너편에 진입했다. 다시 주행을 시작하자, 구글맵이 익숙한 목소리로 길을 안내하기 시작했다. 놀랍게도 한국어였다.

문득 떠오른다. 예전 뉴질랜드에 살 때 구글맵을 사용했는데, 영어로 안내하다가 어느 순간 숫자만 한국어로 튀어나오곤 했다. "Take a left turn after 백오십 meters."

너무 자연스러워서 처음에는 언어의 전환을 인식하지 못했지만, 옆에 있던 아내가 웃음을 터뜨렸다. 정말로 숫자만 한국어로 안내했던 것이었다.

그때도 의아했었다. 뉴질랜드 통신사에 가입했고, 사용자 계정 어디에도 국적을 입력한 기억이 없는데, 어떻게 구글은 내 모국어를 짚어낸 것일까? 한국에서 산 스마트폰에 내장된 설정값 때문일까? 아니면 내가 모르는 어딘가에서, 이미 기술은 나의 정체성을 파악하고 있었던 것일까?

시내에 가까워질수록 차량과 스쿠터들이 도로를 빼곡히 메우며 달렸다. 그렇게 한참을 달리던 중, 이제 50미터 앞 삼거리에서 우회전을 해야 했다. 하지만 지금은 바깥쪽 차로에 있었고, 안쪽으로 두 개 차로를 넘어야 했다. 도무지 끼어들 틈이 보이지 않았다.

무리하게 차로 사이를 파고들자, 나란히 달리던 차량과 스쿠터들의 흐름이 요동쳤다. 가까스로 안쪽 차로에 진입했을 때는 이미 신호가 바뀌었고, 맞은편에서 정지해 있던 차량들이 일제히 움직이기 시작했다. 멈칫하던 그 순간, 나는 그대로 달려드는 차량 흐름 속에 갇히고 말았다. 어쩔 수 없다는 생각으로 우회전을 계속하려는 찰나, 달려오던 승합차가 내 스쿠터의 뒷부분을 강하게 들이박았다.

둔탁하지만 강한 충격이 스쿠터를 뒤흔들었다. 나는 그대로 오른쪽으로 쓰러졌다. 본능적으로 이곳을 빨리 벗어나야 한다고 생각하며 스쿠터를 황급히 일으켜 세우려 했지만, 순간 액셀을 잘못 당겨버렸다. 스쿠터는 앞으로 튀어 나가고, 나는 핸들을 붙잡은 채 5~6미터를 끌려가다 인도 경계석에 부딪히며 쓰러졌다.

충돌음이 꽤 컸고, 끌려가는 내 모습이 우스꽝스러웠던지 도로 위 차량들이 일제히 멈춰 서고 사람들이 몰려들었다. 젊은이 몇 명이 달려와 나를 일으켜 세우고, 스쿠터를 인도로 끌어 옮겼다. 걱정스러운 표정으로 물통을 건네며 '심호흡을 하라'는 말이 이어졌다. 나는 멍하니 앉아, '도대체 무슨 일이 벌어진 거지? 통증은 없는데, 다친 곳은 없는 것일까?' 하는 생각만 맴돌았다.

잠시 후, 승합차 운전자가 부서진 범퍼를 들고 다가왔다. 괜찮냐고 묻는 그의 말에 나는 고개를 끄덕였다. 그는 다행이라고 웃었지만, 범퍼를 바라보던 눈빛에는 아쉬움이 스쳤다. 그리고 그는 곧 자리를 떠났다. 아마도 나이 든 외국인에게 손해를 묻지 않기로 한 듯했다. 사고의 책임은 분명 무리한 우회전을 시도한 나에게 있었다.

스쿠터는 의외로 멀쩡했다. 뒷부분은 거의 손상 없이, 왼쪽 백미러 하나만 부러졌을 뿐이다. 승합차의 범퍼가 떨어져 나갈 정도의 충돌인데도, 스쿠터가 멀쩡하다니, 어이가 없기도 하고, 천만다행이라는 생각도 들었다.

도와준 청년들이 '충분히 쉬며 안정을 취하라'고 했지만. 괜히 마음이 급하고 이곳을 빨리 벗어나고 싶었다. 청년들이 준 물을 마신 뒤, 부서진 백미러를 안장 밑 보관함에 넣고 다시 출발했다. 가는 길 내내 생각했다. 정말 하나님의 은혜가 아니고서는 이럴 수가 있을까. 소란스러운 삼거리 한복판에서 '꽝' 소리가 나도록 충돌 사고를 당하고도 다치지 않았다.

오늘 하루, 두 번 넘어지고, 한 번은 충돌 사고를 겪었다. 이곳에선 남녀노소가 할 것 없이 모두가 당연하다는 듯 스쿠터를 탄다. 교복 입은 중학생도, 작은 체구의 젊은 여성도, 허리 굽은 노인도 자유롭게 도로를 달린다. 그런데 왜 나만 자꾸 적응하지 못하고 몸이 굳어지는 걸까?

처음 자동차 운전을 배우던 때가 떠올랐다. 온몸에 힘이 잔뜩 들어간 채로 핸들을 잡고, 오르막길에서 멈췄다 출발하려다 시동을 꺼뜨리기를 반복했던 그 시절. 하지만 어느 순간부터, 운전은 더 이상 의식하지 않아도 되는 몸의 감각이 되었다. 스쿠터도 언젠가 그렇게 익숙해질 것이다. 조금 더 시간이 필요할 뿐이다.

아무튼 무사히 리조트에 도착했다. 긴장과 초조 속에서 온종일 죄고 있던 손잡이를 놓자, 손끝이 저릿해졌다. 스쿠터를 반납할 때 백미러가 부러졌음을 알리고, 수리비를 지급하겠노라 말했다. 내일 다시 스쿠터를 탈 수 있을지는 조금 더 생각해 봐야 할 것 같았다.

오늘 하루는 마치 '스쿠터 운전'을 배우는 날 같았다. 가속하고, 멈추고, 흔들리고, 넘어지면서도 다시 일어나는 반복. 그러나 그 어설픈 몸짓 속에서 나는 문득, 더는 육체적으로는 어린이가 될 수가 없다는 사실을 받아들였다. 어린이는 잘 넘어지지 않는다. 몸은 유연하고 탄력 있어, 균형을 잃어도 금세 되찾고, 곧장 달려 나간다. 나는 이제 그런 회복의 본능을 잃어버린 몸으로, 낯선 땅에서 스쿠터를 타려 애쓰고 있었다.

비록 육체는 예전 같지 않지만, 마음만은 여전히 어린이의 유연함을 간직하고 싶다. 넘어져도 괜찮다고, 일어서면 된다고 나 자신을 위로하며, 기회가 되면 또 한 번 천천히, 그러나 끈질기게 배워가기로 다짐했다.

몽키 포레스트, 자연과 권력의 은유

인간과 함께 살아가는 원숭이들

이튿날 오전 10시, 몽키 포레스트(Monkey Forest). 즉, 원숭이 밀림에 갔다. 호텔의 정문에서 약 1킬로미터 정도 떨어진 이곳은, 우붓을 찾는 관광객이라면 누구나 들리는 대표적 명소다. 1,200여 마리의 마카크 원숭이(Macaque Monkey)가 자연 상태로 조성된 울창한 숲에서 자유롭게 살아가는 모습을 볼 수 있는 곳이다.

마카크는 긴꼬리원숭잇과에 속하는, 소형 원숭이로, 원래 아프리카와 아시아에 분포했으나 지금은 북미 및 남미 등 전 세계로 퍼져 살고 있다. 붉은 피부의 길쭉한 얼굴은 밝은 갈색의 털로 부드럽게 감싸져 있고, 아담한 몸체는 등 쪽은 엷은 갈색, 배 쪽은 흰색 털로 덮여 있다.

입구에 다다르자, 거대한 부넛(Bunut) 나무들이 하늘을 덮으며 높은 캐노피를 이루고 있었다. 그 아래로 시원한 그늘이 드리워졌고, 아직 입장도 하지 않았는데 여러 마리의 원숭이들이 어슬렁거리며 주변을 활보하고 있었다. 하긴 이곳의 담이나 펜스는 사람의 출입을 막는 경계선일 뿐, 원숭이에게는 아무런 제약이 되지 않았다. 밝은 갈색 털의 조그만 원숭이들이 사람 따위는 신경도 쓰지 않는 듯, 태연하게 움직이고 있었다.

원숭이들은 공간을 3차원으로 쓴다. 바닥을 걷다가도 갑자기 훌쩍 뛰어올라 늘어진 가지를 붙잡고, 거침없이 나무 위로 오른다. 야생에서의 생존 능력만큼은 분명 인간을 능가한다. 나무 위에 살며 과일이나 씨앗, 나뭇잎 등을 먹으며 집단을 이루어 사는 군생 동물. 환경 적응력도 뛰어나 원시 밀림은 물론 인간이 조성한 인공 환경에서도 쉽게 적응한다.

이 밀림은 관람객들이 원숭이들을 가까이서 관찰할 수 있도록 조성된 공간으로, 면적은 12.5헥타르, 약 12만 5,000제곱미터에 달한다.

입구를 지나 조금 걷자, 작은 분수 연못이 나왔다. 네 귀퉁이마다 맹수상이 하나씩 세워져 있었다. 원숭이 공원에 맹수라니? 원숭이가 함부로 굴면 혼날 수 있다는 경고일까?

조금 더 들어가니, 이번에는 입을 아가리처럼 벌린 악귀 형상의 동굴 입구가 나타났다. 힌두교와 발리 신화에 등장하는 락샤사(Raksasa)다. 사악한 존재로 여겨지면서도, 동시에 신성한 공간을 지키는 수호자이기도 하다. 그 락샤사의 입처럼 생긴 어두운 동굴을 지니야 비로소 본격적인 몽키 포레스트의 내부로 들어설 수 있었다.

입구의 악귀 수호자, 락샤사

왼쪽에 난 길을 따라 내려가니, 오른편에는 깊은 계곡이 펼쳐졌다. 가파른 비탈 위에는 크고 작은 나무가 빽빽하게 들어서 있었고, 그 사이사이로 햇빛이 스며들었다. 계곡 아래에서는 잔잔한 물줄기가 반짝이며 흐르고 있었다.

복종과 권력의 경계, 인간과 원숭이의 삶

조금 더 걸어가니, 한 무리의 원숭이들이 길가의 낮은 돌담 위에 옹기종기 앉아 서로의 털을 다듬고 있었다. 이른바 그루밍(Grooming)이다. 언뜻 단순해 보이지만, 이 행동에는 유인원이나 원숭이 사회의 중요한 비밀이 숨어 있다.

그루밍은 털에 붙은 씨앗, 기생충, 피딱지 등을 제거하는 위생적 기능도 있지만, 핵심은 손의 움직임과 피부 표면을 쓰다듬는 방식에 있다. 그렇게 자극을 주면 피부 속 감각 뉴런이 활성화되고, 이 뉴런들은 말초 신경과 척수를 거쳐 뇌 신경망과 연결되고, 이 과정에서 엔도르핀의 방출을 촉발한다[10].

엔도르핀은 뇌가 스스로 만들어 내는 진통제로, 화학적으로는 아편 계열 물질과 유사하다. 분비되면 평온함과 따뜻함, 행복감, 그리고 '세상의 모든 것이 잘되고 있다'는 안정감을 느낄 수 있다. 또한 통증을 견디는 힘이 커지고, 면역 체계가 활성화되며, 무엇보다 사회적 유대가 강화된다.

진화 과정에서 털을 잃은 인간은 더 이상 털을 다듬지는 않지만, 대신 피부를 어루만지고, 품에 안으며 애정을 표현한다. 아이의 작은 손을 꼭 잡아주던 순간, 배우자의 어깨를 감싸안으며 서로의 체온을 나누는 순간, 그때 느껴지는 따뜻함은 말로 표현할 수 없는 깊은 사랑이다. 원숭이와 유인원은 하루의 5분의 1을 그루밍에 쓴다고 한다. 그런데 오늘날 인간은 세상적 욕망에 몰두하며 정작 가족과의 신체적 접촉은 줄어들고 있지 않은가.

그루밍은 개인적 친밀감을 형성하는 역할에만 국한되지 않는다. 집단 내 서열을 드러내고 지위를 공고히 하는 방식으로 작동한다. 서열이 높은 개체일수록 더 많은 그루밍을 받는다. 프랑스 현대 철학자 미셸 푸코가 말했듯, 권력이 단순히 강자의 위력으로만 유지되지 않는다. 지배를 받는 자 역시 무의식적으로 순응하고 질서를 내면화한다. 그는 이를 자기 순종화(Self-Subjection)라 불렀다.

침팬지도 알파 개체에 도전했다가 얻어맞은 경험을 통해 스스로 복종하는 법을 배운다. 그러나, 복종은 단순한 공포의 산물만은 아니

---

10 이 내용은 『신을 찾는 뇌』(로빈 던바 지음, 구형찬 역, 북이십일 아르테 간, 2025)의 내용을 참고했음.

다. 집단의 생존과 안정에는 지도자가 필요하다. 알파 개체의 권위를 인정하고 질서를 따르는 행동은 개체의 생존 본능과 집단 안정이 맞물려 진화적으로 강화된 전략이다.

이 구조는 인간 사회에서 더욱 뚜렷하다. 최근 본 넷플릭스 드라마 「바이킹」 속의 '백작(Jarl)'이라는 인물이 좋은 예다. 그는 작은 지역을 다스리는 군주로서 백성 위에 군림하지만, 단순히 폭력만으로 권위를 유지하지 않는다. 그는 공동체의 생존을 책임지고, 외부 침략으로부터 백성을 보호하며, 약탈 원정을 통하여 부족한 식량과 자원을 확보해야 한다. 만약 이러한 책임을 다하지 못하면 즉시 실각되거나 추방된다. 즉, 그의 권력은 절대적 지배가 아니라 보호와 책임, 복종과 합의가 얽힌 균형 구조였다. 백성의 복종은 단순한 공포 때문만이 아니라, 생존을 위해 지도자가 필요하다는 현실적 합의이기도 했다.

현대 사회도 크게 다르지 않다. 돈과 지위, 권력은 여전히 우리의 선택과 행동을 좌우하고, 우리는 무의식적으로 그러한 질서에 순응한다. 그러나 동시에 많은 이들이 다른 가능성을 모색한다. 위계 대신 연대, 경쟁 대신 포용과 돌봄, 복종 대신 상호 존중을 삶의 방식으로 삼으려는 사람들이다. 비록 아직은 다수가 아닐지라도, 이들의 선택이 인간 사회의 미래에 희망을 남긴다.

인간의 역사는 단순히 강자에 복종한 기록이 아니다. 오히려 약자가 강자에 맞서 저항함으로써 얻어낸 자유와 권리의 역사이기도 하다. 그러한 저항이 있었기에 오늘날 우리가 누리는 인권과 민주주의, 자유가 가능해진 것이다.

이러한 생각을 하고 나니, 눈앞의 원숭이들이 다르게 보였다. 인간이 조성해 준 숲, 인간의 보호를 받는 이 원숭이 사회에서는 더 이상 집단의 안전을 지키기 위해 살벌한 위계에만 매달리기보다는 개체와 개체 사이의 친밀감의 표현에 집중하는 듯하다. 돌담 위에서 서로의 털을 골라주며 느긋하게 시간을 보내는 모습은, 생존을 위한 권력 투쟁보다는 함께 있다는 단순한 기쁨을 누리는 것처럼 보였다.

공자는 "세 사람이 길을 가면 그 가운데 반드시 스승이 있다."(三人行, 必有我師焉)고 말했다. 배우려는 마음만 있다면 어디서든 배움은 열린다는 뜻이다. 나는 원숭이의 몸짓 속에서 인간의 삶을 비추는 지혜를 본다. 문명을 발전시키며 세상을 지배한다고 자부하는 인간이지만, 어쩌면, 문명 이전의 인간, 자연 속 유인원 무리가 더 끈끈한 사회적 유대와 풍성한 엔도르핀 속에서 살아가고 있는지도 모른다.

공생의 위태로운 균형과 면역의 진화

한 곳에 이르니 사람들과 원숭이들이 어우러져 북적이고 있었다. 앞서 보았던 그루밍이 원숭이들 사이의 친밀함을 드러냈다면, 이번에는 인간과 원숭이 사이에서 비슷한 장면이 펼쳐졌다. 그중 한 원숭이가 한 여성에게 다가와 품에 안기듯 올라타더니, 손을 잡고 장난을 걸었다. 당황한 여성은 어찌할 바를 몰라 했지만, 함부로 떼어내기보다는 원숭이의 친밀한 몸짓을 조심스레 받아들였다. 마침내 그녀는 조심스럽게 한 손으로 원숭이를 떼어냈다. 놀람 속에서도 배려가 느껴지는 사려 깊은 반응이었다.

그런데 원숭이와 관람객이 이렇게 직접 접촉해도 면역학적으로 괜찮은 걸까? 모든 생물체는 저마다 기생하는 세균의 숙주이다. 우리의

낯선 손길에 조심스럽게 응답하는 여인.
짧지만 교감과 배려의 순간이다.

장기 내부에도 수많은 세균이 공존하며, 그중 일부는 인간의 생존에 필수적이다.

하지만, 원숭이와 공생하는 세균이 인간에게는 치명적일 수 있다. 코로나바이러스도 그런 경우 아니던가. 환경의 변화로 숙주인 박쥐를 떠나 인간에게 옮겨 온 후, 새로운 숙주인 인간과 공생을 형성해 가는 과정에서 생긴 치명적 독이 문제였다. 숙주와 세균은 처음에는 서로 적이지만, 생사를 건 투쟁 끝에야 공생에 이른다. 서로 죽지 않기 위해, 살아남기 위해 균형을 만들어 간다. 그것이 생물권에서의 생존의 법칙이다.

그런데 이곳에서는 아무도 그럼 위험을 우려하지 않았다. 사람과 원숭이 사이의 접촉에 제한이 없었다. 어쩌면 인간과 원숭이의 면역 체계는 이미 어느 정도 상호 조정 된 상태일지도 모른다. 서로를 오래 마주하며 적응해 온 결과일 것이다.

밀림을 일주하는 길을 따라 걷다 보니, 오른쪽으로 나 있는 좁은 길 끝에 철창이 하나 보였고, 그 앞에 사람들이 모여 안쪽을 들여다보고 있었다. 혹시 특별한 원숭이라도 있는 걸까 싶어 가까이 가보니, 기이한 모습의 원숭이들이 있었다. 안내판에는 '눈먼 원숭이'라는 설명이

먹이로 유인 않아도 다가오는 원숭이, 문명과 야생의 경계에서 친근한 시선이 오간다.

붙어 있었다. 독사에게 물려 시력을 잃은 원숭이들이라고 했다.

하얀 흰자가 드러난 눈으로 천천히, 조심스럽게 움직이는 모습이 안쓰럽다. 민첩한 몸짓에 도구까지 다룰 줄도 아는 원숭이가 어쩌다 뱀에게 물리는 상황이 벌어졌을까, 선뜻 상상하기 어렵지만, 자연 속에선 예측 불허의 상황도 수시로 발생할 것이다. 말 그대로 원숭이가 나무에서 떨어진 셈이다. 눈먼 원숭이가 20여 마리는 넘어 보인다. 안타깝지만, 인간에 의해 치료되어 특별히 보호받고 있다는 점이 그나마 다행이었다.

이곳의 원숭이는 사람에게 매우 친화적이었다. 길 위에서 원숭이들과 마주침은 흔한 일이었다. 보통 야생 동물과 인간의 접촉은 먹이를 통해 유인되는데, 이곳의 원숭이는 이미 먹이가 지천으로 널려 있음에도 먼저 관람객에게 다가와 팔을 잡아당기거나 가방끈을 당기기도 했다. 아마도 이들은 오랜 시간 동안 인간과 접촉하며, 인간과의 교류를 일종의 유희로 받아들이게 된 것일 것이다. 그것은 먹이를 얻기 위한 생존의 방식이 아니라 유희를 위한 장난. 이 경계 어딘가에서, 원숭이와 인간은 묘하게 닮았다.

몽키 포레스트는 원숭이들에게는 천국과도 같은 공간이었다. 물론

독사 같은 천적이 완전히 사라진 것은 아니겠지만, 적어도 이 울창한 숲 안에서는 인간의 보호 아래 먹을 것이 풍부했고, 대부분의 위험으로부터 자유롭다. 동물에게 생존의 핵심은 먹이이며, 그 먹이가 보장된다는 것만으로도 이곳은 이상적인 삶의 조건을 갖춘 셈이었다.

하지만 그루밍으로 한가로이 보이는 이들 사이에도, 분명히 또 다른 경쟁과 갈등은 존재할 것이다. 집단 간의 충돌, 서열 다툼, 무리 내 위계의 갈등. 그것은 피할 수 없는 동물적 본능에 따른 생존방식이다. 힘과 복종, 지배와 눈치-본능이 짜놓은 삶의 구조 속에서 원숭이들은 살아가고 있을 것이다. 그리고 문득, 그런 모습이 인간 사회와 크게 다르지 않다는 생각이 스쳤다.

더 많이 갖기 위한 경쟁, 더 높은 자리를 향한 욕망, 더 오래 살아남기 위한 끝없는 불안. 우리는 때때로 그것을 자유의지라 믿지만, 실은 정교해진 본능의 규칙 속에 움직이고 있는지도 모른다.

얼마 전 다시 찾았던 미국의 한 도시가 떠오른다. 젊은 시절 유학하던 그곳은 풍요롭고 여유로웠다. 그러나 이번에 다시 찾은 그곳은 달라져 있었다. 치솟는 물가, 늘어난 노숙자, 활기 대신 피로와 경계가 깃든 사람들의 눈빛, 뉴스에서는 부의 양극화와 민주주의의 위기, 사회적 분열에 관한 경고가 끊임없이 흘러 나왔다. 인간의 이룩한 문명이 이제 서서히 균열을 드러내고 있는 듯했다.

그런데 이곳, 몽키 포레스트의 원숭이들은 최소한 먹을 것을 얻고 자신의 자리를 지키며 살아가고 있었다. 문명이라는 이름 아래 살아가는 인간은 과연 그보다 나은 삶을 누리고 있는 걸까? 자연과 문명, 인간과 동물, 자유와 본능의 경계는 점점 흐려지고, 그 어딘가에서 우리는 끊임없이 흔들리고 있다.

왜 이곳, 원숭이들의 평화로운 숲에서 이런 생각이 떠올랐을까. 아마도 이곳이, 우리가 너무 오래 잊고 지낸 태고적 삶의 방식-자유롭고 단순한 삶, 세상을 있는 그대로 받아들이고, 마음껏 뛰놀던 어린 날의 감각-을 아직 간직하고 있기 때문일 것이다. 인간은 본디 동식물과 어울려 사는 자연의 일부였다. 하지만 문명의 발달은 우리를 자연으로부터 격리시켰고, 인간은 자연을 지배하려 애쓰는 동안 오히려 더 멀어져 갔다.

어쩌다 우리는, 숲속을 자유롭게 살아가는 동물보다 더 불안하고, 더 고립된 존재가 되어버린 걸까? 문명의 발전이 초래한 이 아이러니 앞에서, 나는 다시 묻게 된다.

"정말로 우리는, 농업혁명이 시작된 1만 년 전보다, 산업혁명이 일어난 250년 전보다 더 행복한 존재가 되었는가?"

혹시 몽키 포레스트의 원숭이들처럼 나무 위를 뛰놀던, 햇빛과 바람에 몸을 맡기고 살던 시절-두려움도 비교도 없던 그때의 우리가 더 행복했던 것은 아닐까?

아기를 품은 어미의 눈빛이 인간을 바라본다.
야생이 문명에게 질문을 하는 듯하다.

숲을 나서려던 순간, 아기 원숭이를 품에 안은 어미가 돌 위에 앉아 나를 물끄러미 바라보았다. 그 고요한 눈빛이 마치 조용히 말을 건네는 듯했다.

'우린 햇빛과 바람만으로도 행복해요, 그런데 당신들은 왜 늘 더 많은 것을 찾아 헤매나요?'

한낱 미물이라 여겼던 원숭이의 눈빛에서 전해진 이 의외의 질책에, 나는 그동안 너무 많은 것을 잊고 살아온 것이 아닐까 하는 생각이 스쳤다.

우붓의 예술가들

스쿠터 행상의 일상

호텔에서 잠시 휴식을 취한 후, 오후 3시 30분, 캄푸한 릿지(Campuhan Ridge) 트레킹에 나섰다. 릿지란 산등성이를 뜻한다. 릿지에 난 길을 따라 걷다 보면 양쪽으로 깊은 계곡이 내려다보이고, 그 사이 탁 트인 풍경이 펼쳐질 것이다. 출발에 앞서 호텔 후문 옆 식당에서 "장엄한 그릇"(Rusty Majestic Bowl)이라는 다소 거창한 이름의 스무디 볼을 주문했다.

코코넛 우유 위에 드래건 프루트와 열대 과일의 얇은 조각을 가득 얹은 이 스무디 볼은 이름만큼이나 장엄했다. 화려한 색채가 시각을 자극하고, 새콤하면서도 은은한 달콤함이 입안을 가득 채웠다. 먹는 순간 몸속에 에너지가 채워지는 듯했다.

장엄한 그릇(보울)

스쿠터 달인 행상

그릇을 비우고 식당을 나서자, 짐을 가득 실은 스쿠터 행상이 눈인사를 건넸다. 작은 차체 위에 실린 물건의 종류와 양이 놀랍다. 나는 혼자 탈 때도 중심 잡기가 버거웠는데. 그는 온 가족의 생계를 가득 싣고도 거침없어 보인다. 인간의 능력은 생존 앞에서 끝없이 확장된다. 불가능해 보이는 일이, 누군가에게는 그저 하루를 지탱하는 평범한 일상이 된다.

이 장면은 오래전 필리핀 팔라완섬의 진주 양식장에서 본 풍경을 떠올리게 했다. 그곳에서 잠수부들은 손바닥보다 큰 '마더펄'(Mother-of-pearl)의 내부에 핵(Nucleus)을 심은 뒤, 장비 하나 없이 20~30미터, 때로는 50미터 아래까지 잠수해 바닷속 지정된 곳에 내려놓았다. 일반인의 잠수 한계를 훌쩍 넘는 깊이다. 팔라완의 몇몇 지역에서는 이 잠수 기술이 세습되어 대를 이어 생업이 되어 있었다.

이들에게 심해 잠수는 몸이 기억하는 기술이자 곧 삶의 방식이었다.

이렇듯, 인간의 능력은 타고난 재능에서 비롯되기보다, 생존을 향한 적응과 경험의 축적, 절박한 확장일 경우가 많다. 이것이야말로 생물의 현 모습을 만들어온 진화의 원리이기도 하다.

내가 스쿠터 행상에게 사진을 찍어도 되겠냐고 묻자, 그는 흔쾌히 여러 번 포즈를 취해주었다. 마치 그 순간을 함께 즐기는 듯했다. 촬영을 마친 후 사례를 건네려 하자 그는 극구 사양했다. 사양이 진심인 듯했지만, 나는 그의 시간을 보상하고 싶어 몇 장의 지폐를 억지로 주머니에 끼워주었다.

캄푸한 릿지를 걷다

행상과 헤어진 후 30분쯤 걷자, 릿지, 즉 능선의 입구에 도착했다. 계곡을 가로지르는 다리 입구에서 오른쪽으로 난 좁고 가파른 계단을 내려가면, 다리 아래에 또 하나의 좁은 다리가 나온다. 그 다리 중간에서 아래를 내려다보니 계곡 위아래가 한눈에 들어왔다. 위쪽 계곡은 오른쪽으로 굽어 멀리까지 이어지고, 아래쪽은 계곡이 깊이를 더해가며 흐르는 물살이 굽이칠 때마다 흰 물거품을 일으키고 있었다. 늦은 오후의 햇살은 계곡 깊숙한 곳까지는 닿지 않아, 비탈을 덮은 나무들은 짙은 그림자에 잠겨 있었다.

다리를 건너 오른쪽으로 난 길로 올라서자, 거대한 힌두사원의 담장이 시야를 가로막았다. 화산암 벽돌로 쌓은 담장은 오랜 세월을 견디며 검푸른 회색빛으로 변해 있었다. 담장을 지나 왼쪽으로 꺾어 오

대문의 수호신들

르막길을 걸었다. 20분쯤 걸어 능선 위에 도달하자, 그제야 평탄한 길이 이어졌다.

능선 너머, 고급 주택들이 계곡 건너에 점점이 자리 잡고 있었다. 조용하고 전망 좋은 이곳은 시내와 가까우면서도 한적하여 부유층의 선호지일 듯했다. 2킬로미터쯤 더 걸어 마주한 칸티 벤타르를 통과하자 작은 마을이 나타났다. 오른편에는 괴물 형상의 수호신 두르가 (Durga) 석상이 놓인 전통 가옥들이, 왼편에는 소박한 기념품 가게들이 줄지어 있었다. 신화와 일상이 어깨를 맞댄 풍경이었다.

조금 더 걷자, 제법 큰 규모의 리조트가 공사 중이었다. 그리고 길을 따라 곳곳에 차량이 주차되어 있었다. 나는 산의 능선을 따라 한적한 고지에 올랐다고 믿었는데, 반대편으로 차도가 연결되어 있었다. 순간, 이 능선 길이 품고 있던 신비감이 사라지는 듯했다.

아트숍 거리의 카페들

아트숍 거리(Artshop Street)의 무명 예술가

 올라갔던 길로 다시 내려왔다. 어스름이 깔리자 계곡은 더 깊어 보이고, 풍경은 서서히 흑백사진처럼 바뀌었다. 색이 사라진 자리에 남는 것은 명암과 형태, 그로 인해 드러나는 본질이다. 이성보다는 감정이 앞서는 시간이다. 어둠이 내리는 산등성을 걷는 동안, 세상이 나를 포옹해 주는 듯한 따뜻한 감정이 온몸을 감쌌다.

 산에서 내려온 후 곧장 호텔로 돌아가질 않고 아트숍 거리로 발길을 향했다. 거리엔 형형색색의 조명과 북적이는 사람들로 활기가 넘쳤다. 레스토랑마다 길가로 향한 테이블에는 작은 갓을 씌운 램프가 켜져 있었고, 관광객들은 맥주와 칵테일을 마시며 길을 오가는 사람들을 바라보았다. 시선으로 대화를 나누듯 분위기는 가볍고 유쾌했다.

한 레스토랑 앞을 지나는데, 테이블이 보도까지 차지해 사람들이 테이블 사이를 비집고 지나가야 했다. 그때였다. 한 무리의 서양인이 나를 불러세우더니 활짝 웃으며 사진을 찍어달라고 했다. 내 어깨에 걸린 카메라가 전문 사진가처럼 보였던 모양이다. 스마트폰을 건네며, 일행 모두가 나오게 찍어달라고 부탁했다. 긴 테이블 끝까지 일행이 이어져 있었고, 모두 합쳐 10명이 훌쩍 넘어 보였다. 사진을 찍으며 어디서 왔느냐고 묻자, 미국 루이지애나주라고 했다. 유럽 관광객이 대부분인 인도네시아에서 만난 첫 미국인이었다.

몇 장을 찍고 스마트폰을 돌려주자, 일행이 사진을 돌려보며 "원더풀!"을 연발했다. 하지만, 정말 마음에 들었는지는 알 수 없었다.

나는 단체 사진, 그것도 모두가 잘 나와야 하는 인물 사진에는 영 자신이 없다. 대신 거리 사진(Street Photography)을 주로 찍는다. 연출된 장면이 아니라, 일상의 자연스러운 순간을 붙잡는 데 매력을 느낀다. 거리를 서성이며 수백 장을 찍어 겨우 한두 장을 건지는 방식. 필름 시절이었다면, 감히 사진가를 꿈꾸지 못했을 것이다.

앙리 카르티에 브레송(Henri Cartier-Bresson)의 전설적인 사진, 「물웅덩이를 뛰어넘는 남자」는 내가 지향하는 사진의 전형이다. 순간과 우연, 그리고 삶이 리듬이 고스란히 담겨 있기 때문이다. 완전 수동의 필름 카메라로 절묘한 찰나를 잡아낸 그 한 장은. 오늘날 디지털카메라의 연사 기능으로 흉내 낼 수 있을지 몰라도, 1938년 당시에는 직관과 우연이 만든 사진 예술의 극치였다. 사진은 결국 장비가 아니라, 대상을 보는 눈과 마음, 그리고 행운의 결과다.

그래서 나도 거리에서 사진을 찍을 때는, 그 우연의 리듬을 잡아내려 한다. 요즘 나는 거리에 실사를 나가면, 하루 2~300장의 사진을 찍고, 여러 번의 선택과 편집 과정을 거쳐 대여섯 장을 선택한다. 마치 하늘을 가로지르는 꿩을 향해 산탄을 쏘아 운 좋게 살찐 한 마리를 얻는 사냥꾼처럼. 그러니 정조준이 필요한 단체 사진은 나와 맞지 않는다. 특히 모두를 만족시켜야 하는 단체 사진은 더욱 그렇다.

아트숍 거리, 즉 미술품 상점 거리라는 이름이 무색하게, 예술 관련 상점은 극히 일부에 지나지 않고 대부분은 레스토랑과 카페들이었다. 하긴, 관광객이 이 먼 곳에 와서 예술품의 감상과 구입에 진지해지기를 기대하긴 어려운 일일지도 모른다.

한 상점 앞을 지나는데, 계단 위에 중년 남성이 쭈그리고 앉아 그림을 그리고 있었다. 자세히 보니 솜씨가 보통이 아니었다. 나도 한때

거리의 예술가

유화를 몇 년간 배웠지만, 그의 기교에는 감히 견줄 수 없었다.

상점 안쪽에는 그림들이 빼곡히 쌓여 있었다. 일부는 액자에 넣어 표구되어 있었고, 나머지는 캔버스 상태로 그대로 놓여 있었다. 작품을 비추는 조명 하나 없이, 창고처럼 쌓여 있는 모습은 마치 예술이 아니라 공산품을 보는 듯한 인상을 주었다.

현대 미술에 지대한 영향을 끼친 아방가르드 예술가, 프랑스의 마르셀 뒤샹(Marcel Duchamp)은 "작품은 감상자를 통해서 비로소 예술이 된다."라고 말했다. 예술은 감상자의 참여 속에서 완성된다는 뜻이다. 그러나, 유사한 그림이 줄지어 쌓여 있는 공간에서는 감상보다는 상업적 판단이 먼저 작동한다. 사람들은 가격표를 확인하고, 얼마나 정교하게, 사실적으로 그렸는지를 따진다. 그 속에는 개성과 창조성 있는 예술이 들어설 자리가 없다.

현대 미술의 기준은 더 이상 사실적 재현이 아니다. 중요한 것은 독창성과 상상력, 그리고 작가의 세계관이 어떤 방식으로 드러나는가이다. 물론 현실에서는 작가의 명성이 그런 평가를 대신하기도 한다. 그래서 유명 작가의, 얼핏 유치해 보이는 그림이 '천진난만한 상상력'이라는 이름으로 고가에 거래되기도 한다.

요즘 한국의 젊은 층 사이에선 미술품 투자가 새로운 자산 운용 수단으로 주목받고 있다. '아트테크'(Art-tech) 플랫폼을 통해 소액으로도 작품 일부를 소유할 수 있게 되면서, 작품 자체보다는 도슨트의 해설이나 작가 프로필, 그리고 무엇보다 재판매 가치가 투자 판단의 기준이 된다. 감상보다는 투자 수익성이 우선되는 것이다.

이런 분위기를 보고 있노라면, 과거의 투기 열풍들이 떠오른다. 17세기 네덜란드의 '튤립 투기 사태'(Tulip Mania)가 대표적이다. 희귀 품종의 튤립 구근 하나가 중산층의 연 수입을 웃도는 가격에 거래되었지만, 열풍은 오래가지 않아 시장은 곧 붕괴되었다. 우리나라에서도 1990년대에 수석과 춘란에 대한 투자 열풍이 있었다. 나 역시 그 흐름에 올라타 여러 분의 춘란을 구입했지만, 외환위기 이후 시장이 무너지며 가격은 폭락했다. 그 허탈함은 아직도 기억 속에 선명하다.

아트숍 거리를 따라 한참을 걷다가 발길을 돌렸다. 번화가에서 멀어질수록 거리는 점점 어두워졌지만, 곳곳엔 여전히 노점상들이 자리를 지키고 있었다. 한 부부가 좌판을 펴고 목각품을 팔고 있었는데, 정교한 조각과 조잡한 공예품이 뒤섞여 있었다. 몇몇은 눈길을 끌었지만, 여행 일정이 아직 많이 남아 있기에 선뜻 살 수는 없었다. 발걸음을 옮기자, 좌판 주인의 아쉬운 시선이 등 뒤로 따라오는 듯했다.

호텔로 돌아와, 전날 저녁을 먹었던 식당에 다시 들렀다. 오늘 거의 다섯 시간을 걸었더니 온몸에 갈증이 극심했다. 이런 때 특효인 음료가 있다. 사맥, 즉 사이다와 맥주를 반씩 섞어 만든 것이다. 마닐라 WHO 아시아 본부에 근무하는 의사 친구가 추천한 레시피로, 우리는 뜨거운 햇빛에서 골프를 치고 난 뒤 함께 마시며, 'WHO 인증 갈증 해소 음료'라 부르곤 했다. 사맥의 효과는 언제, 어디서나 통했다.

어둠이 내려앉은 마을의 집집마다 창문 너머로 따뜻한 불빛이 흘러나왔다. 나는 시원한 사맥을 들이켜며, 청량감이 온몸에 퍼지는 것을 느꼈다. 긴장은 저절로 풀리고, 기분 좋은 피로가 천천히 스며들었다.

오늘 밤 푹 자고 나면, 내일 오전엔 미술관을 들른 뒤 오후에 발리로 이동한다. 그곳에서 하룻밤을 머문 뒤, 마침내 이번 여행의 최종 목적지인 플로레스로 날아갈 예정이다. 발리의 호텔도, 플로레스로 가는 항공편, 현지 숙소까지 모든 예약은 이미 마쳤다.

아르마(ARMA) 박물관에서 만난 우붓 예술

한 사람의 열정, 아르마

아침 일찍 일어나 호텔 조식을 마쳤다. 오전에 아궁 라이 예술 박물관(Agung Rai Museum of Arts, 약칭 ARMA), 즉 아르마를 둘러보고, 오후에 발리 국제공항이 있는 덴파사르(Denpasar)로 출발할 예정이다. 호텔 프런트에 늦은 체크아웃을 부탁하니 오후 2시까지 연장해 주었다. 아르마에서 2시 전에 돌아와 샤워한 후 체크아웃을 할 수 있겠다는 생각에 기분이 좋았다. 곧 그랩 택시를 불러 타고 아르마로 향했다.

박물관 입구에 도착하니 'Agung Rai Museum of Arts'라는 표지판과 함께 매표소가 자리하고 있다. 아궁 라이란 이름은 우붓 출신의 예술 후원자의 이름이었다. 처음엔 기업가나 정부 관리쯤으로 짐작했지만, 검색해 보니 그는 우붓에서 자란 평범한 청년으로, 예술에 대한 순수한 열정으로 박물관을 세운 인물이었다.

젊은 시절 그는 관광 가이드로 일하며 외국 예술가들과 교류했고,

아르마 박물관 입구

 그 만남을 통해 발리의 전통 예술, 특히, 우붓 예술의 깊이와 가치를 새롭게 인식하게 되었다고 한다.

 그는 자신의 눈과 감각으로 '우붓의 정신'이 깃든 작품들을 하나둘 수집하기 시작했고, 마침내 전통 예술을 보존하고 후세에 전하는 문화 운동으로 확장되었다. 그가 설립한 이 박물관은 단순한 전시 공간이 아니라, 우붓 예술의 정체성과 철학을 공유하고 계승하는 장소이며, 동시에 예술을 삶과 연결하는 우붓식 감수성을 증언하는 곳이 되었다.

 그는 1955년생이라고 한다. 나와 같은 해에 태어난 동시대인이다. 예술 교육을 체계적으로 받은 적도, 부유한 집안의 후광도 없었다. 오직 자기 안의 관심과 감수성을 따라 한 걸음씩 묵묵히 걸어온 끝에, 마침내 이 박물관을 만들어 낸 것이다.

넉넉지 않은 환경에서 출발해, 외국의 예술 애호가들과 교류하며 자본을 모으고, 다시 그것을 지역 예술가들과 공동체에 아낌없이 환원한 그의 삶은, 그 자체로 깊은 감동을 주었다.

그의 삶을 떠올리며, 아궁 라이와 같은 시간을 살아온 내 인생을 돌아보게 된다. 나는 누구보다 성실하게 살아왔다고 자부한다. 열악한 여건 속에서도 멈추지 않고 노력했고, 항상 더 높은 목표를 향해 달려왔다. 하지만 돌이켜 보면, 세속적 성취를 좇는 사이 '나'라는 존재의 본모습은 점점 희미해져 갔다.

아궁 라이는 달랐다. 그는 주어진 길을 따르기보다 자신만의 길을 걸으며 의미 있는 성취를 이룬 인물이었다. 우붓 예술을 미학적으로 분석하거나 철학적으로 정립하지는 않았지만, 서양 예술인들과의 교류 속에서 우붓 예술이 새롭게 진화할 수 있다는 가능성을 누구보다 직관적으로 포착했다.

그의 삶은 우붓 예술 속에서 숨 쉬고, 우붓 예술가들과 더불어 살아갔으며, 이들의 작품이 세계와 연결될 수 있도록 '공간'을 창조해 냈다. 그 결실이 바로 아르마이다.

우붓 예술은 큰 범주의 발리 예술의 일부다. 그러나, 발리 예술이 무용, 건축, 의례 등 공동체 중심의 종교 봉헌에 치중한다면, 우붓 예술은 회화와 조각과 같은 개인 창작에 무게를 둔다. 예술적 분위기가 섬세하고 정제되어 현대와도 접점이 크며, 서양 미술과 접촉하며 토속적인 주제에 세계적 미술 흐름을 접목했다는 평가를 받는다.

아르마 박물관에는 전통적인 우붓 회화뿐 아니라, 현대적 실험이 담긴 작품까지 다양한 시대의 미술품이 전시되어 있었다. 전시 공간은 상설 전시관과 특별 전시관으로 구성되어 있었고, 전체는 세 동으

힌두신을 위한 제단

로 나뉘어 있었다.

입구를 지난 100미터쯤 들어가자, 힌두 신들에게 바치는 제의의 공간이 나타났다. 거대한 반얀나무의 뿌리와 함께 엮인 돌 조각과 장식물은 생명과 정령의 조화를 상징하며, 검은 섬유와 조개껍데기로 꾸며진 제단은 전통 제의와 예술적 감각이 어우러지는 우붓 특유의 신앙 문화를 드러냈다.

이곳은 자연(나무와 돌), 인간(예술과 손길), 신(제의의 대상)이 따로 떨어져 존재하지 않고 서로 어울리는 공간이었다. 이러한 조화는 우붓이 지닌 독특한 감수성, 즉 자연과 인간, 신의 경계를 구분 짓기보다 서로 스며들고 이어지는 하나의 생명 흐름으로 이해하는 세계관을 보여주었다. 이 제단은 그 정신을 형상화한 상징적 장소라 할 수 있을 것이다.

문득, 영화 「아바타」에 등장하는 나비족의 정령 숭배 체계가 떠올랐다. 그들은 자연을 정복의 대상이 아닌 조화의 대상으로 여겼다. 인간이 자연 속에 스며들어 살았던 시절의 상상과 기억이, 이 제단 앞에서 겹쳐졌다.

 기독교 신자인 내게 이 모든 풍경은 낯설었고, 처음에는 우상처럼 느껴져 마음 한편이 불편하기도 했다. 그러나 곧, 이것이 오랜 세월 이 땅에서 자라난 전통 신앙이자 이들의 삶과 문화 속에 깊이 뿌리내린 종교적 관습이라는 생각이 들었다. 믿음의 방식은 다르지만, 그 안에 담긴 진심과 자연을 향한 경외의 마음은 인간 보편의 감각일지도 모른다. 나는 그 감정을 헤아리려 애쓰며, 조용히 그 자리를 지나쳤다.

 연못 분수를 지나자, 커다란 원숭이 조각상이 입구를 지키고 있는 건물이 관람의 시작점이었다. 붉은색 타일로 마감된 외벽에는 일정한 간격으로 정교하게 조각된 석상 패널이 부착되어 있었고, 계단을 올라 입구에 이르자 돌연 깊은 부조로 얽힌 형상들이 새겨진 육중한 목재 문이 방문객을 맞이했다.

 그 나무 문짝에 새겨진 조각은 정교하고 대담했으며, 이곳의 예술적 전통이 결코 단순한 민속의 범주를 훨씬 뛰어넘는 것임을 선명하게 보여주고 있었다.

추상 속의 감정, 형상 너머의 진실

 문을 열고 들어서자마자, 곧바로 이층으로 이어지는 계단을 따라 올라가니, 예상과는 달리 현대 회화가 전시된 특별 전시관이 펼쳤다.
 전시된 작품들은 반구상화와 추상화가 주를 이루고 있었고, 어제 거리의 아트숍에서 보았던 그림들과는 확연하게 구별되는, 상당한 독창적인 작품들이라는 느낌이 감각적으로 다가왔다. 화려함보다는 침잠하는 색조, 이야기보다는 감정의 결이 먼저 느껴졌고, 작품들에서 흘러나오는 분위기는 시선을 끌기보다 사유로 이끌었다.

특히 눈길을 끈 두 작품이 있었다. 그것은 전통적인 우붓 회화라기보다는, 현대적 추상화에 가까웠다. 두 작품이 우붓 회화와 어떤 맥락을 공유하는지는 단정하기 어려웠지만, 오히려 설명하기 힘든 정서적 교류가 일어났다. 작품의 색과 선이 내 안의 감정을 건드리자, 나 역시 그 감정에 응답하며 마음이 소통되는 듯했다. 한국 화가라고 해서 모두가 한국 전통미를 추구하지 않듯, 우붓 화가 역시 각자의 시대와 감각을 담아내고 있었다. 나는 결국, 작품을 분석하기보다 그 속

작품 1: 닿을 수 없는 연인들

에서 내 감정이 반향하는 순간을 붙잡았다. 전시 작품들에 붙인 제목 또한, 그 감정의 울림에 따라 임의로 붙인 것이었다.

첫 번째 그림은 휘몰아치는 바람, 혹은 서로 다가갈 수 없어 애절하게 마주 보는 두 연인을 떠올리게 했다. 형체는 분명치 않지만, 맞닿으려는 듯 비틀리는 선들의 움직임과 붉은 중심부의 격렬함은, 그 안에 내재된 감정의 밀도를 느끼게 했다.

화면 전체에 퍼진 소용돌이와 붓의 흐름은 얼핏 러시아의 바실리 칸딘스키(Wassily Kandinsky)를 연상시켰다. 다만 칸딘스키가 채도 높은 원색과 다양한 선·면·색을 자유롭게 배열하여 하늘 위를 부유하는 듯한 역동감을 표현했다면, 이 그림은 그와는 반대로 땅에서 솟구치는 듯한 기운이 있었다.

바탕색은 누렇게 빛바랜 양피지 같고, 그 위를 타고 흐르는 황토색과 짙은 갈색의 소용돌이는 마치 땅속 깊은 곳에서 끓어오르는 어떤 생명의 원천을 그려낸 듯했다.

붉은 중심부는 상처처럼 보이기도 하고, 뜨거운 심장처럼 느껴지기도 했다. 그것은 충돌이기도 하고 연결이기도 했다. 분리되어 있으나 끌어당기는 두 힘, 마주한 듯 돌아선 존재들-그 안에서 '인간'의 모습이 아니라 감정 그 자체가 움직이고 있었다.

이 그림은 눈으로 보기보다는 온몸으로 느껴야 할 것 같은 작품이었다. 형체를 찾으려 할수록 흐릿해지고, 그냥 감각을 따라가면 오히려 더 선명해졌다. 설명하려 할수록 멀어지고, 잠잠히 받아들이면 비로소 마음 깊숙한 곳을 건드렸다.

두 번째 그림은 어쩐지 낯익고 친숙한 느낌을 주었다. 세 채의 집이

작품 2: 초가집과 새

서로 겹쳐 그려져 있었고, 가운데 집의 지붕 위에는 새 한 마리가 앉아 있었다. 짙은 갈색(Burnt Umber)과 누런 황토색, 엷은 핑크색이 번지듯 섞여 들며, 전체적으로 마치 안개 낀 저녁 무렵처럼 흐릿하고 포근한 분위기를 자아냈다. 뭉개진 듯한 선들은 뚜렷한 외곽선을 대신해 토속적이고 꿈결 같은 풍경을 만들어 내고 있었다.

그림 속의 집들이 우리의 초가집을 연상시켰다. 높은 벽과 지붕, 단순하면서도 기울어질 듯한 삼각형의 윤곽, 투박한 질감은 문득 한국의 박수근 작가를 연상시켰다.

지붕 위에 앉은 새는 닭은 아닌 듯했고, 단정히 접은 긴꼬리의 모양으로 보아 공작새가 아닐까 싶었다. 그럼에도 그림 전체에서 느껴지는 정서는, 이상하리만치 우리의 시골 마을 정경과 닮아 있었다.

그 순간, 이들 작품은 우리의 정서와 맞닿아 있는 어떤 공명을 품고 있다는 생각이 들었다. 예술에 동서양과 국적의 경계가 무슨 의미가 있을까. 살아온 풍토는 달랐을지언정, 인간의 감정은 결국 하나로 이어지는 법이다.

다음 전시동으로 이동하는 길가에 작은 누각이 있었고, 그 안에는 발리 전통 금속 실로폰인 가믈란 강사(Gamelan Gangsa)를 연주하는 이가 앉아 있었다. 지나치며 눈이 마주치자, 그는 환하게 웃으며 올라와 연주해 보라고 손짓했다. 좋은 기회라 생각했지만, 이곳 관람을 마친 후 2시까지 호텔에 돌아가야 했기에, 아쉽게도 발걸음을 다음 전시동으로 옮길 수밖에 없었다.

선묘화의 경지, 계단식 논을 그린 거대한 유화

전시동 입구에서 왼편으로 돌아서자마자, 시선을 압도하는 거대한 풍경화가 벽면을 거의 가득 채우고 있었다. 계단식 논을 그린 인도네시아 전통 바틱 기법을 현대 회화로 해석한 유화로, 높이 6미터, 폭 4미터에 달하는 거대한 크기였다. 화면은 세 개의 직사각형 조각으로 나뉘어 이어져 있었는데, 아래 두 면과 맨 위의 한 면의 붓질이 미묘하게 달랐다.

아래 두 면에는 곡선을 따라 정돈된 논들이 층층이 펼쳐져 있었고, 이제 막 수확을 앞둔 듯한 벼가 촘촘하게 심겨 있었다. 묘사는 놀라울 정도로 정교하고 사실적이었다. 가운데 조각의 왼편 위쪽에 작은 움막이 있었고, 어깨에 지게를 메고 볏단을 앞뒤로 걸친 농부가 모자를 눌러쓴 채 집을 나서는 모습이 보였다. 맨 위의 조각은 다른 분위기를 담고 있었다. 나무들이 숲을 이루고, 그 아래 비탈진 땅에는 잡풀이 성기게 자라 있었다. 아마도 부양할 가족이 늘어난 농부가 언젠가 이 비탈도 손질해 논으로 만들고자 준비하는 중인지도 모르겠다.

작품 3: 계단식 논(6미터 x 4미터)-한 화가에 의해 창조된 숭고미
수천 겹의 물감 선으로 직조된 계단식 논의 곡선들.
얼핏 보면 자연의 숨결처럼 부드럽고도 웅장하지만, 이 장대한 풍경은 한 화가의 붓끝에서 시간과 노동, 생명의 리듬을 새겨 탄생한 것이다. 자연과 인간이 어우러져 빚어낸 숭고미가 느껴진다.

처음 이 그림을 마주했을 때는 노란 실을 짠 커다란 카펫인 줄 알았다. 그런데 다가가 자세히 보니 놀랍게도 유화였다. 점묘화인가 싶어 눈을 가까이 가져가 보았지만, 그것과는 또 달랐다. 점묘화가 작은 점들을 찍어 화면을 구성하는 데 비해, 이 작품은 수없이 많은 짧은 선들—대략 3밀리미터 폭에 5~10밀리미터 길이쯤 되어 보이는 붓 터치들—을 연결하여 이미지를 만들어 내고 있었다.

마치 선으로 짠 카펫 같았고, 선묘화라 불러도 손색이 없었다. 그러나, 통상의 선묘화와도 달랐다. 선 하나하나가 일정한 굵기를 지니며 입체감을 만들어 내고 있었고, 그 부피감은 유화 물감을 튜브에서 직접 짜내 덧바른 듯했다. 모든 선이 미세하게 굽이치고 겹쳐지며 논의 결을 이루고, 볏짚의 흐름과 풀잎의 방향, 나무의 질감까지도 치밀하게 드러났다. 색조와 명암의 변화 또한 스트로크마다 섬세하게 조절되어, 캔버스가 마치 살아 있는 풍경처럼 숨을 쉬고 있는 듯한 인상을 주었다.

이처럼 경이로운 대작을 완성하기 위해서는 극한의 인내심이 필요했을 것이다. 한 튜브에는 동일한 색조의 물감만 들어 있을 테니, 스트로크마다 색과 명암을 달리하려면 일일이 붓을 바꾸거나 조색을 반복해야 했을 것이다. 그것도 이 거대한 화면을 빈틈없이 채우면서 말이다.

프랑스의 후기 인상파 화가 조르주 쇠라가 점묘법으로 「그랑자트 섬의 일요일 오후」를 완성하는 데 2년 이상 걸렸다고 한다. 207×308센티미터에 이르는 그 대작 역시 수많은 점으로 이루어졌지만, 지금 내 앞에 있는 이 유화는 그보다도 표면적이 네 배 가까이 크다. 단순히 면적을 기준해도 네 배의 시간이 걸릴 것이고, 여기에 입체감까지 더해진다면 그 시간은 배가 될 것이다. 물론 예술 작품을 시간과 노동력으로만 환산할 수는 없지만, 인간의 손으로 이루어진 거대한 인공물 앞에서는 자연스레 경외심이 피어올랐다.

만리장성이나 보로부두르 사원, 혹은 이집트의 피라미드처럼, 감히 상상하기 힘든 노동의 집합은 보는 이의 숨을 멎게 한다. 어떻게 이런 것을 인간이 만들 수 있었을까? 오늘 나는 이곳 아르마 미술관의 벽면을 가득 채운 이 계단식 논 풍경화 앞에서, 다시 한번 인도네시아 예술에 감탄을 금할 수가 없었다. 쌀알처럼 작은 붓 터치 하나하나가 모여 거대한 풍경을 이루었듯이, 한 사람의 손끝에서 피어난 이 유화는 자연과 인간, 노동과 예술이 교차하는 숭고한 경지를 보여주고 있었다.

문득 '스탕달 신드롬'(Stendhal Syndrome) 현상이 생각났다. 뛰어난 예술 작품을 감상할 때 심장이 빨라지고, 어지럼증이나 일시적인 의식 혼란이 오는 증상이다. 프랑스 작가 스탕달이 피렌체에서 르네상스 시대의 미술품을 감상하다 그런 경험을 했고, 그의 여행기에 이를 기록한 데서 유래된 이름이다. 지금도 미술관에서 그런 일을 겪는 사람들이 있다고 한다. 그렇지만, 나는 스탕달에 비해 감수성이 둔하고, 심장이 튼튼해서인지 그런 현상에 이르지는 않았다.

하지만 이 계단식 논 유화를 바라보며, 짧은 순간 분명히 경외감을 경험했다. 이해하려 애쓰지 않고도 마음 깊은 곳에 어딘가가 반응하는 듯했고, 설명하기 어려운-어떤 울림이 조용히 퍼져 나갔다. 머리로는 이해할 수 없어도, 마음이 알고 있는 감정. 그것이 오래도록 여운처럼 남았다.

작품 4: 집을 향하여

바투안(Batuan) 그림 속의 농부

다음 전시 구역으로 들어서니 바투안 스타일의 그림들이 걸려 있었다. 서구의 물결이 예술계를 휩쓸 때도 조용히 한편에 비켜서서 전통 화풍을 고수해 온 그림들이다. 그중 한 점이 내 눈길을 사로잡았다.

짙은 남색과 은은한 회색빛이 어우러진 풍경, 거대한 열대 밀림 속에 키 큰 야자수들이 하늘을 가리고, 그 사이로 좁고 구불구불한 오솔길 하나가 이어진다. 길 위에는 쟁기를 어깨에 가볍게 짊어진 농부 한 사람과 그 뒤를 따르는 소 한 마리가 있다. 그들은 마치 세상에 어떤 소리도 남기지 않으려는 듯, 조용히 숲을 지나고 있었다.

나는 한참을 그 앞에 서 있었다. 그림이 말을 거는 듯했다. 인간은 자연의 리듬에 귀 기울이며 살아가는 작은 존재라고. 치열하고 복잡한 도시에서 살아온 내게, 이 풍경은 낯설면서도 이상하게 아득하면서도 가까이 다가왔다. 멀리 희미하게 보이는 산과 밀림 위를 흐르는 안개는, 모든 생명이 서로 얽히고 스며드는 거대한 순환의 결을 보여주는 듯했다.

길을 걷는 농부는 어디를 향해 가는 걸까?
가족이 기다리는 집일까?
아니면 아무 목적 없이 그저 걷고 있는 것일까?
혹은 저 깊은 숲 넘어 어딘가에 있는,
보이지 않는 약속을 향해 나아가고 있는 것일까?
어쩌면 우리 모두 그런 존재들인지도 모른다.
어디로 향하는지도 모른 채,
그러나 멈추지 않고 걸어야만 하는.

나는 그림 속 길을 따라 걷는 듯한 기분으로 한참을 서 있었다. 그러면서 문득 생각했다. 나도 이런 여행을 하고 있는 것일까? 여행이란 멀리 가는 것도, 더 많은 것을 보는 것도 아니다. 때로는, 그림 속의 남자처럼 조용히 걷는 것이다. 자연과 함께 숨 쉬며, 내 안의 숲과 대화를 나누는 것인지도 모른다.

작품 5: 신과 함께 흐르는 삶의 리듬

우붓인의 풍속화, 제의와 삶의 리듬

다음 구역으로 발걸음을 옮기자, 조금 전의 그림과는 확연히 분위기가 다른 작품이 눈에 들어왔다. 화려한 색채와 활기로 가득 찬 이 그림은, 우붓 사람들의 삶과 제의, 신화와 노동을 화면에 빼곡히 담고 있는 풍속화였다.

화면 왼쪽에는 햇볕에 그을린 농부들이 소를 몰며 논밭을 일구고 있었고, 그 앞에서는 신에게 바칠 제물을 준비하는 이들의 모습이 그려져 있었다. 중앙에는 사원을 배경으로, 정성껏 차려입은 남녀들이 공양물을 머리에 이고 조용히 행렬을 이루어 걸어가고 있었다.

화면 오른쪽 위편에는 신들의 영역처럼, 구름 속에 떠 있는 얼굴들과 천상의 장면들이 희미하게 겹쳐 있다. 마치 이 세상의 노동과 제의, 환희와 슬픔이 모두 신들의 숨결 속에서 이루어지고 있다는 듯이.

나는 이 복잡하고도 질서 정연한 화면 앞에 한동안 멈춰 섰다.

산다는 것이 무엇일까. 신에게 바치는 기도, 땀 흘리는 노동과, 아이를 낳고 키우는 일상-이 모든 것이 따로 떨어져 있는 것이 아니라, 한데 얽혀 흐르는 하나의 긴 리듬이라는 것을, 이 그림은 조용히 말해주고 있었다.

우리의 삶은 때때로 너무 복잡해서 길을 잃을 것 같지만, 이 그림처럼 모든 조각은 결국 하나의 이야기로 연결되어 있는 것은 아닐까.

어느 한쪽도 소홀하지 않고, 어느 한쪽도 과장되지 않은 이 풍속화를 보며, 나는 문득 생각했다. 살아간다는 것은, 자족의 기쁨 속에 깃든 조용한 경건함을 느끼는 것 아닐까. 그리고 그림 속 마을 사람들처럼, 각자의 리듬으로, 각자의 숨결로-그러면서 지상과 천상, 먼 옛날과 현재, 그리고 미래로 이어지는 삶을 이루는 가는 것일지도 모른다.

나 또한 긴 세월을 쉼 없이 달려왔지만, 그 모든 순간의 조각들이 과연 하나의 이야기로 이어지고 있었을까. 성공이라는 목표에 매몰되어, 삶의 한순간 한순간을 허겁지겁 지나쳐 온 것은 아니었을까.

이 그림 앞에 서니, 문득 생각이 미친다. 이제라도 내가 지내온 시간들과 앞으로의 살아갈 날들을 하나의 리듬으로 엮어, 나의 이야기를 완성해 보고 싶다. 그리고 언젠가 이생에서의 짧은 머묾이 끝나면, 사랑하는 딸과 아들이 그 이야기를 이어받아 또 다른 리듬으로 각자의 삶을 써 내려가리라고 믿는다.

바틱 유화의 장인
수천 번의 깐팅 끝에 완성되는 느림의 예술,
작가의 인내와 정성이 작품에 스며든다.

천천히, 그리고 깊게 그려지는 것들

전시장을 나와 천천히 걷다가, 야외 누각 아래에서 화가들이 작업하고 있는 장면을 마주쳤다. 가로세로 각 2미터, 3미터쯤 되어 보이는 캔버스 앞에서 두 명의 화가가 묵묵히 붓질을 하고 있었다. 조금 전 전시관에서 느꼈던 감동이 생생하게 남아 있던 터라, 자연스럽게 발길이 그쪽으로 향했다.

그들이 그리고 있는 것이 바로 바틱 유화였다. 이들은 박물관 소속 상주 작가들이라고 했다. 내가 관심을 보이자, 한 작가가 작업 과정을 설명해 주었다.

먼저 주제를 정하고, 캔버스 위에 세밀한 밑그림을 그리는데, 이에만 약 6개월이 소요된다고 했다. 이 밑그림은 깐팅(Canting)이라는 도구를 사용해 목탄액으로 그려지는데, 깐팅은 약 20센티미터 길이의 대나무 줄기의 끝을 만년필촉처럼 깎아 만든 것이다. 그 촉에 목탄액을 찍어, 캔버스 위에 한 줄 한 줄 조심스럽게 선을 긋는다. 한 번에 그릴 수 있는 길이가 짧아 수천 번을 반복해야 하니, 반년이라는 시간이 충분히 실감이 났다.

밑그림이 완성되면 유화 물감을 입히는 작업이 이어진다. 이 역시 6개월. 결국 한 점의 완성에 1년이 소요되는 셈이다. 조금 전 내가 본 계단식 논을 그린 유화는 무려 6미터 곱하기 5미터의 크기였으니, 지금 작업 중인 그림의 다섯 배에 달한다. 단순히 면적으로 계산해도 최소 5년은 걸릴 작품이다.

한 작품에 5년이라니, 여간 든든한 스폰서가 있지 않고는 불가능한 일이다. 르네상스 시대의 거장들 역시 교회나 귀족, 부유한 상인들의 후원을 받아서 수년 동안 한 작품에 몰두할 수 있었다.

예술은 산업 생산과 같은 효율과 생산성을 따지는 영역이 아니다. 그런데도, 내 생각은 엉뚱한 방향으로 흘러갔다. 가령 깐팅 끝에 만년필처럼 잉크 튜브 장치를 달 수는 없을까? 더 긴 선을 한 번에 그릴 수 있다면, 작업시간은 꽤 줄어들 텐데 하는 생각이 스치듯 지나갔다. 그러나 곧 스스로에게 물었다. 정말로 예술에서 도구가 본질적인 문제일까?

실제로 유화의 역사에서 큰 전환점 중 하나는 19세기 중반, 물감이 튜브에 담기기 시작한 사건이었다. 화가는 번거로운 조색 과정에서 해방되었고, 무엇보다 물감과 캔버스를 들고 야외로 나가 실제 대상을 관찰하며 그릴 수 있게 되었다. '플레네르'(Plein Air)-자연 속 현장에서 그리는 야외 회화-기법이 확산되었고, 이는 인상주의 회화의 탄생에 중요한 기술적 계기가 되었다.

문득, 중학교 시절이 떠올랐다. 그때는 잉크병과 철필이 달린 펜을 들고 다녔다. 철필은 금세 무뎌져 번거로웠다. 그러다 만년필이 등장했지만 값이 비싸 학생들의 사용은 드물었고, 결국 간편한 볼펜이 일상 속에 자리 잡았다.

글쓰기 도구도 크게 달라졌다. 예전에는 200자 원고지에 글씨를 채우고, 복잡한 교정 기호로 수정하곤 했다. 지금은 컴퓨터 앞에서 지우고 고치고 다시 쓴다. 그러나 컴퓨터로 글을 쓴다고 해서 작가의 예술혼이 훼손되었다고 말하는 사람은 없다.

도구는 크게 발전했지만, 뛰어난 예술은 결국 도구나 기술만으로 이루어지지 않는다. 그러나 도구의 발달은 예술의 문턱을 낮추었고, 창작의 세계를 더 넓게 열어주었다. 나 역시 그 변화의 수혜자다. 지금 내가 유화를 그리고 글을 쓸 수 있는 것도, 결국 편리한 도구들의 덕분임을 부인할 수 없다.

그러나 도구의 편리함이 곧 예술의 깊이를 보장해 주는 것은 아니다. 바틱 유화의 화가들이 천천히, 깊은 감동의 그림을 완성해 가는 동안, 나는 성급한 마음으로 졸작을 양산하고 있었으니, 이제는 느린 호흡으로 살아감을 배워야겠다는 생각이 들었다.

누구의 이름을 부르고 싶다

박물관, 아니 미술관 관람을 마치며, 나는 다시 아궁 라이를 떠올렸다. 그가 아니었다면, 이 아름다운 바틱 유화도 바투안 회화도, 그리고 화가들의 작업실도 지금 이곳에 존재하지 않았을 것이다. 아마 우붓의 화가들은 여전히 아트숍 거리에서 관광객의 초상화를 그리거나 명화의 복제품을 모사하며 생계를 이어가고 있을 것이다.

그 순간, 김춘수 시인의 「꽃」의 한 구절이 마음속을 울리고 지나갔다.

내가 그의 이름을 불렀을 때, 그는 내게 와서 꽃이 되었다.

존재의 의미는 타자의 인식과 호명에 의해 완성된다는, 깊은 성찰이 담긴 문장이다. 누군가의 이름을 불러준다는 것, 그것은 그를 꽃으로 피어나게 하는 일이다.

아궁 라이는 우붓의 무명 화가들의 이름을 불러주었다. 그리고 그들은, 꽃이 되었다.

그 순간, 문득 고흐가 떠올랐다.

지금 우리가 알고 있는 고흐, 그 이름과 작품이 세상에 남을 수 있었던 건 누구 덕분이었을까. 다름 아닌 그의 동생 테오와, 테오의 아내 요하나 반 고흐-보옹허였다.

고흐는 생전에 단 한 점의 그림만을 팔았고, 그마저도 동생이 몰래 사준 것이었다. 고흐는 평생을 동생의 경제적 지원에 의지해 살았고, 생을 마감한 후에는 세상에서 잊힐 운명이었다. 그러나, 요하나는 남편이 세상을 떠난 후, 고흐의 작품과 편지들을 모아 고향 네덜란드로 가져갔다. 편지를 정리하여 출판하였고, 전시관을 세워 그의 이름을 알리는 데 평생을 바쳤다. 만약 테오의 후원과 요하나의 헌신이 없었다면, 고흐는 그저 무명의 광기로 기억되었을지도 모른다.

우붓의 화가들에게 아궁 라이는, 고흐의 테오이자 요하나였다. 어떤 예술가도, 스스로의 재능만으로 피어날 수 없다. 그의 내면에 숨겨진 꽃봉오리를 알아보고, 그 이름을 불러주는 이가 있을 때 비로소 꽃이 피어난다.

나도 이제 누군가의 이름을 불러주고 싶다. 그가 자기만의 색으로 피어나는 모습을, 조용히 곁에서 응원하고 보고 싶다. 이제 예순아홉, 나는 더 이상 과거의 성취와 실패에 연연하지 않는다. 그저 걸어온 길에서 얻은 경험과 지혜로 누군가의 삶에 조용한 힘이 되고, 때로는 말없이 곁에 서는 위로자가 되고 싶다.

마치 장미 한 송이를 감싸안은 안개꽃처럼,

혹은 절망의 밤을 지나는 이들을 가만히 비추는 별빛처럼.

우붓을 떠나며 생각난 포레스트 검프

우붓을 여행하며 나는 새삼 깨달았다. 시간은 누구에게나 동일한 속도로 흐르지 않는다는 사실을. 삶의 방식에 따라, 시간은 각기 다른 결을 지닌다.

자카르타의 순다 켈라파, 족자카르타의 보로부드르 사원, 우붓의 예술가에게 시간은 느리게 흐른다. 아니, 때로는 과거의 어느 순간에 멈추어, 더 이상 흐리지 않고 머물러 있는 듯하다.

질주하듯 살아온 내게 이 풍경은 낯설면서도 묘한 물음을 던졌다. 혹시 내가 너무 빨리 달려온 것은 아니었을까?

하지만 모두가 달리고 있었으니, 나 혼자 멈추는 일은 쉽지 않았다.

문득, 한 장면이 떠올랐다. 톰 행크스 주연의 영화 「포레스트 검프」에서, 경계선 지능을 가진 주인공은 친구들의 괴롭힘을 피해 달아나다 자신이 누구보다 빠르게 달릴 수 있다는 사실을 깨닫는다.

어머니는 죽기 전 그에게 말한다. "슬플 때는 달리렴." 그때부터 그는 슬플 때마다 달린다. 월남전에서도, 첫사랑이 떠났을 때에도, 그는 달린다. 달리는 그의 뒷모습을 보며 사람들이 하나둘씩 따라 달리기 시작하고, 결국 수많은 이들이 함께 달린다.

그들 중 누군가가 묻는다.

"왜 달리는 거죠?" 그러나 정작 누구도 대답하지 못한다.

나도 그랬다. 속도의 이유도, 목적지도 묻지 않은 채, 그저 달렸다. 그러다 마침내, 내가 왜 달리고 있는지조차 잊은 채, 오늘 이곳에 서 있다.

오후 2시, 아침에 박물관에 데려다주었던 그랩 기사에게 다시 연락해 호텔로 돌아왔다. 샤워를 마치고 짐을 챙겨 나와, 기다리던 그랩을 타고 우붓을 떠났다. '신들의 땅'을 뒤로하고 다시 속세로 돌아가는 길이다.

우붓의 신들은 나에게 별다른 관심을 주지 않았다. 이곳 사람들은 마치 신의 나라에서 파견된 사자처럼, 속세의 한복판에서 외지인을 맞이하며 조용히 살아가고 있었다. 아침마다 정성껏 바치는 제물, 거리마다 피어오르는 향냄새, 골목마다 세워진 신상들, 오랜 전통의 힘으로 이어지는 일상의 리듬. 이들은 외부의 풍조에 쉽게 휩쓸리지 않는다. 타인의 욕망을 따라 욕망하지 않았다.

대문 위로 얹힌 '앙꿀앙'(Angkul-angkul)-발리 전통 가구의 지붕에 달린 문간 구조-은 단순한 출입구를 넘어, 집 안과 밖, 속세와 신성함 사이의 경계를 상징한다. 그 문은 마치 외부의 혼탁함과 악령을 거르는 정신적 장치처럼 보였다. 대문 안에는 전혀 다른 시간이 흐르고 있었다. 다급하지 않고, 소란스럽지 않고, 오래된 리듬으로 숨 쉬는 삶.

이제는 우붓에도 '서구 문화'라는 이름의 파고가 더 깊고 조용히 밀려오고 있다. 자본주의와 소비주의로 포장된 걷잡을 수 없는 욕망, 자유와 개인주의라는 이기주의의 풍조 속에서, 우붓은 여전히 자기 공동체의 고유한 호흡을 지켜내고 있었다.

짧은 방문이었지만, 나는 그것을 분명히 느낄 수 있었다. 관광지의 외피를 걷어내고, 도로의 매연과 군중 사이를 지나면, 여전히 살아 있는 우붓인의 정신이 있었다. 그것은 향냄새 속에 깨어 있고, 거리의 제물들 속에서 말없이 속삭이고 있었다.

누군가는 그것을 미신이라 부를지 모르지만, 나는 그곳에서 믿음이 일상에 스며드는 방식을 보았다. 세계가 거대한 하나의 문화권으로 재편되어 가는 이때, 우붓은 여전히 큰 강물의 흐름에서 벗어난 '작은 소'(沼)처럼 고요히 남아 있었다. 그곳에 잠시 발을 담갔던 나는, 다시 속세의 거친 흐름으로 돌아가지만, 어쩌면 이전과는 조금 다른 걸음을 걸을지도 모른다.

비록 이번 체류 기간 동안 요가와 명상의 시간을 깊이 갖지는 못했지만, 나는 우붓 예술의 진수를 조금이나마 맛본 듯했다. 언젠가 다시 이곳을 찾아, 산속 마을에 머물며 요가와 명상의 시간을 충분히 누리고 싶다. 영화 속 로버트 줄리엣처럼 자전거를 타고 논길과 골목을 누비며, 이들의 삶 속으로 들어가 보고 싶다. 그렇게 우붓인이 힌두 신을 만나는 것처럼, 나 역시 크리스천으로서 하나님을 만나는 시간을 가져보고 싶다.

로빈 던바[11]가 『신을 찾는 뇌』에서 설명하듯, 인간은 깊은 몰입과 침묵 속에서 뇌의 리듬이 바뀌며 초월적인 체험에 이른다고 한다. 과학은 그것을 뇌파의 변화라 부르지만, 신앙인의 언어로는 마음 깊은 곳에 스며드는 하나님의 숨결이라 할 수 있을 것이다. 자연과 하나가 되는 순간, 존재의 무한을 어렴풋이 느끼는 그 경험 속에서, 나는 분명 하나님께서 가까이 계심을 깨닫게 되리라 믿는다.

신앙의 형식은 다르더라도, 인간이 자신을 비우고 초월자를 향해 나아가려는 갈망은 누구에게나 있다. 그리고 그 길 끝에서, 크리스천인 나에게는 하나님과의 만남이 열릴 것이다. 하나님은 특정한 성전이나 의례 속에만 머무르시는 분이 아니라, 언제 어디서든 마음을 여는 이에게 다가오시는 분이시기 때문이다. 우붓에서의 시간은 그분과의 만남을 다음으로 기약하게 하는 은은한 예고편처럼 내 마음에 남았다.

오후 4시경 발리 덴파사르에 있는 호텔에 도착했다. 외관은 제법 근사했고, 로비는 널찍했다. 하지만, 방이 아주 작았다. 퀸 사이즈 침대가 방 대부분을 차지했고, 그 옆엔 작은 책상 하나와 침대 헤드에 달린 스팟 조명등이 전부였다.

인도네시아는 대체로 실내조명이 어두워 책을 읽기가 쉽지 않다. 하지만 오늘은 머리맡의 조명 덕분에 밝아 좋았다. 니체의 글을 몇 줄 읽다가, 곧 잠이 들었다.

---

11   로빈 던바, 『신을 찾는 뇌』(2022 한국어 번역본). 저자는 종교적 경험을 단순히 교리적 신념이 아니라, 인간 뇌의 사회적·생물학적 구조와 연결된 현상으로 설명한다. 특히 명상, 기도, 노래와 춤 같은 집단적 실천 속에서 베타파 활동이 줄고 알파파와 세타파가 강화되며, 개인은 자신을 넘어선 무한한 존재와 합일감을 경험한다고 본다. 던바는 이러한 체험이 모든 문화와 종교에서 공통적으로 나타나는 보편적 현상임을 강조한다.

4장

플로레스,
오래된 생명의 흔적을 만나다

수만 년 전, 땅속에 묻힌 생명의 기억.
그리고 지금, 문명을 벗어나 자연에 순응하며 살아가는 사람들.
플로레스에서 나는 오래된 길 위에서,
아직 끝나지 않은 인간의 이야기를 마주했다.

원시 인류와의 만남을 상상하며

꽃의 섬 플로레스

플로레스(Flores)는 포르투갈어로 '꽃'을 뜻한다. 인도네시아에 흩어진 1만 7,000여 개의 섬들 가운데 열 번째로 큰 섬으로, 동서 길이가 450킬로미터에 달한다. 해안선의 굴곡에 따라 폭은 들쑥날쑥하지만, 평균 30킬로미터 정도이니 상당히 길쭉한 형태이다.

이번 여행의 목적지는 플로레스섬 서쪽에 위치한 '코모도 국립 해상공원'(Komodo National Park)과 주변 지역이다. 이곳에 속한 코모도섬에서 '코모도 드래건'으로도 불리는 야생 왕도마뱀, 코모도를 만나볼 예정이다.

코모도는 외모만 보면 공룡의 후예처럼 보이지만, 실제로는 공룡과 다른 계열에 속하는 파충류다. 홍적기 빙하기 이전인 400만 년 전부터 존재해 온 이 생명체는, 생존 기간만을 놓고 본다면 인류의 역사보다 훨씬 길다. 물론, 코모도를 약 6,600만 년 전까지 살다가 멸종한 공룡에 견줄 수는 없지만, 30만 년의 역사를 가진 호모 사피엔스에 견주면, 그 생존의 역사는 충분히 경이롭다. 어떤 생물체이기에 그 긴 세월을 살아남을 수 있었던 것일까?

그리고 이곳에는 또 하나의 고대 생물체의 흔적이 있다. 과학계에서 종종 '호빗 인간'[12](Hobbit)이라 불리는 원시 인류, '호모 플로레시엔시스'(Home Floresiensis)가 이 섬에서 살았다. 2003년 이들의 화석이 리앙 부아(Liang Bua) 동굴에서 발견되었고, 그 존재는 인류의 문명이 태동하기 까마득한 옛날에 이곳 어딘가를 거닐던 작은 인류의 모습으로 우리 앞에 되살아났다.

내가 그 동굴까지 갈 수 있을지는 알 수 없지만, 이 섬의 바다와 산에서 밤공기를 마시며 그들의 삶을 상상해 보는 것만으로도 충분히 의미 있는 여정이 될 것이다. 불을 피우고 도구를 만들며 생존했던 작은 거인들, 왜 그들은 호모 사피엔스와 다른 진화의 길을 걸었을까? 왜소한 체격은 어떤 환경에서 형성되었을까? 그리고 왜 50,000년 전 어느 날 홀연히 사라졌을까?

이곳에서 나의 상상은 400백 만 년을 살아온 코모도와 한때 같은 공간을 공유하며 생존했을 호빗 인간 사이를 오가며 시작될 것이다.

플로레스에는 지금 누가 살고 있을까?

플로레스섬에는 여전히 많은 원주민이 살고 있다고 한다. 그들은

---

12 호빗이라는 명칭은 1937년 J.R.R. 돌킨의 소설에서 창작된 것이고, 이후 과학자들이 2001년부터 제작된 영화 「반지의 제왕」 속 작은 종족인 '호빗족'에 빗대어 호모 플로레시엔시스를 호빗 인간이라고 비공식적으로 불리었다고 한다.

어떤 모습으로 살고 있을까?

인류 이동의 길목이었던 이 땅은, 이미 앞서 언급했듯 빙하기에 거대한 대륙의 일부로 연결되어 있었다. 아시아 본토와 이어진 고순다 대륙을 지나, 뉴기니와 오스트레일리아가 하나였던 사훌(Sahul) 대륙으로 이어지는 길을 따라 인류의 '1차 이동'이 이루어졌다.

그러나 오늘날 플로레스에 사는 원주민 대부분은 훨씬 뒤인 약 3~4,000년 전 남중국과 타이완에서 배를 타고 온 사람들의 후손일 것이다. 언어도, 문화도, 외모도 전혀 다른 이들이 이곳에 도착해, 이미 정착해 있던 선주민을 밀어내거나 흡수하여 자리를 잡았다. 이후 이들은 뉴기니를 지나 남태평양의 수많은 섬으로 퍼져 나갔다. 이는 인류의 '2차 이동'이다.

그렇다면, 플로레스에는 1차 이주민의 후손이 아직 남아 있을까? 어쩌면 그들은 10만 년 전 동아프리카 대지구대를 탈출한 인류의 원형에 더 가까운 모습을 간직하고 있을지 모른다. 작은 키, 짙은 피부, 둥글게 말린 곱슬머리와 커다란 눈, 바로 아프리카 피그미족을 연상시키는 모습이다.

나는 문득 필리핀의 아에타(Aeta)족이 생각났다. 2017년, 피나투보 화산을 트레킹하던 중 그들을 만났다. 화산재로 덮인 척박한 땅 위에서 아이들이 맨발로 뛰놀고 있었다. 검은 피부에 맑고 큰 눈을 반짝여 해맑게 웃던 모습들, 그 낙천적인 표정이 아직도 눈에 선하다.

아에타족은 수만 년 전 이 땅에 도착해, 수많은 자연재해와 침략을 견디며 살아남은 1차 이주민이다. 1991년, 피나투보 화산의 대분출로 루손섬 전역이 어둠에 잠겼을 때도 그들은 끝내 살아남았다. 거친 환경에 적응하며 작아진 체구, 그러나 그 안에 응축된 생존의 지혜와

투나투보화산 지역의 아에타 어린이들
아프리카 1차 이주민의 후손, 작지만 꿋꿋한 인류 생존의 증거이다.

탄력성, 무너질 듯하면서도 꺾이지 않는 생명력이 있었다. 어쩌면 인류의 원형은, 바로 이런 모습이었을 것이다.

하지만, 2019년, EBS 인류 탐사 프로그램을 통해 알게 된 필리핀 팔라완섬의 타우트 바투(Tau't Batu)족은 조금 달랐다. 아마도 2차 이주민 후손인 이들은 외모는 동남아시아 사람들과 비슷했지만, 삶의 방식은 놀라울 만큼 원시적이었다. 지금도 천연 동굴에 살고, 부싯돌을 비벼 불씨를 일으켰다. 틀림없이 철기 문명을 지닌 채 이곳에 도착했을 텐데, 수 세기 동안 외부와 단절된 채 살아오며 생활양식은 오히려 신석기 시대로 되돌아갔다.

그럼에도 타우트 바투족 역시, 아에타족 아이들과 마찬가지로 놀라울 만큼 낙천적이었다. 동굴의 남자들이 사냥에 나가 겨우 참새만 한 작은 새 다섯 마리를 잡아 돌아왔을 뿐인데 온 가족이 그것을 보고 환호했다. 작은 새들을 불에 구워 20명이 고르게 나누어 먹으며 환하게 웃었다. 그 웃음 속에는, 물질의 풍요로는 결코 닿을 수 없는 충만함이 있었다.

그 순간 나는 뉴욕현대미술관(MOMA)에서 본 앙리 마티스(Henri Matisse)의 「춤」(Dance)을 떠올렸다. 붉은 나체 인물 다섯이 손을 맞잡

앙리 마티스의 「춤」(Dance), 1910

고, 푸른 하늘과 초록의 대지 위에서 원을 그리며 돌고 있었다. 그 원 안에서 전해지는 원시적 에너지와 해방감은 말로 설명하기 어려운 강렬한 감정이었다. 문명 이전의 인간은 정말 저렇게 살았을지도 모른다는 생각이 스쳤다. 몸을 숨기지 않고, 감정을 억누르지 않으며, 공동체의 리듬에 따라 맨몸으로 춤을 추며 살아가던 시절, 그들에게도 절망이나 우울, 고독, 소외가 있었을까?

그렇다면, 도대체 인류 문명이 이루어 낸 것이 무엇인가?

편리함과 안전 뒤에 감춰진 고립과 불란, 복잡함과 현란함 속에서 우리는 웃음과 흥겨움, 그리고 디오니소스적 해방감을 잊어버린 것은 아닐까?

나는 이제 플로레스로 향한다. 그것에서 나는 어떤 원주민을 만나게 될까? 그들은 마티스의 그림처럼 손을 맞잡고 원을 그리며 춤추고 있을까, 아니면 문명의 언저리에서 아쉬움과 절망 속에서 고개를 떨구고 있을까?

라부안 바조에 도착하다

라부안 바조(Labuan Bajo)에 도착했다. 공항 이름은 코모도 국제공항(Komodo International Airport). 코모도의 유명세를 이용한 셈이다. 공항을 나오니 넓은 주차장이 있고 입구에 거대한 도마뱀 모양의 코모도 조형물이 방문객을 맞이하고 있었다.

라부안 바조는 플로레스섬 서쪽 끝에 위치한 작은 도시로, 여러 개의 작은 섬을 포함하는 코모도 국립공원에 가는 관문이다. 예약한 호텔까지는 1.5킬로미터. 걸을 만한 거리였다.

도시는 조용하고 규모가 작았다. 중심지와는 거리가 있는 듯 차량도 거의 오가지 않았다. 하지만, 길은 새로 포장한 듯이 차선이 선명하고, 보행자 도로도 반듯하게 정비되어 있었다. 공항 주변엔 3~4층짜리 빌딩이 몇 동 있었고, 조금 벗어나자 언덕 비탈에 무성한 나무들 사이로 집들이 듬성듬성 박혀 있었다.

우붓이 온갖 신들과 제단들로 가득한 '신의 도시'였다면, 이곳은 속세의 사람들이 소박하게 살아가는 곳이라는 생각이 들었다. 익숙하게 눈에 띄던 사원도, 제단이 전혀 보이지 않았다. 오히려 이상한 느낌이 들었다.

약간 비탈지고 굽이진 길을 30분 정도 걸어 도착한 호텔은 묘한 인상을 주었다. 도심에서 떨어진 외진 곳, 입구에 작은 관리동이 하나

라부안 바조의 전경

서 있었고, 그 위로 가파른 언덕 비탈을 따라 하얀 단층의 객실들이 줄지어 이어졌다. 언덕 경사에 맞추어 블록을 끼워 맞추듯, 앞 건물의 지붕이 뒷 건물의 바닥으로 이어지는 구조였다.

객실 앞에는 작은 베란다가 있었고, 그 위에 2인용 탁자와 의자가 나란히 놓여 있었다. 방 안으로 들어가기 전, 잠시 의자에 앉아 바깥을 바라보니 멀리 바다가 펼쳐지고 수많은 배들이 육지와 섬들 사이에 흩어져 떠 있었다. 전망만큼은 더할 나위 없이 만족스러웠다.

안으로 들어가 불을 켜니, 희미한 조명 아래 누런 침대보가 덮인 커다란 철제 침대가 방의 한가운데 우뚝 놓여 있었다. 침대 위에는 다소 낡아 보이는 타월 두 장이 둥그렇게 말아져 올려져 있었다. 한쪽에는 거친 마감의 목제 책상과 걸상, 캐비닛이 놓여 있었고, 벽에는 솜씨 없이 그린 풍경화 한 점이 걸려 있었다. 창밖의 풍경과는 사뭇 대조적이었다.

　화장실은 방의 한쪽을 직선으로 잘라낸 듯 길쭉한 구조, 시멘트로 마감한 벽면, 군데군데 얼룩이 밴 타일 바닥, 석회질이 많은 수돗물 탓인지 수도꼭지 주변에는 마른 소금꽃 같은 자국이 단단히 들러붙어 있었다.

호텔 방에서 떠오른 오래된 기억

　낡은 것은 때로 감흥을 주기도 하지만, 이곳에서는 묘하게 서글픈 기운이 먼저 스며들었다. 시간이 멈춘 듯 정지된 공간, 인기척 없는 복도와 어둑한 조명, 어디에서도 사람의 기척은 들리지 않았다. 이 적막한 공기와 오래된 가구의 낯섦, 외따로 떨어진 고립감은 문득 오래전의 한 장소를 떠올리게 했다. 그래, 나에게도 그런 황량하고 외딴곳에서의 시간이 있었다.

　2000년대 중반, 필리핀 남부 민다나오(Mindanao) 깊은 산속의 구리 제련소였다. 한때 세계 3대 제련소 중 하나로 꼽혔으나, 정권 몰락과 함께 멈춰 선 채 방치된 곳. 마닐라에서 IT 사업이 무너진 뒤, 나는 남은 자금과 지인의 투자금을 모아 그 제련소의 모든 설비와 동산을 인수했으며, 이를 해체해 중고 장비와 고철로 매각하려 했다.

　당시 나는 제련소 내 낡은 건물 한편에서 운전기사와 보디가드와 함께 단 세 명이 복도를 사이에 두고 지냈다. 그곳에는 건설 당시 산사태로 숨진 이들의 원혼이 유령이 되어 떠돈다는 이야기가 무성했다. 해가 지면 촛불을 켰고, 밤이 깊어 불을 끄면 사위는 고요에 잠겼다. 그때마다 창밖을 어슬렁거리는 발소리 같은 기척에 새벽까지 잠들지 못하는 날이 많았다.

처음에는 으스스한 공포였지만, 이내 깊고 질긴 고립감으로 바뀌었다. 해가 떠 인부들이 하나둘 도착해 작업을 시작하고, 주위가 소란스러워질 때에야 겨우 마음이 풀리곤 했다. 애초에 1년이면 마무리될 줄 알았던 해체 프로젝트는 숱한 우여곡절 끝에 세 배의 시간이 걸렸고, 무장 반군의 위협, 지방 권력자의 탐욕, 주민들의 도적질과 파손까지 겹치며 기대했던 "몇 배의 수익"은 물거품처럼 사라졌다. 결국 나는 간절히 바라던 "부자"의 꿈을 다시 접을 수밖에 없었다.

기억은 서서히 사그라들고, 다시 호텔 방의 적막한 공기가 피부에 와 닿았다. 희미하게 떨리는 조명, 인기척 없는 밤공기. 어쩌면 이곳도 그 시절 그곳만큼이나 외딴 곳일지 모른다. 그러나 다른 점이 있다면, 이 방에는 유령 대신 TV와 와이파이가 연결되어 있다는 사실에 마음을 다독이며, 예약한 하루만 묵기로 마음을 정했다.

나는 짐을 내려놓고, 카메라 가방을 둘러멘 채 밖으로 나섰다.

향료전쟁의 기억을 지운 네덜란드 젊은이들

시내가 멀지 않아 걸어가기로 했다. 어둑해지는 거리를 한참 걷다 보니, 왼쪽으론 바다 풍경이 시원하게 펼쳐지는 넓은 보도가 나타났다. 오른쪽 산비탈을 따라 늘어선 카페들에선 서양인이 맥주를 마시며 바다를 내려다보고 있었다. 나도 갈증이 느껴졌지만, 식사가 우선이었다. 계속 내려가다 보니 '타만 라우트'(Taman Laut)라는 간판이 눈에 들어왔다.

 길쭉한 건물의 중앙에 있는 입구를 들어서니, 실내 홀과 테라스엔 서양인 손님들로 테이블이 가득했다. '이곳에 왜 이렇게 서양인이 많지?' 하는 생각이 들었다. 하긴 이곳은 300년 넘게 네덜란드의 식민 지배를 받던 땅, 향료를 두고 네덜란드와 영국이 치열하게 다투던 무대였다. 어쩌면, 지금 이곳을 찾아온 이들도 그 후손일지 모른다.

 바다가 내려다보이는 테라스 맨 앞자리에 앉으려 했지만 6인석이라며 안쪽의 4인석으로 안내받았다. 다행히 앞에 손님이 없어 전망은 그대로였다. 사테이, 나시고렝, 생선튀김, 그리고 맥주와 사이다를 주문했다. 어둠이 내린 바다 위로 조명이 반짝이는 유람선들이 떠 있고, 나는 마침내 인도네시아 바다를 마주하고 있다는 실감이 났다.

 잠시 후 키가 매우 큰 젊은이 셋이 앞 테이블에 앉으며 시야를 가렸다. 어디서 왔는지 묻자 "홀란드, 네덜란드"라고 웃으며 대답했다. 그렇다면 향료전쟁 당사자의 후손이 아닌가. 『Nathaniel's Nutmeg』를 읽어봤냐고 물었지만, 모른다고 했다. 저자 코트호프를 말해도 반응이 없다. (실제로 코트호프는 네덜란드인이 아니라 영국인이었다. 내가 잘못 기억한 것이다. 다만, 책의 주된 내용은 영국과 네덜란드 간의 향료무역을 둘러싼 치열한 경쟁이었다.)

 그들은 VOC를 자랑스럽게 여기지 않는다고 했다. 약탈과 살육, 제국주의의 그림자를 의식하기 때문일까? 아시아 침략에 대한 반성 교육을 받아서일 수도 있다.

 네덜란드는 서유럽의 북쪽 끝 북해에 접한 곳이고 그곳에 살고 있는 이들은 대부분 금발에 체격이 크다. 청년들의 이름은 핌(Pim), 톰(Thom), 티인(Tijn). 나보다는 머리 하나, 둘은 더 커 보였다. 제일 작

네덜란드의 젊은이들
젊은이들의 순박한 웃음 속에,
침략과 향료전쟁의 그림자는 없었다.

은 핌에게 키를 묻자, 185센티미터라고 했다. 그리고, 다른 친구들은 195센티미터, 그리고 2미터. 정말 크긴 크다. 하지만 얼굴엔 젊은이 특유의 순진무구함이 가득했다.

이들은 대학을 함께 다닌 동창들로, 대학원 진학과 회사 입사를 앞두고 함께 여행을 하는 중이라고 했다. 여행 경비는 아르바이트와 부모의 지원으로 마련했다고 했다.

청년들이 플로레스에 도착한 경로도 특별했다. 발리에서 롬복을 거쳐 화산 지대를 트레킹한 후, 크루즈선을 타고 3박 4일을 항해해 도착했다. 사실 나도 고려했던 여정이지만, 시간이 너무 오래 걸려 포기했었다.

크루즈 여행이 어땠는지 묻자, 청년들은 고개를 좌우로 흔들며 고생담을 늘어놓았다. 그 배는 단순한 여객선이 아니다. 관광선으로 건조된 피니시선이다. 항해 중 여러 섬에 들러 트레킹을 하고 스노클링 포인트를 찾아 바다에도 들어갔다고 했다. 하지만, 선실에는 손가락만 한 바퀴벌레가 기어다니고, 물이 부족해 샤워조차 못 했다고 했다.

그런데 고개를 저으며 투덜대던 그들의 표정과는 달리, 보여준 사진 속엔 갑판에 누워 선탠을 즐기고. 바다에 뛰어들며 활짝 웃는 모습이 담겨 있었다. 뜨거운 열대의 바다를 항해하며 좁은 선실에 지내야 하는 3박 4일의 여정, 물론 고생스러웠겠지만, 시간이 흐르면 그 고생도 결국 추억이 될 것이다. 젊었을 때 고생은 지워지고, 결국, 아름다운 기억만 남기 마련이다.

청년들과 헤어져 어두운 밤길을 걸어 호텔로 돌아왔다. 그리고 곧바로 깊은 잠에 빠져들었다.

항구의 아침에 코란 낭송이 퍼지다

일어나니 새벽 5시, 동향 창문으로 벌써 밝은 햇빛이 스며든다. 커튼을 젖히니 사바나의 섬들이 둘러싼 바다 위에 수많은 크루즈선이 정갈한 모습으로 떠 있었다. 맑고 시원한 공기. 아침 햇빛이 오르기 전 골든 아워(Golden Hour)에 바닷가 사진을 찍기 위해 호텔을 나섰다. 이른 아침인데도 스쿠터가 지나갔다. 손짓으로 불러 타고 항구로 향했다.

부두를 걷다 보니, 17세기 원양 범선을 연상시키는 관광 피니시 목선들이 정박해 있었다. 바로 어제 만난 네덜란드 청년들이 타고 왔다는 배도 아마 이 중 하나일 것이다. 제법 규모가 큰 선박들도 보였다. 순다 켈라파에서 보았던 화물용 피니시선과 달리, 이곳 배들은 마치 손님을 맞기 위해 치장을 마친 듯 단정하고 세련돼 보였다.

그중 하나, '씨 사파리'(Sea Safari)란 이름이 선수 외관에 선명한 배가 눈에 띄었다. 선수와 후미에 세일 마스트가 높이 솟았고, 단단한 하드우드로 마감된 선체는 외관만으로도 고급스러움이 느껴졌다. 선원에게 승선해도 되는지 묻자, 그는 선뜻 손짓으로 허락했다.

코모도 해상공원의 크루즈선
코모도 해상공원을 운행하는
럭셔리 크루즈선.
편안한 선실과 고급 식사를 제공한다.

선미 쪽 주갑판에는 세련된 원목 가구로 꾸며진 널찍한 응접실이 자리 잡고 있었다. 통유리 너머로 바다 풍경이 펼쳐졌고, 실내에는 에어컨이 여럿 설치돼 있어 바깥의 무더위와는 다른, 쾌적하고 차분한 분위기였다. 이곳 바조 앞바다의 크루즈선들은 대부분 이렇게 단정하고 깔끔한 관광용 피니시선들이었다.

잠시 후, 근처에 있는 스타벅스에 들어가 커피를 마셨다. 원시 인류인 호빗족이 살았던 섬에서 스타벅스 커피를 마신다는 건 어울리지 않지만, 낯선 땅에서 잠깐이나마 익숙함을 음미할 기회는 그리 흔치 않을 것이다.

스타벅스를 나와 거리를 걷는데, 쿠란(Quran)을 낭송하는 소리가 스피커를 통해 온 거리에 울려 퍼졌다. 다른 곳에서는 이렇게 선명하게 들은 적이 없었는데, 이곳에선 거리의 소음을 압도하는 저음의 깊은 목소리가 또렷하게 들려왔다.

쿠란 낭송은 아랍어로 이루어진다. 이는 주민의 일상 언어가 아니다. 그렇다면, 그들은 그 뜻을 이해하고 있는 것일까?

주변의 사람에게 묻자, 자주 낭송되는 구절들이 있다고 했다. 우선

리듬을 익히고, 이슬람 앱이나 유튜브의 자막을 보며 꾸준히 듣다 보면 점차 의미를 이해하게 된다고 했다. 아랍어를 몰라도, 이들은 낭송의 리듬과 울림을 통해 그 뜻을 몸으로 받아들인다. 신앙이란, 언어를 넘어 마음으로 전해지는, 신과의 교감을 통한 진동일지도 모른다.

문득, 어린 시절 마을의 새벽을 깨우던 교회의 종소리와 찬송가가 떠올랐다. 그것은 하루의 시작이었고, 자연스러운 일상의 일부였다. 그러나 어느 날부터인가, 그 소리는 '소음'으로 간주되며 사라져 버렸다.

여기에서는 하루에도 몇 차례, 쿠란 낭송이 거리를 가득 채운다. 신상은 없어도 종교가 여전히 삶의 중심에 놓여 있음을 알 수 있었다. 뜻을 전혀 알 수 없었지만, 그 경건한 소리에 마음이 조용히 가라앉는 것을 느꼈다.

거리를 걸으며 플로레스에서의 일정을 떠올리던 중, 갑작스레 졸음이 밀려왔다. 생각해 보니 어젯밤 거의 잠을 이루지 못했다. 그랩 스쿠터를 타고 호텔에 돌아오니 11시, 베란다 테이블 위에 아침 식사가 놓여 있었다. 토스트와 커피. 아, 호텔비에 조식이 포함되어 있었지. 이미 부두 근처에서 간단히 식사를 했지만, 준비해 둔 성의를 생각해 베란다 의자에 앉았다. 바다를 바라보며 토스트 반쪽과 식은 커피를 천천히 마셨다.

그리고 짐을 챙겨 어젯밤 예약해 둔 호텔로 걸어 이동했다. 이번 호텔은 제법 괜찮았고, 체크인 카운터엔 유니폼을 입은 직원도 있었다. 이 정도면 더 이상 유령의 기억을 떠올리지는 않을 듯했다. 건물은 급경사 경사를 따라 올린 5층 구조였고, 엘리베이터는 없었다. 모든 층을 계단으로 올라가야 했다. 내 방은 4층. 숨이 조금 차오르고, 다리에 묵직한 감각이 느껴질 즈음 도착했다.

널찍한 방 안엔 뽀얗고 두툼한 리넨과 대형 타월, 손 타월, 발 매트가 단정하게 접혀 있었다. 반짝이는 샤워 꼭지를 틀자 곧장 뜨거운 물이 쏟아졌다. 느긋하게 샤워를 마친 뒤 침대에 눕자마자 깊은 잠에 빠져들었다. 어젯밤 잠을 설친 데다 아침 일찍부터 계속 돌아다녔으니, 피곤할 만도 했다.

잠에서 깨어나니 오후 3시. 다시 그랩 스쿠터를 불러 부두 쪽으로 향했다. 부두의 왼쪽엔 롬복을 거쳐 발리로 향하는 여객선 터미널이 자리하고 있었다. 저녁 무렵 여객선이 도착하여 승객을 태우고 출항한다고 했지만, 아직 배가 들어오지 않아서인지 터미널 유리문은 굳게 닫혀 있었다.

나는 부두 주변을 어슬렁거리며 사진을 찍다가, 한 무리의 관광객을 안내하고 있는 젊은 여성을 만났다. 이름은 에이프릴. 예상했던 대로 트레블 에이전트였다.

원주민 마을 방문에 대해 묻자, 와에레보(Wae Rebo)마을을 추천했다. 아침 일찍 출발해 마을에서 하룻밤을 보내고 돌아오는 코스로, 비용은 170만 루피아(약 14만 원). 다만 리앙 부아 동굴 투어는 그녀의 여행사에서는 취급하지 않는다고 했다.

하기야 5만 년 전에 사라진 원시 인류에 관심을 갖는 관광객이 몇 명이나 되겠는가. 그러나 나에게는 리앙 부아 방문이 우선이었다. 여행사들이 모여 있는 거리에 나가 수소문한 끝에, 동굴까지 안내할 수 있다는 에이전트를 만났다. 문제는 함께할 동행이 없다는 것. 결국 혼자 가기로 하고, 1일 코스로 150만 루피아에 합의했다.

내일 아침, 출발이다.

리앙 부아 동굴: 작은 인간의 흔적을 만나다

리앙 부아 가는 길의 풍경

다음 날 아침 7시 반, 호텔 앞에 가이드가 운전하는 작은 승합차가 도착했다. 운전석에는 눈빛이 맑고 말수가 적을 듯한 청년이 앉아 있었다. 이름은 '아마드'. 서른쯤의 건장한 체격에 말투는 조용하고 미소는 선량했다. 그는 오늘의 일정에 관해 설명하며, 오후 1시쯤 동굴에 도착할 거라고 했다.

차가 출발하자 바조의 해안선을 따라 부드럽게 아스팔트 도로가 이어졌다. 하지만, 그것도 잠시, 도로는 곧 굽이진 산길로 접어들었고, 창밖의 풍경도 바다에서 숲으로 바뀌어 갔다. 길은 먼지가 풀풀 날리는 잿빛 자갈길, 움푹 팬 포장도로, 경사가 급한 오르막과 구불구불한 내리막이 번갈아 이어졌다.

차창 밖으로는 플로레스섬 특유의 풍경이 이어졌다. 완만한 구릉과 넓게 펼쳐진 논밭, 파파야와 바나나 나무, 야자수가 줄지어 서 있는 마을들. 길가에는 닭과 염소, 물소가 한가로이 풀을 뜯고 있었고, 학교 앞에서는 맨발의 아이들이 활짝 웃으며 손을 흔들었다. 빨래가 걸린 대나무 울타리와 마당을 어슬렁거리는 염소들 사이로 뜻밖의 풍경이 눈에 들어왔다. 십자가가 세워진 첨탑, 성모 마리아상이 놓인 돌 제단, 그리고 성당 앞마당을 뛰노는 아이들.

"이곳은 가톨릭 신자가 다수예요." 아마드가 설명했다. 그는 간단히 이 지역의 역사를 들려주었다. 16세기 포르투갈 상인들이 향료무역을 위해 이곳에 도착했고, 그들과 함께 온 선교사들이 가톨릭을 전파했다는 것이었다. 이후 이 지역을 지배한 네덜란드는 종교에 관대한 식민정책을 펴면서 포르투갈 선교의 흔적은 고스란히 남게 되었다.

"지금도 마을마다 작은 성당이 있어요. 성금요일이면 십자가를 메고 언덕을 오르는 행렬도 있고요."

가톨릭은 이 섬의 풍경을 이루는 한 부분이 되어 있었다. 그것은 오래전 이루어진 선교의 산물이면서도, 세월이 흐르며 자연스럽게 토착화된 생활의 일부가 된 듯했다. 산속 작은 마을의 하늘 아래에 우뚝 솟은 성당의 십자가는 이곳이 무슬림이 다수인 인도네시아라는 사실을 잊게 할 정도로 자연스럽게 자리 잡고 있었다.

오전 10시 무렵, 차는 시골 마을의 허름한 식당 앞에 멈췄다. 도로변 가옥을 개조한 듯한 이 식당에서 나와 아마드는 나시고렝을 주문했다. 노란빛의 볶음밥 위에 반숙 프라이가 얹혀 있었고, 약간의 칠리소스가 곁들여졌다. 나시고렝은 무슬림과 가톨릭 교인, 그리고 자바와 플로레스도 등 종교와 지역을 초월해 인도네시아인을 이어주는 공통 언어 같았다.

다시 길을 나선 후, 한참 만에 아마드는 차를 멈추더니, 손을 뻗어 아래쪽 들판을 가리켰다. 그는 거미줄처럼 방사형으로 퍼진 '링코'(Lingko)라 불리는 전통 농경지를 설명해 주었다. 이곳 사람들은 조상의 땅을 방사형으로 나눠 갖는다고 했다. 그래서 들판의 구획은 마치 대지 위에 새겨진 조상 숭배의 문양 같았다.

길은 여전히 험했다. 차는 때로 안개 낀 계곡을 돌아 돌산을 넘었고, 때로 붉은 흙이 드러난 산등성이를 조심스럽게 기어올랐다.

침묵 속의 호빗 인간을 만나다

정오를 막 넘긴 시각, 마침내 숲속 깊은 곳에 'Liang Bua'라 적힌 표지판이 모습을 드러냈다. 동굴 입구는 커다란 석회암 절벽 아래, 그늘 깊숙한 곳에 웅크리고 있었다. 겉모습은 그저 한적한 시골의 석회암 동굴이었지만, 바로 이곳에서 수만 년 전의 인류, 호모 플로레시엔시스가 살았다고 생각하니 눈앞의 풍경이 갑자기 신비스러워졌다.

입구는 생각보다 훨씬 컸고, 안쪽으로 깊게 파고들어 있었다. 위로는 아치형 천장이 25미터 가까이 솟아 있었고, 벽면에는 지질과 시간이 함께 빚어낸 풍경이 펼쳐져 있었다. 천장에 매달린 종유석의 끝에서 뚝뚝 떨어지는 물방울 소리가 고요한 동굴 안에 맥박처럼 울려 퍼졌다.

바닥은 울퉁불퉁했고, 축축한 진흙과 석회석 자갈이 뒤섞여 있었다. 중심부에는 발굴 작업의 흔적이 남아 있었고, 보호용 울타리 너머로는 층층이 갈라진 퇴적층이 드러나 있었다. 서로 다른 색으로 겹겹이 쌓인 지층은 오랜 시간이 포개진 흔적처럼 보였다. 이곳에 조용히 땅속에 보관되어 있었던 5만 년 전의 시간이 조용히 열리고 있는 듯했다.

리앙 부앙 동굴 입구
리앙 부앙 동굴, 5만 년 전 호모 플로레시엔시스의 숨결이 깃든 공간이다.

2003년, 작은 인간종의 화석이 발견되었다. 거의 완전한 한 구의 해골과 최소 13명의 다른 개체의 화석이었다. 이 외에도 다양한 석기 도구가 발견되었는데, 이들은 주로 화산암과 부싯돌로 만들어졌으며, 양면이 가공된 단순한 형태부터, 창끝, 절단기, 천공기, 작은 칼 등 다양한 형태가 포함되었다.

또, 주위에는 이들이 사냥한 것으로 추정되는 동물의 뼈도 발견되었다. 여기에는 코모도왕도마뱀, 지금은 멸종된 대형 황새와 스테고돈(Stegodon: 난쟁이 코끼리류) 등이 포함되었다. 동굴 내부에는 화덕의 흔적이 있어, 이들이 불을 다루며 살아갔음을 보여주었다.

이들은 누구인가? 키는 1미터 남짓, 뇌 용량은 겨우 400cc, 현대 인간의 약 3분의 1 수준이다. 하지만 체중 대비 뇌 용적을 나타내는 '대뇌화 지수'[13]는 4.3으로, 네안데르탈인의 4.75와 크게 다르지 않았다. 작고 왜소한 체구 속에 현생 인류에 가까운 사고 능력과 지능을 지니고 있었을 가능성이 높았다.

그들은 어떻게 살았을까? 수렵과 채집을 통해 생존을 유지했을 것이다. 사냥은 단순한 체력 싸움이 아니라 예측과 협동, 상상력이 요구되는 고도의 활동이다. 사냥감과 경쟁 포식자의 움직임을 머릿속에 그려보는 능력, 눈앞에 없는 것을 미리 상상하는 힘은 이미 그들에게도 있었다. 동굴에서 발견된 석기와 화덕의 흔적은, 그들이 공동체를 이루어 살며 불을 사용하고 고기를 익혀 먹었음을 말해준다.

아마도 이들은 15~30명 정도의 소규모 공동체로 살아가며, 남자들은 연합하여 코모도같이 자신들보다 훨씬 크고 빠른 짐승을 사냥하고, 여자들은 아이들을 돌보며 동굴 주변에서 먹을 수 있는 식물들을 채집했을 것이다. 그리고 밤이 되면 화덕에 불을 피우고, 어눌한 말과 손짓으로 사랑을 표현하고 서로를 다독거렸을지도 모른다. 그들과 우리 사이에는 아득한 수만 년의 시간이 놓여 있지만, 우리가 느끼는 두려움과 기쁨, 사랑과 상상은 이미 그들의 마음속에도 숨 쉬고 있었을 것이다. 우리는 같은 호모 속의 인간이기 때문이다.

어디선가 물방울 떨어지는 소리가 들렸다. 고개를 들어 천장을 바라보았다. 지금은 어둡고 빛이 닿지 않지만, 아득한 옛날, 이곳을 통해 별빛이 스며들었을 것이다. 그 별을 올려다보며, 그들은 무엇을 느꼈을까?

오늘날 우리도 여전히 하늘을 올려다보며 설명할 수 없는 아득함

---

13 대뇌화지수: 동물의 뇌 크기를 체중에 대한 기대치와 비교한 값으로, 종 간 상대적 지능 수준을 추정하는 데 사용된다. 이 지수가 1보다 크면 평균보다 큰 뇌를 가졌음을 의미하며, 인간은 약 7.4~7.8로 가장 높은 값을 보인다.

을 느낀다. 아무리 천문학자가 우주의 원리와 팽창을 설명한다 해도, 그 경외감은 사라지지 않는다. 하물며, 작은 두뇌와 원시적 체형을 지녔던 이들에게는, 그 감정은 얼마나 깊고 짙었을까. 그들은 알 수 없는 존재를 향해 희생물을 바치며, 구원을 간구했을지도 모른다.

동굴 밖으로 나왔을 때, 숲 위로 햇살이 조용히 흘러내리고 있었다. 리앙 부아는 단순히 과거의 단편을 보여주는 고고학적 유적지가 아니었다. 이곳은 인간 정신이 어디서 시작되었는지를, 그리고 그 시작이 얼마나 위태롭고도 경이로웠는지를 생각하게 하는 장소였다. 하늘을 올려다보던 그들의 침묵 속에, 어쩌면 인간 정신의 원형이 조용히 숨 쉬고 있었을 것이다.

그렇게 무리를 이루고 살던 호모 플로레시엔시스가 약 5만 년 전에 홀연히 자취를 감추었다. 무슨 일이 있었던 것일까? 한 종의 인류가 사라지는 이유는 대개 두 가지 중 하나다. 환경이 급격히 변했거나, 더 강력한 약탈자가 나타났기 때문이다.

첫 번째 가능성은 갑작스러운 자연의 대재앙이다. 약 7만 1,000년 전, 수마트라섬 토바 화산이 초대형 분출을 일으켰다. 검은 재가 하늘을 삼키고, 햇빛은 수개월 동안 땅에 닿지 못했다. 대지는 허리까지 재로 덮였고, 바다는 끓어오르며, 하늘은 불길과 연기로 가득했다.

숨이 막히는 어둠 속에서도, 이들의 생존 본능은 끝까지 깨어 있었을 것이다. 그러나 어둠이 걷힌 뒤에 숲은 죽었고, 짐승들은 사라졌다. 바다로 격리된 작은 섬에 갇힌 이들은 이동할 수가 없었다. 왕도마뱀 코모도들은 살아남은 동물을 사냥하기 위해 떼 지어 다녔고, 그 속에서, 살아남기 위해 온갖 지혜를 동원하며 버티었던 작은 인간들은 서서히 자취를 감추었다.

두 번째 가능성은, 새로운 인간 종의 도래였다. 아프리카를 떠난 호모 사피엔스가 약 5만 년 전, 고순다 대륙을 지나 섬들을 건너 플로레스에 도달했을 것이다. 강인한 체구와 높은 지능을 지닌 그들은 이 섬에서도 빠르게 자리 잡았을 것이다. 작은 몸과 제한된 생존방식을 가진 호모 플로레시엔시스는, 더 강력한 존재 앞에서 천천히 물러나듯 사라져 갔을지 모른다.

우리는 그들이 왜 사라졌는지 정확히는 알지 못한다. 남은 것은 몇 개의 뼛조각, 석기 파편, 불을 사용한 흔적, 그리고 이 조용한 동굴뿐이다.

가이드가 손전등으로 화석이 발굴된 지층을 비췄을 때, 나는 문득 수만 년 전 이곳을 걸었던 그들이, 지금도 내 곁을 스쳐 지나며 조용히 미소를 짓는 듯한 착각에 빠졌다.

동굴 한쪽에는 호모 플로레시엔시스 남녀의 복원도가 세워져 있었다. 붉은 피부를 지닌 여성이 정면을 응시하고 있었고, 노란빛 피부의 남성은 고개를 들어 하늘을 바라보고 있었다. 매끈한 몸, 무릎까지 내

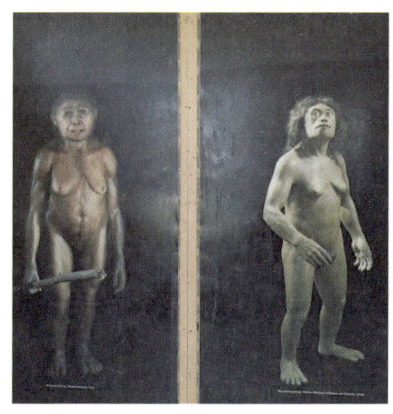

호모 플로레시안시스의 복원도
5만 년 전 호모 플로레시안시스의 체형과 시선을 복원한 남녀 상.

려오는 긴 팔, 털 없는 피부. 그러나 그 표정은 묘하게 생생해서, 언제든 미소로 번질 듯한 여운을 남기고 있었다. 아마도 이런 모습이, 직립 보행에 완전히 적응하기 전의, 우리의 오래된 체형이었을 것이다.

동굴 밖으로 나왔을 때, 숲 위로 햇살이 조용히 흘러내리고 있었다. 리앙 부아는 나에게 단순히 과거의 단편을 보여주는 장소가 아니었다. 이곳은 '인간 의식'이 어디서 비롯되었는지를, 그리고 그 시작이 얼마나 경이로웠는지를 생각하게 하는 공간이었다.

기원전 1세기, 로마 철학자이자 시인인 루크레티우스(Titus Lucretius Carus)는 『사물의 본성에 관해서』[14]에서 우리를 구성하는 원자가 한때는 우리 앞을 살았던 사람의 일부였고, 우리가 죽은 뒤엔 다시 다른 생명의 일부가 될 것이라는 아름답고, 과학적인 상상을 기록해 놓았다. 비록 우리는 그 조상의 기억을 갖고 있지 않지만, 그 개념은 우리와 나머지 인류 사이를, 그리고 과거와 미래를 조용히, 그러나 깊이 있게 연결해 준다.

동굴 안, 하늘을 올려다보던 호모 플로레시엔시스 남성의 눈빛 속에서 스친 미소는, 사라진 존재가 아니라 인간 존재의 연속성을 조용히 환기하는 메아리였는지도 모른다.

---

14 이 책은 한국에서 여러 차례 번역, 출판되었다. 그중 가장 널리 알려진 번역본은 『사물의 본성에 관하여』(천병희 옮김, 도서출판 숲, 2014)이다. 단, 필자는 원 번역본을 직접 인용한 것이 아니라 엘런 라이트만의 『초월하는 뇌』(The Transcendental Brain, 김성훈 옮김, 다산 출판, 2024)에 소개된 내용을 인용하였다.

호빗을 상상하다

이들과 헤어져 돌아오는 차 안에서 나는 호모 플로레시엔시스의 삶을 상상했다. 『호모 사피엔스』의 저자인 유발 하라리는 인류의 인지 혁명을 지금으로부터 약 7만 년 전에서 3만 년 전 사이로 일어났다고 보았다. 그 결과 인류는 언어와 상상력, 상징적 사고를 갖게 되었다.

호모 플로레시엔시스는 약 10만 년 전부터 5~6만 년 전까지 살았던 것으로 추정된다. 따라서 이들은 인지 혁명의 언저리에 생존하며, 도구를 만들고 불을 피우며, 10명 내지 15명 남짓의 작은 공동체를 이루어 살았을 것이다. 이들은 협력해 동물을 사냥하고, 비언어적 수단으로 사랑을 표현하며, 서로 보살피고, 때로는 다투기도 했을 것이다.

밤이면 가늠할 수 없는 아득한 하늘을 올려다보며, 그들은 상상 속에서 신을 만나고, 이를 경외했을까? 그렇지 않았다면, 이 광대한 우주 속에서 왜소한 몸에 스며드는 불안을 어떻게 다독이며 살 수 있었겠는가?

오후 8시경, 우리는 라부안 바조에 도착했고 하루를 함께한 아마드와 작별했다. 부둣가에는 발리행 여객선을 기다리는 사람들로 북적였다. 이들의 소란스러운 움직임 속에서 나는 다시 현재로 돌아와 있었다. 그러나 내 안에는 여전히 그 석회암 동굴의 축축한 기운이 남아 있었다.

문득, 플로레시엔시스인의 뼈에서 흩어진 한 입자가 지금 내 몸 어딘가에 들어와 있을지도 모른다는 생각이 스쳤다. 우리는 마음과 상상으로만이 아니라, 어쩌면 흩어진 물질의 입자와 보이지 않는 마음의 끈으로도 서로 연결되어 있을지도 모른다.

　나는 꿈속에서 호모 플로레시엔시스가 되었다.

　　　　나는 오솔길을 오가며 먹이를 찾아 헤매던 작은 인간이다.
　　　　그러다 어느 날, 커다란 동굴을 발견했다.
　　　　입구는 활짝 열려 있어 코모도의 침입에는 취약했지만,
　　　　억수같이 퍼붓는 비를 피하고 바람을 막는 데에는 충분했다.
　　　　당분간 무리의 거처로 손색이 없었다.

　　　　어느 때부터인가 날씨가 변덕스럽다.
　　　　비가 그치지 않아 땅이 질척이던 시절이 지나자,
　　　　이번에는 햇살이 너무 길어 나뭇잎이 마르고, 물고기가 사라졌다.
　　　　아이들은 자주 굶었다. 나는 여전히 작은 동물을 쫓고,
　　　　조개껍데기를 따고,
　　　　열매를 찾아 나무에 오르지만, 얻는 것은 점점 줄어들었다.

　　　　그럼에도 우리는 둘러앉아 몸짓과 눈빛으로
　　　　위로를 주고받았다.
　　　　오래전부터 그렇게 살아왔다.
　　　　소리의 높낮이와 손짓으로 감정을 전했고,
　　　　아이 울음이 들리면 팔이 저절로 뻗어 감쌌고,
　　　　사냥이 성공하면 무리 전체가 눈빛 하나로 들썩였다.

　　　　밤이면 불을 피우고,

잔불을 바라보며 침묵 속에서 서로의 존재를 확인했다.
어떤 밤은 특별했다. 바람이 멎고, 하늘이 열리는 밤.
우리는 불기에 둘러앉아 조용히 서로에게 기대었다.
불꽃이 톡톡 터질 뿐, 누구도 입을 열지 않았다.

그날 밤, 구름 한 점 없는 하늘 위로 수 많은 별이 떠올랐다.
누군가 고개를 들었고 우리는 차례로 같은 하늘을 바라보았다.
별 하나가 떨어졌다. 작은 손이 하늘을 가리켰다.
말이 없던 세계에서, 그것은 하나의 신호였다.
그 순간, 설명할 수 없는 감정이 우리 안에 흘렀다―
놀람이었을까, 두려움이었을까, 아니면 경외.
우리는 말하지 않았지만, 침묵 속에서 무언가를 함께 느꼈다.
저 하늘 너머 어딘가에서,
누군가가 우리를 내려다보고 있는 듯했다.

아이들은 태어나도 대부분 오래 살아남지 못했다.
우리는 죽은 이를 흙에 묻고,
그 곁에 도구나 짐승의 뼈를 놓았다.
오래된 습관이다.
사라진 자들은 어딘가 다른 곳에서
다시 살아가고 있을지도 모른다.
그러니 우리는 그들을 기억해야 한다.

잠이 스며들고 있다. 내일에 대한 걱정은 없다.

해가 다시 뜨면, 우리는 또 하루를 살아낼 것이다.
수만 년 뒤, 내 뼈는 조용한 동굴 속에 겹겹이 덮인 지층 아래 잠들어 있었고, 먼 시대의 사람들이 이곳을 찾았다.
그들은 흙을 조심스럽게 파내어, 나의 작은 이마뼈와 이빨, 손에 쥐고 있었던 조약돌 하나까지 발견했다.

동굴 안에는 나를 닮은 복원도가 세워졌다.

어느 날 한 사람이 동굴을 찾아와 내 복원도 앞에 멈춰 섰다.
그는 말없이 나를 바라보았고, 나 또한 그를 바라보았다.
말은 없었지만, 그의 마음 어딘가에서,
한때 내 몸을 구성하였던 입자가 반응하고 있음을 느꼈다.

나는 그에게 작고 조용한 미소를 건넸다.
그는 고개를 갸우뚱하더니 이내 하늘을 바라보았다.
그것이면 충분했다. 나는 이 별 위에, 다시 잠들었다.

아침이 밝아올 무렵, 나는 땀에 젖은 채 잠에서 깼다. 이마에 닿는 바람이 이상하리만큼 익숙했다. 분명 라부안 바조의 호텔 침대 위였지만, 내 안 어딘가에는 여전히 작은 몸을 지녔던 인간의 기억이 남아 있는 듯했다.

플로레스는 고립된 섬이었다. 다른 대륙과 단절된 채, 사람과 짐승 모두 점차 왜소화의 길을 걸어야 했다. 큰 것은 살아남기 어려운 곳. 그런 환경에서 호모 플로레시엔시스인은 작고 조용한 존재로 변화하여, 무려 5만 년을 견뎌냈다.

우리가 '역사'라 부르는 시간은 고작 1만 년 남짓이다. 문자가 생기기 전, 제국과 신의 이름이 만들어지기 전, 그들은 극심한 기후의 굴곡 속에서 살아남았다. 그 시간이 우리 인류 연대기의 여러 배에 달한다는 사실은, 우리의 현재가 얼마나 얇은 표면 위에 놓여 있는지 일깨운다.

그들은 사라졌지만, 그들의 침묵은 화석이 되어 땅속에 켜켜이 쌓였고, 그들의 이야기는 여전히 동굴 벽과 인류의 기억 속에 남아 있다. 어쩌면 우리가 '인간성'이라 부르는 오래된 원형은, 말을 능가하는 눈빛과 몸짓으로 사랑을 주고받고, 경험 이전의 본능과 감각에 기대어 서로를 보살피던 존재였는지도 모른다.

그 흔적은 DNA에 새겨져 영겁을 건너 이 순간 나에게 닿아 있다. 내 생각과 기억은 다음 세대에게 전해질 것이며, 내 몸을 이루는 물질의 입자들 또한 흩어져 또 다른 생명이나 사물 속으로 스며들 것이다. 어쩌면 그 입자들은 언젠가 먼 우주 어딘가에서 희미한 빛으로 반짝이는 지구를 바라보다가, 코모도 해상공원의 크루즈선의 갑판 위에 서 있는 누군가의 시선과 다시 만날지도 모른다.

만약 존재가 흩어지고 다시 이어지는 끊임없는 연결이라면, 그 모든 것을 관통하는 하나의 숨결이 있지 않을까. 혹시, 이 길들을 어딘가에서 인도하는 창조적 질서가 있지 않을까. 나는 그렇게 조심스럽게 스스로에게 묻는다.

동굴 속에서 호빗의 흔적을 찾다

오늘은 아침 식사를 마친 후, 호텔에서 가까운 '바투처민 동굴'(Batu Cermin Cave), 즉 미러 동굴(Mirror Cave)에 가보기로 했다.

인도네시아는 화산 활동이 많아 천연 석회 동굴이 많다. 2017년, 호주의 고고학자들이 인도네시아 술라웨시의 한 동굴에서 약 4만 4,000년 전의 벽화를 발견했다. 벽화에는 반인반수의 사냥꾼 여덟 명이 사냥하는 장면이 묘사되어 있었고, 이는 프랑스 라스코 동굴 벽화보다 약 2만 5,000년 앞선다. 그리고 스토리를 담은 구성화로는 현재까지 발견된 벽화 중 가장 오래된 것으로 평가된다. 아마도 이 땅에 도착한 초기 호모 사피엔스가 그렸을 것으로 추정된다.

하지만 고고학적 발견이 꼭 전문가의 손에서만 이뤄지는 것은 아니다. 라스코 벽화는 1940년, 마을 소년들의 우연한 발견이었고, 성경의 사해 문서 또한 염소를 찾던 베두인 목동에 의해 세상에 나왔다. 지금 이곳 플로레스의 어느 동굴 끝, 작은 틈을 파고 들어가면, 아직 밝혀지지 않은 인류의 흔적이 잠들어 있을지도 모른다. 혹시, 나에게 잠들어 있는 인류의 흔적을 흔들어 깨우는 행운이 찾아오지 않을까?

그랩 스쿠터를 타고 30여 분 만에 바투 처민 동굴에 도착했다. 동굴 입구에는 전통 양식으로 지어진 매표소가 있는 건물과 편의점이 있고, 입장료는 5만 루피아(약 4,000원), 가이드 비용도 5만 루피아다. 가이드 없이 혼자 동굴을 탐방해 보기로 했다. 오늘 관광객은 나뿐이다.

매표소를 지나 대나무 숲 사이 길을 따라 걷고, 나무 계단을 올라 동굴 입구에 이르렀다. 갈라진 화산암 절벽은 30여 미터 높이로 우뚝 솟아 있었고, 절벽 위 열린 암벽 사이로 파란 하늘과 뭉게구름이 보였다. 안쪽으로 더 들어가자, 회색 석회암으로 이루어진 동굴이 펼쳐졌나. 햇빛을 받으면 밝은 회색으로, 그늘에선 짙은 회색으로 보이는 무채색의 암벽은 흑백의 기하학적 리듬을 이루며 묘한 긴장감을 자아냈다. 바위틈 사이로 스며드는 햇빛마저 으스스한 분위기를 더했다.

동굴의 안쪽에 있는 길쭉한 탁자 위에 흰색 헬멧이 무더기로 놓여 있었고, 그 뒤에는 한 명이 겨우 몸을 구겨 넣을 수 있는 좁은 동굴의 입구가 있었다. 안내문 하나 없었지만, 이 헬멧을 쓰고 그 안으로 들어가라는 뜻이리라.

지금까지는 막연한 스산함 정도였지만, 안이 보이지 않는 좁고 어두운 동굴을 혼자 기어서 들어간다는 것은 꽤 망설여지는 일이었다. 그 안쪽엔 무엇이 기다리고 있을까? 단순한 동굴일까, 아직 발견되지 않은 어떤 존재의 흔적이라도 있는 것일까?

문득, 얼마 전 읽은 쇼베 동굴을 발견하는 순간에 대한 기록이 생각났다.

> 낙석 안쪽에서 불어오는 바람을 감지한 동굴학자 세 명은 자기들 중 가장 마른 사람이 기어서 지나갈 수 있는 너비로 통로를 팠다. 때는 1996년, 장마르 쇼베를 포함하는 탐험대는 석회암 지대에서 동굴과 회랑이 벌집무늬를 이루는 프랑스 남부 아르데슈를 탐험하고 있었다. 쇼베 동굴을 발견하는 순간이다.
>
> 이곳은 빙하시대 예술 작품을 세계에서 가장 많이 소장하고 있는 곳이자, 가장 뛰어난 예술가들이 살았던 곳 중 하나이다. 거의 흠집 하나 없이 보존된 작품들이 그 안에 있었다. 우르르 몰려가는

야생마들, 다리 여러 개를 흐릿하게 그려서 돌진하는 속도를 표현한 들소 등이 그려져 있다. 이들이 사용한 기법은 20세기 초 미래파의 출현을 예고하고 있었다.

- 옥스퍼드 세계사에서 인용함.

이 동굴 속에 호모 플로레시엔시스가 남긴 낙서라도 있을까? 그렇다면, 그들이 남긴 이미지로 우리는 그들이 보았던 방식대로 그들의 세계를 상상할 수 있지 않을까. 하지만, 알 수 없는 곳으로 인도할 좁고 어두운 통로 앞에서 나는 긴장감과 동시에 호기심을 느끼면 한참을 망설였다.

그때였다. 가이드와 함께 온 인도네시아 여성 네 명의 재잘거림이 동굴을 채웠다. 나를 보자마자 "안녕하세요!" 하고 활짝 웃으며 인사했다. 우리는 함께 동굴 속으로 들어갔다. 초입은 몸을 굽혀 서서 걸을 수 있었지만, 점점 통로가 좁아졌고, 마침내는 몸을 낮춰 기듯이 지나가야 했다. 그러다 갑자기 시야가 확 트이며, 지름 5미터쯤 되는 천장이 높은 공간이 나타났다.

화산 활동으로 자연스레 생긴 이 동굴 안은 놀랍게도 쾌적했다. 공기 흐름이 있어 퀴퀴하거나 눅눅한 느낌이 없었다. 호모 플로레시엔시스가 이곳을 발견했다면, 사냥터의 은신처나 계절 거처 삼기에도 손색이 없었을 것이다.

나는 천천히 바닥으로 시선을 내렸다. 이 깊은 퇴적층 아래, 아무도 들춰보지 않은 흙 속 어딘가에, 이곳을 오가던 원시 인류의 작은 이빨 하나, 부서진 석기 하나쯤은 묻혀 있는 건 아닐까? 수만 년 전 홀연히 사라진 작은 인류의 자취가, 아직 어둠 속에서 나를 기다리고 있을지도 모른다.

　벽면을 찬찬히 훑으며, 혹시 더 깊은 곳으로 이어진 틈은 없을까 살펴보았지만, 아쉽게도 아무 흔적도 보이지 않았다. 역사적 우연의 기회를 놓친 듯한 아쉬움이 스쳤다.

　리앙 부아 동굴에서도 그랬다. 발굴 전까지는 누구도 그 작은 인류의 존재를 몰랐다. 지금 우리가 지금 알지 못한다고 해서, 존재하지 않는 것은 아니다.

　뒤따라 들어온 가이드가 손전등을 들며 말했다. "이곳이 바로 '미러 스톤'입니다. 특정 각도에서 빛을 비추면 반사 현상이 나타나요." 그가 커다란 손전등을 돌리자, 석회암 벽면이 마치 거울처럼 빛을 반사했다. 그 빛은 동굴 천장과 벽면을 따라 퍼지며, 마치 별빛이 반짝이는 듯한 환상을 만들어 냈다. 마치 자연이 수만 년에 걸쳐 조각한 예술 작품 같았다. 본래는 천장의 틈새로 들어온 햇살이 반사되어, 벽면에 부드러운 무늬를 그려낸다고 한다.

　이곳에 호모 플로레시엔시스가 살았다면, 그들도 이 빛이 만들어 대는 광경을 보았을 것이다. 어쩌면 놀라움과 경이로움에 숨을 죽였을지도 모른다. 하지만, 그들은 하늘에 있을 알 수 없는 존재에게 자

바투처민 동굴의 미러 이미지
빛이 스치면 별빛처럼 반짝이는 석회암 벽면. 원시인류의 감탄은 침묵으로 전해졌을 것이다.

신의 뜻을 전하는 새를 벽면에 새기지 않았다.

고대 유럽과 중동의 여러 동굴 벽화에는 새의 형상이 종종 등장하며, 이는 하늘과 인간 세계를 매개하는 '영적 메신저'로 여겨졌다. 그러나 이곳 벽면에는 말이 없었다. 어쩌면, 말이 없던 세계에서는 경외심조차 침묵으로 나누었을지도 모른다.

동굴을 나서며 함께 들어갔던 인도네시아 여성들과 사진을 찍었다. 모두 히잡을 쓴 무슬림 여성들이었는데, 자카르타에서 친구들이 함께 여행을 왔다고 했다. 그들은 연신 깔깔 웃으며 장난기 가득한 얼굴로 "오빠, 괜찮아요~"하며 손하트를 날렸다. 처음엔 소녀인 줄 알았는데, 알고 보니 이미 결혼해 두 아이의 엄마였다.

인도네시아 무슬림 여성들은 우리가 가진 고정관념과는 사뭇 달랐다. 히잡은 경건함의 상징이라기보다 패션의 일부처럼 보였다. 화려한 색상에 몸에 꼭 맞는 옷을 세련되게 매치하는 모습은, 오히려 우붓에서 본 힌두 여성들이 전통 의상 케바야와 바틱 치마를 차려입은 장면보다 더 자유롭고 경쾌했다.

그들은 한국 드라마를 즐겨 보고, 거기서 익힌 몇 마디 한국어로 농담을 주고받았다. 자신의 방식으로 변주된 한류를 받아들이며, 이슬람 신앙과 디지털 문화, 여성성과 개성 사이에서 자연스럽게 균형을 이루고 있었다. 나는 그들에게서 인도네시아 신세대의 얼굴을 보았다.

그들과 인사를 나눈 뒤 다시 그랩 스쿠터를 불러 호텔로 돌아왔다. 하늘은 여전히 뜨겁고, 바람은 뜻밖에 선선했다.

저녁을 먹은 후, 부두에서 만났던 에이프릴에게 전화를 걸어 와에레보 마을 투어와 2박 3일짜리 크루즈 일정을 예약했다. 계약과 대금

결제는 시내의 스타벅스에서 만난 자리에서 이루어졌다.

크루즈는 8인실 선실을 선택했다. 더블베드가 네 개 설치된 구조라, 경우에 따라 낯선 이와 침대를 함께 써야 할 수도 있다고 했다. 다만, 대부분 커플이나 가족 단위 여행자라 실제로 네 개의 침대가 모두 채워질 가능성은 낮다고 했다. 만석이 아니라면, 침대 하나를 혼자 쓸 수 있겠다는 기대가 생겼다.

크루즈는 출발일은 와에레보에서 돌아온 다음 날로 정했다.

니체의 신과 나의 하나님

호텔로 돌아와 샤워를 마친 뒤, 침대에 기대어 니체를 펼쳤다. 하루를 육체적 활동으로 채운 날엔 철학책이 정신적 친구처럼 위안을 준다.

니체는 "신은 죽었다."라고 선언했다. 그가 죽었다고 말한 신은, 기복을 위해 소비되고 불안을 달래는 도구로 전락한 신, 외부의 도덕 명령을 강요하는 제도로서의 신이었다. 인간이 만들어 낸 우상에 가까운 그 신을 니체는 부정한 것이다.

그는 더 이상 외부의 권위에 의존하지 말고, 스스로 삶의 의미를 창조하라고 요구한다. 고통을 회피하지 않고, 주어진 운명을 긍정하는 존재, 그것이 그가 말한 초인(Übermensch)이다.

나는 평생을 기독교인으로 살아왔다. 그리고 나는 니체의 초인이 예수 그리스도의 가르침과 충돌한다고 생각하지 않는다. 오히려 자기 십자가를 지고 고난 가운데 사랑을 실천하라는 예수님의 가르침은, 고통을 긍정하고 능동적으로 살아가는 초인의 태도와 깊은 접점을 가진다.

 니체가 부정한 신은 타락한 종교가 만들어 낸 허상이다. 그러나 내가 믿는 하나님은 살아계신 인격적 존재다. 하나님의 형상대로 인간을 창조하시고, 자유의지와 창조성을 주신 분, 복종만을 강요하는 존재가 아니라, 사랑 안에서 자발적으로 응답하길 원하시는 분이다. 신은 인간 바깥에 강압하는 명령이 아니라, 인간의 내면 깊은 곳에서 말씀하신다. 그래서 니체의 선언은 나에게 신의 부재가 아니라, 오히려 그 부름에 응답할 인간의 책임을 되새기게 한다.

 리앙 부아 동굴을 거닐며, 나는 먼 옛날 홀연히 사라진 호모 플로레시엔시스를 떠올렸다. 언어는 미숙하고, 도구도 조악했지만, 별이 가득한 밤하늘 아래에서 그들이 느꼈을 막막함, 그리고 침묵 속에서 마주했을 경외감은 분명 '신'에 대한 본능적 인식이었으리라.
 과학은 자연의 법칙을 밝혀냈다. 그러나 세계는 여전히 인간의 이해 너머에 있다. '나는 누구이며, 어디에서 와서, 어디로 가는가?' 이 질문 앞에 설 때, 나는 내 안에 살아 계신 하나님을 느낀다.
 나는 단지 물질로 흩어질 운명만을 지닌 존재가 아니다. 인간을 단순한 물리적 구성 요소로 환원하는 유물론적 세계관은 나의 존재 경험을 온전히 설명하지 못한다.
 고대 로마 철학자 '티투스 루크레티우스'는 인간의 정신과 영혼마저도 원자의 결합으로 이해하며, 죽음은 단지 그 해체일 뿐이고 이후의 존재는 없다고 주장했다[15]. 현대에 와서 '리처드 도킨스'는 신은 인간의 불안과 무지에서 비롯된 환상이며, 종교는 유전자가 아닌 문화의 복제 단위, 즉 '밈'(Meme)-사람들 사이에서 모방을 통해 퍼지는 신념, 관습, 이야기-에 불과하다고 말한다[16]. 철학자 대니얼 데닛(Daniel Denneth)은 의식과 신앙, 자유의지까지도 뇌의 물리적 과정에서 비롯된 '현상적 환상', 즉 실제로 존재하는 것처럼 느끼지만 실체가 없는 '인지적 착각'이라 말했다[17].

즉, 인간이 의식에 대해 연구하는 많은 과학자들은 인간 존재 전체를 유전자, 뉴런, 시냅스의 작동이라는 물리적 메커니즘으로 환원하려고 한다. 그렇다면 정말로 인간이란, 우주의 티끌이 우연히 모여 만들어지고, 뉴런의 창발 현상으로 의식이 생긴 물질적 존재에 불과한 것일까?

나는 그렇게 믿지 않는다. 나는 '하나님이 미리 아신 자들로 또한 그 아들의 형상을 본받게 하기 위하여 예정하셨으니'(로마서 8장 29절)라는 성경 말씀을 믿는다. 따라서, 나는 예수 그리스도의 형상대로 지음받은 존재로 확신하며, 그분의 부르심에 응답하며 살아가고자 한다.

그 믿음 안에서 나는 우연에 휘둘리는 존재가 아니라, 자유의지를

---

[15] 『Titus Lecretius Carus, De Derum Natura』(인간의 본성에 대하여, 천병희 옮김, 도서출판 숲, 2009). 루크레티우스는 이 책에서 에피쿠로스의 원자론을 시적으로 체계화하며, 세계는 원자와 공허로 이루어졌고, 인간의 정신과 영혼도 물질로 구성되며, 죽음은 단지 원자의 해체일 뿐이라고 주장한다.

[16] 『Richard Dawkinsm The God Delusion』(인간이 만든 신, 김명남 옮김, 김영사, 2007). 도킨스는 이 책에서 초자연적 존재로서 신을 부정하며, 신앙은 진화 과정에서 형성된 심리적 기제의 산물이라고 주장한다. 종교는 인간의 무지와 불안을 기반으로 전파되는 '밈'(Meme)이며, 의식도 뇌의 물리적 활동으로 환원될 수 있다고 본다.

[17] 『Daniel Dennett, Breaking the Spell: Religion as a Natural Phenomenon』(주문을 깨다: 종교는 왜 생겨났고, 우리는 왜 믿는가. 김한영 옮김, 사이언스 북스, 2009). 데닛은 종교를 진화적으로 생겨난 문화적 현상으로 해석한다. 신앙은 생존과 공동체 유지를 위해 형성된 메커니즘에서 기인하며, 의식과 자유의지도 결정론적 자연법칙 안에서 설명 가능하다고 본다.

따라 하나님의 섭리에 응답하는 존재다. 그것이야말로 "우주의 티끌"이라는 허무를 넘어, 하나님이 창조하신 존재로서 존엄과 책임 속에 살아가는 길이 아닐까.

300년 동안 은둔한 마을 와에레보

와에레보 마을에 함께 가는 이들

아침에 일어나니 6시 30분이었다. 7시 40분에 가이드가 픽업하기로 했으니 이제부터 준비하면 되겠다. 어젯밤 2시가 넘어 겨우 잠이 들었지만, 샤워를 하고 나니 몸이 개운해졌다. 오랜만에 샐러드 바와 에그 스테이션이 있는 식당에서 풍성한 아침 식사를 했다.

약속된 시간이 약간 지나 8시경 차량이 도착했다. 차안에는 이미 네 명이 타고 있다. 프랑스 여성 한 명, 독일 남성 한 명, 그리고 인도네시아인 두 명이었다. 나를 태운 차량은 시내를 벗어나서, 같은 가이드에 의해 인솔되는 일행을 태운 두 번째 차량과 합류한 후 차량 배정의 조정이 있었다. 나는 가이드가 타고 있는 첫 번째 차량에 배정되어 스위스 여성 두 명, 그리고 프랑스 남성과 인도네시아 여성 커플과 한 팀이 되었다. 내 좌석은 운전자 옆 조수석이다. 본래는 가이드가 앉는 자리인데 나를 올드맨으로 예우한 셈이다.

스위스 여성인 카알라와 마에바는 매우 쾌활하고 키가 큰, 스무 살 중반 무렵의 젊은이들이었다. 농담 삼아 "스위스 하면 요들 송 아니냐, 한번 불러보라."고 하니 자신들은 할 줄 모른다고 했다. 내가 전형적인 스위스 소녀가 흰색과 원색이 혼합된 전통복을 입고 산 중턱에서 요들송을 부르는 장면을 흉내 내자, 그들은 웃으며 "요즘 그런 스위스 소녀는 없다."고 답했다. 그러면서 '요들레'라며 내 발음을 교정해 줬다. 요들레는 특별한 훈련을 받아야 한다고 했다. 생각해 보니, 70년대 한국의 요들레 가수들도 스위스에 가서 특별 훈련을 받았다는 이야기를 들은 적이 있다. 마치, 판소리 가수가 산속에 들어가 폭포를 향하여 피를 토할 정도로 노력을 해야 비로소 창자를 쥐어짜는 듯한 절창이 나오듯, 요들레 또한 각고의 노력이 없이는 부르기 힘든 노래일 것이다.

프랑스 남성인 루카스는 퍽 개성 있는 머리 모양을 하고 있었다. 긴 머리를 꼬아 늘어뜨린 모습이 꼭 새끼줄을 머리에 주렁주렁 달고 있는 것 같았다. 중간 정도의 체구에, 의도적인지 지저분해 보이는 옷차림을 하고 있었고, 틈만 나면 줄담배를 피워댔다. 여러모로 특이한 인상이었다.

이들 커플은 묘하게 어울렸다. 70년대 히피 같은 차림의 다소곳한 서양 남성과, 넉넉한 체격에 단정한 차림의 인도네시아 여성이 함께 있는 모습은, 약간의 부조화 속에서도 오히려 조화로웠다.

익숙하고도 낯선 풍경들

와에레보에 가는 길은 차량으로 4시간, 이어서 2시간의 산길 트레킹을 해야 도착한다고 했다. 차는 시내를 벗어나 잘 포장된 도로를 달렸다. 길의 양쪽으로 단정한 집들이 늘어서 있었다. 이윽고 경사가 시작되며 길은 심하게 좌우로 굽어지기를 반복했다. 왼쪽의 계곡은 아찔하지만, 나무가 우거진 비탈의 경치가 아름다웠다. 이렇게 한참을 달리니 약간 멀미가 났다. 라부안 바조는 북서쪽 바닷가 평지에, 와에레보는 남쪽 산지에 있으니 험한 산맥을 넘어가야 하는 것이었다.

산허리를 따라 난 길은 계곡을 따라가면 구불구불 이어졌다. 드디어 고원에 도달하니 넓은 평지가 펼쳐졌다. 평지라 하지만 경지 정리가 된 곳은 아니었다. 구불구불한 수로를 따라 다양한 모양과 크기의 논들이 펼쳐진 모습이 조각천을 꿰매 만든 누더기 같았다. 여기저기 돌무덤이 쌓여 있고, 논 둘레는 낮은 돌담이 쌓여 있었다. 수로를 따라 물이 흘러 논에 물을 채우고, 농부들이 군데군데 모여 일하고 있었다.

이곳 고원 지대의 주업은 벼농사인데 아직 비가 내리지 않아 수로에 연결된 일부 논에서만 모내기를 하고 있었다. 저수지가 있다면 우기에 물을 저장하였다가 모내기 철에 논으로 보내 제때 벼농사를 할 수 있을 텐데, 이런 고원에는 저수지를 만들기가 여의찮은 모양이었다. 그러니 때맞추어 비가 오지 않으면 벼농사가 되지 않는다.

우리가 탄 차는 모내기를 하고 있는 들판을 지나 마을로 들어가 '알파'(Alfa)라고 하는 슈퍼마켓에서 음료수와 간단한 간식거리를 산 후 다시 출발했다. 그런데 마을을 벗어나자마자 도로의 상태가 돌변했다. 지금까지는 잘 포장되고 차선까지 선명했던 도로였는데, 이제는 갈라지고 패이고 콘크리트가 덩어리째 떨어져 나가, 이게 과연 차량이 통행하는 길이 맞나 싶었다. 우리가 탄 차는 좌우로, 아래위로 심하게 요동치며 걷는 것보다 조금 빠른 속도로 조심스럽게 나아갔다.

이어 나타난 다리는 형편없이 파손되어, 그 위에 목재로 만든 임시 다리가 설치되어 있었다. 상판이 아예 없어진 다리엔 통나무 몇 개를 엮어 두 줄로 걸쳐놓았다. 이 같은 임시 다리를 건너기 위해서는 비상한 운전 기술이 필요했다. 좌우 바퀴를 정확히 통나무 위에 맞춰야 하기 때문이다. 게다가 통나무의 끝이 직각으로 잘려져 있어, 절단면을 타고 올라가야 했다. 그렇다고 통나무가 도로에 고정되어 있는 것도 아니었다. 무개념의 극치다. 가이드가 다리 건너편에서 운전자를 손짓으로 인도하며 스릴 있게 다리를 넘었다.

도로는 꽤 높은 산의 중턱을 깎아 만들어져 있었다. 왼쪽으로 띄엄띄엄 홀로 있는 집들이 보였다. 시멘트 블록으로 지어진 집에 녹슨 함석지붕. 그런데 집 주변에 크고 작은 화산석들이 수없이 널려 있었다. 화산 폭발 때 굴러 내려와 멈춘 듯한 돌들이리라. 집들은 이 돌덩이 사이에 자리 잡고 있었다. 그 사이로 좁은 길이 집으로 이어지고, 틈을 찾아 밭을 만들어 채소를 가꾸고 있었다. 어쩌다 이처럼 척박한 곳에 정착하게 되었을까? 분명 피치 못할 사정이 있었을 것이다.

도로의 오른쪽은 해안으로 떨어지는 급경사였다. 대부분은 아찔한 절벽이다. 저 멀리 아래에서는 파도가 바위에 부딪쳐 흰 포말을 일으켰다. 살기에 험하지만, 바다를 바라보는 경치 하나만은 정말 최고라는 엉뚱한 생각이 스쳤다.

이곳이 사부해(Savu Sea). 먼바다 위로 작은 섬들이 흩어져 있었다.

사부해(Savu Sea)
푸른 바다와 섬들 너머,
향료무역의 오래된 기억이
아득히 펼쳐진 사부해가 보인다.

그 옛날, 네덜란드와 영국의 향료 상인들이 대포로 무장한 범선을 타고 이 섬들 사이를 지났을 것이다. 활짝 펼친 돛에 바람을 가득 담고, 육두구 향기에 방향을 잡으며 항해했으리라.

어쩌면 이 바다 위를 마젤란 함대의 마지막 배, 빅토리아호도 지나갔을 것이다. 1519년 스페인 세비야에서 출발한 다섯 척 가운데 유일하게 세계 일주를 완수한 배였다. 1521년 필리핀에서 마젤란이 전사한 뒤에도 남은 선원들은 항해를 이어가 몰루카 제도에 도달했고, 다시 사부해를 지나 인도양과 희망봉을 돌아 1522년 세비야로 귀환했다.

스위스 아가씨들의 재잘거림은 끝이 없었다. 쾌활한 성격이 그대로 묻어났다. 몸에 밀착된 레깅스를 입고 있는데, 서양 여자들은 대체로 옷차림에 거리낌이 없는 듯했다. 나로서는 다소 낯설었지만, 그 솔직한 자유로움이 인상적이었다.

산 중턱을 따라 달리던 도로가 해안선 가까이 내려왔다. 안으로 휘어진 만과 좁은 백사장이 눈앞에 펼쳐질 즈음, 기이한 광경이 나타났다. 계곡을 흐르는 30미터 남짓의 강 위에 놓였던 다리의 상판이 손상도 없이 그대로 왼쪽 강바닥에 내려앉아 있었던 것이다.

어떻게 이런 일이 가능할까? 아마도 바닷물이 쓰나미처럼 밀려와 상판을 들어 올린 뒤 옆으로 옮겨놓은 듯했다. 상판이 옆으로 밀려났으니, 차량이 강을 건너려면 45도에 가까운 경사면을 내려가 강바닥에 진입한 후, 옮겨진 상판에 올라야 했다. 그리고 건너편에서 다시 가파른 비탈을 치고 올라가야 했다. 오프로드 차량의 묘기가 필요해 보였다. 잠시 전복을 걱정했지만, 기사는 익숙한 듯 예각으로 경사면에 진입해 차량의 기울기를 줄였다. 그리고 조심스럽게 다리를 건넜다.

오후 2시경, 드디어 와에레보 휴게소에 도착했다. 해안도로에서 산 쪽으로 약 1킬로미터 정도 올라온 논 가운데 자리 잡은 곳이었다. 그런데 놀랍게도 이미 서너 대의 차량이 주차해 있었다. 원주민 마을에 대한 환상이 깨지는 순간이었다. 내가 찾아가는 곳은 세상과 격리된 채 원시의 모습으로 살아가는 공동체가 아니었다. 하루에도 수십 명이 찾는 관광지였다. 사실 나 역시 패키지 여행의 일원으로, 가이드의 안내에 따라 움직이고 있었다. '세상과 격리된 원시 마을'을 기대한 건 애초에 내 착각이었다.

점심 식사 후 다시 차량에 탑승해 산 쪽으로 이동했다. 공회당 마당처럼 보이는 곳에 도착하니 수많은 스쿠터가 모여 있었다. 이 스쿠터들이 우리를 트레킹 출발 지점까지 태워다 주는 셔틀이었다. 가이드가 지정한 스쿠터의 뒷좌석에 올라타자, 기사는 말 한마디 없이 고개만 힐끗 돌려보더니 즉시 출발했다.

우붓과 바조에서 스쿠터의 뒷좌석에 익숙했지만, 이곳의 라이딩은 차원이 달랐다. 1차선 도로는 한때 포장이 되어 있었던 것 같았지만, 지금은 유실되어 패이며, 커다란 돌들이 들쭉날쭉 튀어나와 있었다.

WAEREBO 마을 안내문

 기사는 솜씨 좋게 그 틈을 피해 곡예하듯 운전했다. 파인 곳과 돌 사이를 요리조리 피해가며, 몸을 잔뜩 웅크렸다 펴기를 반복했다. 급경사에서는 두 다리로 땅을 짚으며 중심을 잡았다.

 문제는 내 허리였다. 험한 길의 충격이 고스란히 뒷좌석으로 전해져 허리를 찔렀다. 여간 고통이 아니었지만, 경사 한복판에서 쉬어가자고 할 수도 없었다. 그렇게 20여 분을 달린 끝에, 마침내 '와에레보 마을' 안내판이 세워진 지점에 도착했다. 스쿠터에서 내려 허리를 전후좌우로 돌려보니, 다행히 아직은 멀쩡했다.

 안내판에는 '환영한다'는 문구와 함께, 자연을 보호하고 마을 주민의 생활을 존중해 달라는 당부가 빼곡히 적혀 있었다. 그 아래의 공터에는 수십 대의 스쿠터가 주차되어 있고, 한쪽 끝에 화장실이 마련되어 있었다. 그런데 화장실의 수세 장치가 꽤 기발했다. 산에서 흘러내리는 물을 끌어와 만든 수로가 화장실 뒤를 지나도록 설계되어 있었고, 그 물이 모든 배설물을 함께 떠내려 보냈다. 다행히 아래쪽에는 마을이 멀리 떨어져 있었기에, 흘러가는 동안 자연정화가 이루어질 듯했다.

끝없이 이어지는 산길 트레킹

여기서부터 두 발을 이용하여 걸어야 했다. 거리는 정확히 알 수 없고, 가이드가 우리 일행을 모아 트레킹 코스에 대해 설명했다. 3시간 정도 걸리는데, 2/3는 오르막, 나머지는 평지라고 했다.

등산로 입구에 들어서자, 길은 예상보다 잘 정비되어 있었다. 산비탈을 따라 키 큰 나무들이 우거져 있어 시원한 그늘이 드리워졌고, 숲속 공기는 서늘하고 맑았다. 생각보다 걷기 좋은 길이었다.

와에레보로 향하는 산길은 대부분 흙길이었지만, 곳곳에는 돌이 가지런히 모양을 맞추어 깔려 있었다. 간간이 나타나는 계단도 보폭에 맞추어 한 걸음씩 무리 없이 오를 수 있었다. 경사는 제법 있었지만, 오래된 산길을 걷는 듯한 편안함이 있었다.

길은 가파른 계곡의 비탈을 깎아내어 만든 것이었다. 오른쪽은 산을 절개하여 겨우 폭을 확보했고, 왼쪽은 아찔한 급경사로 아래 계곡의 바닥조차 보이지 않을 정도였다. 이런 곳이라면 추락 방지용 펜스라도 있어야 할 텐데, 대신 비탈에 듬성듬성 서 있는 나무들이 눈에 들어왔다. '혹시 떨어지더라도 저 나뭇가지를 붙잡을 수 있지 않을까' 하는 생각이 들자, 낭떠러지에 대한 두려움이 조금 누그러졌다.

길을 따라 오르자, 주변은 온갖 곤충들의 울음소리로 가득하다. '찌르찌르' 하는 소리는 매미를 닮았지만, 정작 모습을 드러내지 않아 무엇인지 알 수 없었다. 30분쯤 올랐을까. 왼편 계곡 건너 솟은 산등선들이 안개에 덮여 있다. 구름이 계곡 아래를 채우자, 마치 구름 위로 걷는 듯한 착각이 들었다.

와에레보 가는 트레일
경사진 길이지만,
원시림을 따라 천천히 걸을 수 있는 잘 닦인 산길이다.

안개에 덮인 계곡
구름이 계곡을 채운 풍경, 마치 하늘길을 걷는 듯한 착각을 준다.

 산길에서 이따금 주민들과 마주쳤다. 그들은 흰 닭을 두 다리로 묶어 거꾸로 들고 있다. 모두 제례에 바칠 희생 제물이라 했다. 산속 마을에서 닭을 키우지 못해 아랫마을에서 사 온다니 의외였다. 주민들은 우리를 마주치면 예외 없이 길 한쪽으로 비켜섰다. 손님을 위한 이 배려는, 오래된 공동체 구성원들의 포용심의 발로일 것이라는 생

끝날 듯 끝나지 않는 오르막길에서
일행은 잠시 숨을 고른다.

각이 들었다.

    산행은 그룹별로 진행됐다. 우리 앞에는 몇 명의 인도네시아 젊은 이들이, 뒤에는 프랑스 남성과 인도네시아 여성 커플이 따르고 있었다. 그런데 그 여성의 걸음이 자꾸 늦춰졌다. 우리는 앞서가서 기다렸다가, 그들이 보이면 다시 출발하곤 했다. 하지만 그들에게 그런 방식이 더 힘들었을 것이다. 충분히 쉬기도 전에 따라붙어야 했고, 자신들 탓으로 늦어짐에 대한 미안함까지 감당해야 했을 테니 말이다.

    혹시 길이 갈라지는지를 가이드에게 묻자, 외길이라 했다. 그렇다면 각자 페이스대로 가면 될 일이었다. 그제야 우리도, 뒤처지던 커플도 각자의 페이스대로 가기로 했다.

    이제는 내가 문제였다. 나이가 있지 않은가. 스위스 여성들이 세심하게 챙겨주는 모습에서, 내가 '돌봄의 대상'이 되었음을 실감했다. 69세라는 나이는 숨길 수 없었다. 다리가 풀려 몇 번 넘어졌고, 오르막은 좀처럼 끝날 기미가 없었다.

    우리 일행은 여섯 명. 내가 늘 두 번째로 걷고, 선두에는 카알라가 있었다. 뒤로 마에바, 프랑스 여성인 카트린, 그리고 프랑스 커플이 따랐으며, 가이드는 앞뒤를 오가며 모두를 살폈다.

그때, 나는 앞에 걷던 카알라에게 선언했다.

"오늘 내가 제일 먼저 도착하겠다."

그녀가 웃으며 물었다. "어떻게 할 건데요?"

나는 마라톤 전략을 늘어놓았다. "간단해. 중간 그룹을 유지하며 체력을 비축했다가 마지막에 스퍼트하는 거지."

그녀도 깔깔 웃으며 말한다. "그게 내 전략이기도 해요."

모퉁이를 돌 때마다 '이제는 평지겠지' 했지만, 여전히 오르막이었다. 땀이 비 오듯 쏟아지고 다리는 점점 내 뜻을 따르지 않는다. 잠시 쉬자고 하니, 모두가 기다렸다는 듯이 동의했다. 비탈에 걸터앉아 숨을 고르니 프랑스 커플도 곧 따라왔다.

마침내, 평지가 나타났다. 몇 번의 굽이를 돌자 와에레보의 고깔 지붕들이 안개 속에서 모습을 드러냈다. 나는 마지막 힘을 끌어 올려 카알라를 앞지르며 웃었고, 그녀는 박장대소를 터뜨렸다.

3시간 반 만에 마을에 도착했다. 사진에서 보던 모습 그대로였지만, 눈앞 풍경은 훨씬 더 고요하고 평화로웠다. 아주 오래전 떠났던 고향에 돌아온 듯한 기분이 밀려왔다. 비탈에 커피나무가 줄지어 심어진 길을 따라 걷자, 마침내 마을 입구가 모습을 드러냈다.

와에레보에 사는 사람들

300년 동안 변하지 않은 마을 풍경

굵은 대나무를 엮어 만든 입구의 윗부분에는 인도네시아 국기가 장대에 걸려 대각선으로 드리워 있었고, 양옆에는 붉은 휘장이 세워져 있었다. 왼쪽 휘장에는 '17, 08, 23', 오른쪽에는 '17, 08, 45'라는 숫자가 흰 원 안에 붉은 글씨로 적혀 있었다. 마을의 주소나 무슨 기념일을 나타내는 것일까 의아했다. 그러나 곧 알게 되었다. 1945년 8월 17일, 인도네시아 독립을 선포한 날. 그리고 '23'은 올해, 독립 78주년을 맞은 2023년을 뜻하는 것이었다.

와에레보 마을 전경
깊은 산속, 원형으로 둘러선 '므바' 가옥들 사이로 단정한 와에레보 마을 모습을 드러낸다.

입구를 지나자, 푸른 빛이 감도는 마을 전경이 시야에 들어왔다. 길쭉한 고깔 모양의 집들이 타원형 광장을 중심으로 둥글게 둘러서 있었고, 한쪽에는 묘지가 자리하고 있었다. 광장은 적막했다. 원뿔형 지붕 아래 이따금 사람들이 앉아 있을 뿐, 마을은 산자락에 기대어 고요히 잠들어 있었다. 깊은 산속, 세상과 멀어진 듯한 정적이 온 마을을 감쌌다.

와에레보는 플로레스를 대표하는 전통 마을이다. 관광객들이 가장 먼저 찾는 '살아 있는 문화유산'이라 불릴 만하다. 그러나 이 곳은 수천 년간 이어져 온 원주민 정착지는 아니다. 이곳에 사는 주민들은 약 300~400년 전 이주해 온 가족 집단의 후손으로, 지금까지 20여 세대를 이어 살고 있다고 한다. 고깔 지붕의 전통 가옥은 과거 플로레스 전역에서 흔히 볼 수 있었지만, 이제는 거의 사라져 원형이 온전히 보존된 곳은 이 마을뿐이다.

광장에 들어서자, 한 원주민이 우리 일행을 '므바루 니앙'(Mbaru Niang)이라 불리는 고깔 지붕 집으로 안내했다. 우리가 머물게 될 이 집은 광장을 중심으로 오른편에 자리하고 있었다.

고깔 집은 중앙에 세운 기둥을 중심으로 방사형으로 보들을 배치해 지붕 구조를 만들고, 바깥에는 식물을 엮어 만든 이엉을 덮었다. 전체적으로 정삼각형에 가까운 형태로 안정감을 주었고, 겹겹이 덮인 이엉은 비와 햇빛, 밤의 찬 공기를 막아주었다. 둥근 지붕은 바람을 흘려보내 내풍성도 높아 보였다.

신발을 벗고 나무 계단을 올라가 안으로 들어서자, 지름 20미터 남짓의 넓은 원형 공간이 펼쳐졌다. 바닥은 나무 판재로 깔린 마루였고, 천장은 3미터 정도로 쾌적한 온도와 습도를 유지하고 있었다. 천장은 중심 기둥을 중심으로 둥글게 퍼진 보들이 안정적인 구조를 이루고 있었다.

  이 고깔 집은 다섯 층으로 구성되어 있었다. 1층은 생활 공간, 2~4층은 곡물 저장고, 5층은 '헤깡 코데'(Hekang Kode)라 불리는 공간으로, 조상신의 영혼이 머문다고 여겨져 공동체 의례 때만 접근한다. 즉, 이 고깔 집은 단순한 주거 공간을 넘어, 과거와 현재, 미래의 공동체 기억과 정신이 공존하는 신성한 장소였다.

  실내는 외벽의 작은 창이 몇 개 있을 뿐 자연광이 거의 들어오지 않아 어두운 편이었지만, 천장에 매달린 전등 덕분에 생활에는 큰 불편이 없었다. 잠자는 곳은 바깥쪽 벽을 따라 약 10센티미터 정도 높게 단이 진 말발굽형 마루 위에 마련되어 있었다. 우리 일행에게 배정된 구역은 폭이 약 5미터로, 여덟 명이 바짝 붙어 누워야 할 정도였다. 다리를 벽 쪽으로, 머리는 안쪽으로 향하게 한 다음, 일렬로 누웠고, 양옆은 다른 팀과 닿아 있었다. 각 자리마다 담요와 베개가 놓여 있었고, 그것이 각자의 공간을 표시해 주었다.

  짐을 풀고 각자의 자리를 정한 뒤, 우리는 안내자의 인솔로 마을 족장에게 인사를 드리러 갔다. 족장이 머무는 집은 광장 중앙에 위치한 가장 큰 고깔 집으로, 회의와 공동 행사를 위한 마을 회관의 기능도 하고 있었다. 안으로 들어가니, 어스름한 실내에 나이 지긋한 노인이 앉아 있었다. 우리는 그를 마주 보며 반원형으로 둘러앉았다. 족장은 현지어로 짧게 인사를 전했고, 안내자가 그것을 영어로 통역했다. "여러분을 환영합니다. 이곳에서 좋은 시간을 보내시기 바랍니다." 짧은 인사 뒤, 자세한 설명은 안내자에게 맡긴다는 말로 면담은 마무리되었다.

맑은 미소를 가진 마을의 소녀들
티셔츠 위에 전통 천을 두른 와에레보의 소녀들.
맑은 웃음 속에 다양한 종교와 일상의 풍경이 스며 있다.

숙소로 돌아온 뒤, 안내자는 마을에서 지켜야 할 규칙과 일정에 대해 설명했다. 주민의 집은 자유롭게 방문할 수 있으며, 식사는 저녁 7시와 아침 6시에 제공된다. 전기는 마을의 발전기를 통해 저녁 6시부터 10시까지 제한적으로 공급된다고 했다.

설명이 끝난 후 나는 숙소 밖으로 나와 광장 주변을 거닐었다. 회관 앞에서는 몇몇 노인들이 둘러앉아 대나무를 쪼개며 무언가를 만들고 있었다. 내일 열릴 행사에 쓰일 도구들이라고 했다. 어린이들은 여전히 광장과 집 주변을 뛰어다니며 해맑게 웃고 있었고, 열댓 살쯤 되어 보이는 소년·소녀들은 삼삼오오 모여 관광객들을 유심히 바라보고 있었다. 이제는 우리가 그들의 관찰 대상이 된 것이다.

와에레보 마을의 소녀들은 대부분 허리에 바틱 천을 두르고, 상의로는 티셔츠나 셔츠를 입고 있었다. 몇몇 소녀는 머리에 검은 히잡을 쓰고 있었는데, 마을 입구 묘지에 십자가가 세워져 있던 기억을 떠올리며 이곳이 가톨릭 마을이라 생각했던 내게, 이 모습은 다소 의외였다. 깊은 산속, 씨족 단위로 살아온 공동체 안에 서로 다른 종교가 공존한다는 사실은 뜻밖이었다.

그 모습은 이 마을이 본질적으로 평등한 공동체임을 암시했다. 족장이나 장로는 권위적 지배자가 아니라, 공동의 경험을 나누는 조언자에 가깝다. 위계가 아닌 평등을 바탕으로 한 공동체. 북아메리카 북서안 원주민 사회가 떠올랐다. 그들은 수천 년 동안 국가 체제로 이행하지 않고, 사람과 사람, 사람과 자연 사이의 균형을 유지해 왔다.

그러나 그런 사회는 외부 침략에 취약했다. 왕이나 군대가 없던 북미 원주민들은 유럽인의 침입 앞에 무력했고, 결국 풍요로운 땅에서 쫓겨나 척박한 땅으로 내몰렸다. 그런 생각을 하며 걷는 사이, 마을에는 어느덧 어둠이 내려앉고 있었다.

고깔 집에 함께 사는 여섯 가족의 생활공동체

하늘은 여전히 밝았지만, 사방을 둘러싼 산등성이에 햇살이 가려지자, 마을은 금세 어두워졌다. 계곡을 따라 피어오른 안개는 하늘과 산의 경계를 흐릿하게 만들었다. 고깔 집 안에는 저녁 준비를 위해 피워진 불에서 나온 연기가 자욱하게 퍼지고 있었다.

식사 시간이 되자 우리는 중앙 공간의 마루에 길게 서로 마주 보고 앉았다. 조그만 쟁반을 손에 들고, 가운데 놓인 솥과 냄비에서 밥과 삶은 달걀 하나, 튀긴 닭 한 조각, 그리고 매운 칠리를 조금 덜어 접시에 담았다. 음식은 전반적으로 밋밋했기에, 밥에 칠리를 조금 살짝 섞어 먹었는데 맵기가 혼이 나갈 정도였다. 내가 하도 법석을 떨자, 옆에 앉아 있던 카알라가 물을 따라 주었지만, 입안의 얼얼함은 쉽게 가시지 않았다.

식사를 마치고 밖으로 나오니, 완전한 어둠이 마을을 부드럽게 감싸고 있었다. 계곡 넘어 산등성은 짙은 그림자로 가라앉았고, 그 위로 열린 하늘에는 셀 수 없이 많은 별이 반짝이고 있었다. 마을에는 모두 일곱 채의 고깔 집이 조용히 자리 잡고 있었고, 그중 가운데는 회관, 왼쪽 두 번째가 우리가 묵는 숙소였고, 나머지 다섯 채는 주민들의 주거 공간이었다.

고깔 집은 지면에서 약 1.5미터쯤 높게 지어졌고, 나무 계단을 통하여 올라갈 수 있었다. 집안을 기웃거리자, 안에 있던 젊은이가 손짓으로 들어오라고 청했다. 이들의 생활 모습을 보고 싶었던 나로서는 반가운 손짓이었다. 나는 주저하지 않고 안으로 들어섰다.

안에는 연기가 자욱했고, 구석의 화처(火處)에서는 여러 개의 냄비와 팬이 보글보글 소리를 내며 불 위에 올려져 있었다. 화처의 바닥은 진흙으로 도톰하게 다져져 있어 불길이 마루 나무로 번지는 것을 막고 있었고, 벽은 오랜 세월의 그을음으로 까맣게 변해 있었다.

화처에서는 조리를 위해 장작불이 활활 타오르고 있었지만, 실내는 놀라울 만큼 평온한 기운이 감돌고 있었다. 장작의 타오르는 불길은 잘 관리되는 듯하였다. 불길은 음식을 만들며, 함께 실내 공기까지 데우고 있었다. 기온이 뚝 떨어지는 산속의 밤, 그 따스한 불길이 사람들을 감싸고 있었다.

화처 위 천정에는 나무 시렁이 매달려 있었고, 그 위에는 나무들이 쌓여 있었다. 화처에서 올라오는 불길의 열기가 생나무라도 바짝 건

고깔 주택 안의 부엌과 나무 시렁

조해 화력 좋은 땔감으로 만들고 있었다.

장작불 하나로 음식을 만들고, 실내를 덥히고, 다음 불길을 위한 장작을 말리는 이 구조는 정교한 삶의 지혜였다.

이 집에는 여섯 가구가 함께 살고 있었다. 식사는 가족별로 따로 준비하며, 땔감도 각자의 몫이지만, 대부분의 물건은 공동 소유였다. 부부의 침실은 벽면을 따라 설치된 커튼 안쪽에 마련되어 있었고, 청소년이나 아이들은 또래끼리 모여 놀다가 그대로 함께 잠든다고 했다.

한쪽에서 한 아이가 조그만 게임기로 게임을 하고 있었고, 또래 아이들이 고개를 맞대고 들여다보고 있었다. 그것은 공동체의 물건일까, 아니면 도시에 사는 친척이 선물한 개인 소유일까? 집 안 어디에

전자게임을 하는 아이
자작은 게임기가 아이들의
저녁 풍경을 바꾸고 있다.

도 공부하는 아이는 보이지 않았다. 책상도 없고 조명이 부족했다. 이곳에서 '공부'란, 자연 속을 뛰노는 일이면 충분하다는 듯, 아이들은 웃음소리를 흘리며 저녁 시간을 보내고 있었다.

그때, 젊은 부부가 나에게 말을 걸어 왔다. 한국에서 왔다고 하니 무척 반가워했다. 이곳까지 한류가 온 것일까? 그럴 리는 없을 것이다. 이곳엔 전화도 텔레비전도 없고, 심지어 라디오의 전파조차 닿지 않았다. 높은 산으로 둘러싸여 전파가 차단되기 때문일 수도 있지만, 어쩌면 이들 스스로 선택한 생활 방식 때문일지도 모른다는 생각이 들었다.

젊은 남편은 얼마 전까지 도시에서 일하다 돌아와, 지금은 커피를 재배하고 있다고 했다. 그의 곁에 바짝 붙어 앉은 아내는 다시는 헤어지지 않겠다는 듯 남편의 손을 꼭 잡은 채, 행복한 눈빛으로 그를 바라보고 있었다. 문득, 자카르타의 번잡한 길가가 떠올랐다. 스마트폰을 들여다보며 배달 콜을 기다리던 젊은이들. 그들 역시 뜨거운 햇빛과 매연 속에서, 떠나온 고향을 그리워하고 있었을지도 모른다.

이 둥근 고깔 집은 단순한 거처가 아니었다. 아이와 노인, 부부와 청년이 서로 기대어 살아가는 하나의 작은 공동체였다. 화처의 따뜻한 열기는 집 안의 공기를 데우며, 모두를 평안한 휴식과 깊은 잠으로 이끌고 있었다.

마을의 축제 준비

고깔 집을 나오니 이미 어둠은 깔려 있었다. 그러나 마을 곳곳에는 젊은이들이 삼삼오오 모여 앉아 소곤소곤 이야기를 나누고 있었다. 내가 다가가면 손을 들며 인사했는데, 그들의 태도는 평온하고 자연스러웠다. 외부 관광객이 끊이지 않는 마을이지만, 이들은 동요하거나 특별히 경계하는 기색이 없었다. 그들의 얼굴에는 우울함보다 밝은 미소가 번져 있었다. 어쩌면 문명의 외피를 두르고 찾아온 방문객들의 지친 속내를 이미 꿰뚫어 보고 있는지도 모른다.

와에레보는 약 3~400년 전에 형성된 마을이다. 왜 조상들이 이 깊은 산속을 택했는지는 알 수 없다. 그러나 사방이 산으로 둘러싸이고 풍부한 물이 흐르며, 해발 1,000미터의 시원한 기후가 이어지는 이곳은 천혜의 정착지처럼 보였다. 이들이 이주해 온 시기로 고려하면, 아마도 서유럽 세력이 인도네시아의 해안을 따라 본격적으로 진출하던 시기였을 것이다. 해안에서 벌어지던 약탈과 충돌을 피해, 외세의 손이 닿지 않은 깊은 산속으로 올라온 것이리라. 높은 고도와 험준한 지형은 침략자에게는 장벽이 되었고, 이들에게는 평화로운 피난처가 되었을 것이다.

이들은 전통적인 족장제(Cheifdom)를 유지하고 있었다. 족장은 절대적 권력을 가진 지배자가 아니라, 조정자이자 조언자에 가까운 존재다. 마을의 크고 작은 일은 합의를 통해 결정되며, 재산이나 신분에 의한 위계가 없는 평등 사회다. 어쩌면 이들의 환한 미소와 담담한 눈빛은, 바로 이런 공동체의 구조에서 비롯된 것일지도 모른다.

그러나 이런 생활을 앞으로도 계속해 갈 수 있을까? 관건은 젊은 세대일 것이다. 도시 생활에 대한 동경과 현대 문명의 유혹은 강력하다. 만약 젊은이들이 하나둘 마을을 떠나 돌아오지 않는다면, 인구는 줄어들고 마을도 쇠퇴하여 버려질지도 모른다.

회관에 마을 사람들이 가득 모여 있었다. 노인들이 모여 큰 소리로 떠들고 있었는데, 들려오는 소리의 대부분이 웃음이었다. 무슨 회의를 하고 있는 걸까? 들여다보니 내일 있을 마을 축제를 협의하는 회의라고 했다. 주로 마을 원로인 노인들이 모여 있었지만, 남자들만이 아니라 연로한 여자들도 많았다. 마을의 대소사에 남녀가 모두 참여하고 있었다.

내일 열린 제례는 정해진 절차를 따라 처러질 테니 심각한 논의보다는 그저 웃음으로 동의하면 될 일들인 모양이었다. 전형적인 족장 사회의 회의 모습이 이런 것이 아니었을까 하는 생각이 들었다.

엘니뇨로 극심한 가뭄이 이어지는 바깥세상과 달리, 이 마을의 개천에는 여전히 풍성한 물이 흐른다. 고도가 높아 이들이 재배하는 아라비카 커피는 건조한 기후에도 수확량이 줄지 않을 것이다. 게다가 계속되는 건기로 관광 시즌이 길어지면서 찾아오는 외지인도 많아질 터이니, 이 마을엔 오히려 기회일 수 있겠다.

회관 입구에 수십 켤레의 슬리퍼가 어지럽게 놓여 있었다. 모두 비슷한 쪼리 슬리퍼였는데, 주인은 자신인 것을 알아보기는 할까? 아니면 그냥 발에 닿는 것을 신으면 되는 것일까? 재산의 공동 소유 정신

원로회의 중인 마을회관
돌계단엔 슬리퍼, 회관 안에서 웃음이 새어 나온다. 마을의 결정은 웃음으로 이루어진다.

에 비추어 보면, '내 발에 맞으면 내 신발, 네 발에 맞으려 네 신발'이라는 식인지도 모르겠다.

 이들이 준비하는 축제는 펜티 세리머니(Puenti Ceremony)라고 했다. 일종의 추수감사절 행사인데, 지난 3년간 코로나로 인해 열리지 않다가 올해에 다시 열리게 된 만큼 이들에게는 매우 뜻깊은 자리였다. 이들에게는 특별한 축제이고, 이를 지켜볼 수 있는 우리도 행운인 셈이었다.

 모두가 행사에 참여할 수 있도록 초등학교는 3일간 방학을 했다. 아이들은 아침부터 광장과 집 주위를 뛰어다니며, 웃음소리로 마을을 가득 채웠다. 이들은 분명 문명의 혜택에서 소외된 이들이 아니다. 오히려 스스로 그 무게를 벗어던지고, 인간 본연의 리듬에 따라 살아가는 사람들이 분명했다. 절기와 자연, 공동체의 흐름에 맞춰 살아가는 이들의 삶 속에는 현대인이 잃어버린 인간의 가장 본질적인 모습이 고스란히 담겨 있을지도 모른다.

과거에서 미래로 연결된 나를 만나다

불과 50년 전 우리도 와에레보의 사람들처럼 살았다. 전기도 없고 마을의 공동 우물에서 물을 길어와야 했으며, 밥 한 끼를 짓기 위해서는 땔감을 손수 마련해야 했다. 어린 시절, 나는 동네 형들을 따라 지게를 지고 산에 올라가 갈퀴로 낙엽을 긁어모았다. 어머니는 그것으로 아궁이에 불을 지펴 밥을 지으셨다. 궁핍했던 시절이지만, 그 기억은 지금도 나를 미소 짓게 한다. 불과 반세기 전의 일이다.

그 사이 우리 사회는 얼마나 부유해지고 편리해졌는가? 더 크고 안락한 집에 살며, 영양이 풍부한 음식을 먹고, 더 따뜻하고 맵시 있는 옷을 입고, 짧은 거리도 자동차를 타고 다니는 삶. 그러나 지금, 나는 이 모든 성취 앞에서 정말 행복한 것일까?

그때 산과 들을 아무리 뛰어다녀도 지치지 않던 나는 어디로 갔는가? 니체가 말한 낙타처럼, '이 고비만 넘기면 성공할 수 있다'는 믿음으로 스스로를 채찍질하며 살아왔다. 미국 유학, 박사학위, 수많은 프로젝트의 성공, 경영 컨설팅 회사를 창립하고 운영하기까지. 나는 남들이 말하는 '성공'을 어느 정도 이루었다. 하지만 그만큼 치명적인 실패도 함께 겪었다.

세월이 흘러, 아이들은 나보다 더 나은 세상을 살아가고 있다. 이제는 나 자신답게 살아갈 차례다. 더 이상 사회의 기대와 가족에 대한 의무감이 아니라, 어린이처럼 순수한 마음으로 나를 위한 삶을 살아가고 싶다. 좀 더 유쾌하게, 좀 더 감성적으로, 소박하고 거친 음식을 맛있게 즐기고, 유행이 지난 옷을 편하게 입으며, 더 당당하고 창조적인 나로 살아가기. 그리고 그런 나의 모습이 다음 세대로 이어지길 바란다.

현대의 가장 위대한 물리학자인 알베르트 아인슈타인은 학문적 업적과는 달리 가정생활에서는 불행했고, 삶 전체도 외롭고 쓸쓸했다. 그는 한 잡지에 다음과 같은 글을 기고했다.[18]

> 우리 인간의 운명은 참으로 기묘하다. 우리 한 사람, 한 사람은 짧은 체류를 위해 이곳에 온다. 가끔은 느낄 것 같지만 대체 어떤 목적으로 온 것인지도 모른다. 하지만 깊이 생각해 보지 않아도 자신이 타인을 위해 존재한다는 것을 일상생활에서 알 수 있다. 행복한 모습으로 미소 짓는 모습을 보아야 내가 행복할 수 있는 그런 사람들을 위해, 그리고 비록 누구인지 모르지만, 공감이라는 끈으로 운명이 함께 묶여 있는 수많은 사람을 위해 존재하는 것이다.

학문으로는 누구보다 냉철했던 그가 남긴 이 고백은 의외였고, 그래서 더 깊은 울림이 있다. 그는 인생을 '짧은 체류'라 불렀고, 그 안에서 우리는 서로를 위해 살아야 한다고 말했다. 특히, "행복한 모습

---

18 아인슈타인의 글은 앨런 라이트만의 『초월하는 뇌』에서 인용하였음.

으로 미소 짓는 모습을 보아야 내가 행복할 수 있는 그런 사람을 위해 내가 존재한다."라는 말은, 세상일에 분주해 소홀히 했던 내 가족을 떠올리게 했다.

내 가족이 나에게 바랐던 것은 결코 세속적인 성취가 아니었다. 그저 따뜻한 마음으로 함께 웃고 놀아주는 그런 아빠, 그런 남편이었을 것이다. 이제 나는, 어린이 같은 마음으로 딸과 아들, 그리고 아내가 행복해하는 모습을 보기 위해 살아가려 한다. 더 이상 앞만 보고 달리는 존재가 아니라, 과거의 나를 포용하고 지금과 미래의 가족들과 이웃을 따뜻하게 돌보는 존재로 서고 싶다.

자연과 이어지고, 기억과 이어지고, 사람과 이어지는 나. 그런 나로 살아가는 것, 그것이야말로, 이 짧은 체류를 허무하지 않게 만드는 길이 아닐까.

겸재 정선(1670~1750)이 그린 「꽃 아래서 취해」란 작품이 있다. 낮술에 취해 볼이 불그스름하고 눈이 풀린 노인이 취기의 몸을 가누기 위해 두 팔을 땅에 짚은 채 쓰러질 듯 앉아 있다. 그 앞에는 취기만큼 붉은 술병이 넘어져 있고, 안주 접시 주위에 분홍빛 꽃가지들이 흩어져 있다. 노인의 뒤편에는 멀리 높은 산이 솟아 있지만, 노인은 산을 등지고 앉아 꽃을 안주로 술병을 비우고 있다.

정선, 「꽃 아래서 취해」
비단에 채색, 18세기, 22.5x19.5cm, 고려대박물관

그림 속의 노인은 누구일까? 흔히

노인이 봄앓이를 하고 있다고 해석하지만, 나는 다른 모습을 본다. 산의 정상을 향하지 않고 꽃 앞에 머물러 있기 때문이다.

젊은 시절, 나는 오직 정상을 향해 달렸다. 주변의 꽃은 보이지 않았고, 봄이 와도 느끼지 못했다. 산자락을 붉게 물들이며 장관을 이루던 진달래보다 나에겐 개인적인 성취와 의무가 더 중요했다.

기억나는 장면이 있다. 몇 년 전, 내가 중소기업의 대표로 일하던 시절이었다. 회사 창립일이면 직원들과 청계산에 올랐다. 강남역에서 지하철을 타고 청계산 역에 내려 삼계탕에 소주를 곁들여 점심을 먹은 뒤 산행을 시작하곤 했다. 산 중턱쯤, 나이 지긋한 부장이 바위에 앉아 나를 불렀다.

"대표님, 여기 와서 한잔하시죠. 올라가 봤자 별거 없습니다."

나는 혀를 차며 답했다. "그래도 산에 왔으면 정상은 찍고 가야지."

그때 나는 정말 그렇게 믿었다. 시작한 일은 반드시 끝을 보아야 한다고. 그것이 나를 포함한 우리 세대의 방식이었다. 그러나 지금 돌이켜 보면, 그것은 문명과 국가가 질서와 규율을 위해 만들어 놓은 틀에 지나지 않는지도 모른다. 우리는 의무와 책임이라는 이름으로 달려왔지만, 그 과정에서 잃어버린 것이 너무 많았다.

이제야 그 부장의 말이 다시 떠오른다. 정상에 오르는 것보다 더 중요한 것이 있다는걸. 함께 걷던 이가 내민 술잔, 길가에 피어 있던 들꽃 한 송이, 그리고 그 순간을 나누는 따뜻한 마음. 어쩌면, 그 모든 것이 정상의 풍경보다 더 오래 남고 소중한 것일지도 모른다.

한참 동안 와에레보 마을을 거닐다가 나는 어둠 속에 잠긴 계곡과 산 능선 너머로 동그랗게 열린 하늘을 올려다보았다. 참으로 오랜만에 마주한 은하수였다. 흩뿌려진 별들과 성운이 산 능선 위로 고요히 퍼져 있었다.

꽤 늦은 시간이 되었다. 숙소에 돌아오니, 내 자리의 오른쪽엔 카알라가 잠든 채 낮은 숨소리를 내고 있었고, 왼쪽에는 또 다른 젊은 여성이 누워 있었다. 내가 몸을 뉘일 수 있는 공간은 겨우 60~70센티미터 남짓. 조심스럽게 두 사람 사이에 스며들 듯 몸을 눕혔지만, 좀처럼 잠이 오지 않았다. 하루 종일 차에 흔들리고 산길을 걸었건만, 웬일인지 마음은 여전히 깨어 있었다.

결국 밖으로 나왔다. 전기가 꺼진 마을은 완전한 어둠 속에 잠겨 있었다. 스마트폰의 불빛으로 신발을 찾아 신고, 광장으로 나가 나무 벤치에 앉았다. 나처럼 잠 못 이루는 이들이 있었는지. 여기저기서 낮은 목소리로 대화하는 소리가 들려왔다.

나는 고개를 들어 하늘을 올려다보았다. 조금 전보다 더 짙어진 은하수와 별들이 여전히 마을을 내려다보고 있었다. 그 별들은 말없이 나를 감싸안는 듯했고, 나는 그 속에 조용히 스며들어 별들의 일부가 되어 있었다. 한참을 그렇게 앉아 있다가, 억지로라도 자야겠다고 마음을 다잡고 다시 숙소에 들어가, 조심스럽게 자리에 누웠다.

자연 속에서 사는 아이들

아침에 일어나니 새벽 3시였다. 밤 11시 무렵 잠들었으니, 그래도 4시간은 잔 셈이다. 나는 밤에 코를 고는 편이라 걱정했지만, 다행히도 아무도 깨지 않은 듯했다. 밖으로 나오니 천지는 여전히 어둡다.

해뜨기를 기다리는 아이들
바틱 담요를 두른 아이들이 새벽 벤치에 앉아, 말없이 첫 햇살을 기다린다.

뻣뻣한 사지를 스트레칭하자 서서히 몸이 풀리는 느낌이었다. 30분쯤 주변을 거닌 뒤 다시 자리에 누우니, 이내 깊은 잠이 들었다.

다시 눈을 뜨니 새벽 5시였다. 주위는 어스름하게 밝아지고, 제법 많은 사람이 밖에 나와 산책을 하거나 벤치에 앉아 있었다. 한 무리의 어린이들이 몸에 바틱 천 담요를 두른 채 조용히 나무 벤치에 앉아 있었다. 잠에서 덜 깬 듯, 각자 어느 곳인가를 멍하니 응시하며 말이 없었다. 둘러보아도 특별한 것은 없었다. 아마도 이 마을의 아이들은 해가 뜨기 전, 차가운 새벽 공기 속에서 말없이 따뜻한 햇살을 기다리는지도 모른다.

우리는 잠에서 깨어나면 무언가를 '해야 한다'고 생각하지만, 이들은 무위(無爲)로 하루를 시작한다. 아이들이 몸에 두른 바틱 담요는 참으로 유용했다. 밤에는 이불이 되고 아침엔 온몸을 감싸는 담요가 된다. 어떤 아이는 빨강 바탕에 자색과 초록색의 꽃무늬가 프린트된 담요를, 또 어떤 아이는 교차된 선 무늬의 담요를 둘렀다.

사각 창에 얼굴을 내민 아이
안개 낀 아침, 작은 창으로 얼굴을 내민
아이가 수줍게 인사한다.

    날이 밝아오자 점점 많은 사람이 광장으로 모이기 시작했다. 계곡엔 엷은 안개가 내려앉았고, 나는 커피나무밭이 내려다보이는 비탈을 돌며 사진을 찍었다. 다시 광장으로 돌아와 집 주변을 걷는데 맞은편 집 지붕에서 조그만 사각 창이 열리더니, 한 아이가 얼굴을 내밀었다. 나를 발견한 아이는 활짝 웃었다. 내가 사진을 찍어도 되겠느냐고 묻자, 아이는 수줍게 미소를 지으며 고개를 끄덕였다.
    조금 더 걷자, 아침 샤워를 막 마친 듯 머리칼에 물기가 남은 한 젊은 여인이 품에 안은 아기와 눈을 맞추며 미소를 짓고 있었다. 막 떠오른 햇살이 축복처럼 아기와 엄마의 얼굴을 비추고 있었다. 아이는 엄마의 따뜻한 체온과 고요히 울리는 심장 소리, 그리고 자연 속에서 들려오는 온갖 소리와 자극 속에서 세상이 안전하고 아름다운 곳임을 배워가고 있을 것이다.
    최근 심리학 연구에 따르면, 어릴 적 부모와의 피부 접촉이 잦고 자연과 깊이 유대할수록 양심적이고, 외향적이며, 쾌활하고 열린 성향을 보이는 경향을 보인다고 한다. 와에레보에서 만난 아이들의 해맑은 웃음소리, 소녀들의 미소, 어른들의 온화한 눈빛, 사각 창에서 나를 향해 웃던 소년, 아기를 안고 있는 젊은 엄마의 자애로운 미소는

아침을 맞는 아기와 엄마
아침 햇살 아래, 엄마 품에 안긴 아기가 세상의 따뜻함을 배워간다.

모두 자연이 이들에게 선물한 것일지도 모른다.

장 자크 루소는 "자연으로 돌아가라."라고 말했다. 그 말은 숲이나 들판으로의 물리적 귀환이 아닌, 사회적 허위와 위선, 권력관계에서 벗어나 진정한 인간성을 회복하라는 외침이었다. 우리가 자연을 멀리했기에, 우리의 일상도 점점 더 위선과 피로 속에 갇혀가는 것은 아닐까?

오래전 컨설팅사에 다니던 시절, 동료들과 경기도 덕소로 1박 2일의 야유회를 갔던 일이 있었다. 부산하고 피곤한 저녁을 보낸 다음 날 새벽, 세수할 곳을 찾아 냇가로 내려갔다. 물안개가 피어오르고 사위에는 아직 어둠이 채 가시지 않았다. 고요한 정적 속에 햇살이 물안개 사이로 스며들며, 내 앞에 무한한 세계가 열리는 듯한 경이로움이 밀려왔다. 흐르는 냇물, 그 속의 자갈, 나뭇가지 사이로 들려오는 새소리, 피부에 스친 차갑고도 부드러운 바람… 모든 것이 나와 하나로 연결되어 있었다. 나는 자연이었고, 자연이 내 안에 들어와 있었다. 이것이 루소가 말한 인간 본연의 감각이고 감정이 아니었을까.

그러나 그날 아침의 경이로움은 곧 도시의 일상에 묻혔다. 나는 콘크리트로 둘러싸인 공간에서 대부분 시간을 보내며 은퇴를 맞았다. 하지만 오늘 아침, 와에레보 마을에서 나는 잊고 있던 나의 본래 모습을 다시 만났다. 아직 늦지 않았다. 내 안의 자연은 여전히 살아 있었다.

와에레보 마을은 시간이 멈춘 듯했다. 수백 년 전 이 이곳에 처음 정착한 이후, 이들의 삶은 크게 달라지지 않았다. 생활 방식이 워낙 단순하기에, 바뀔 여지가 많지 않아 보였다.

대부분 사람은 새벽 다섯 시면 일어나 집 밖으로 나와, 광장 가장자리 벤치에 앉아 천천히 잠을 깨운다. 아침 식사는 언제나 카사바와 옥수수, 야채수프, 식사가 끝나면 어른들은 커피 농장으로, 아이들은 학교로 향한다. 하루하루가 반복되지만, 권태로움이 없었다.

펜티 축제로 특별 방학을 맞은 아이들은 이곳저곳을 뛰어다니며 해맑게 웃었다. 관광객이 사진을 찍자고 하면, 아이들은 스스럼없이 모여 포즈를 취해준다. 어디에서 구김살이 없었다. 어른들의 얼굴 또한 아이처럼 편안하고 부드러웠다.

실상 이 마을은 관광 수입에 적지 않게 의존한다. 입장료는 1인당 15만 루피아(약 1만 3,000원). 올해 관광객 목표는 3,000명. 연간 4억 5,000만 루피아, 원화로 환산하면 약 4,000만 원이다. 대부분의 의식주를 자급자족하는 여건을 고려하면 결코 적은 돈이 아니지만, 그렇다고 많은 액수라고 하기도 어렵다.

그럼에도 그들은 부족함 없이 살아간다. 아니, 어쩌면 우리보다 더 풍요롭게 살아가고 있는지도 모른다. 많은 것을 가졌음에도 허전함을 느끼는 우리는, 이들보다 실제로 덜 가진 존재일지도 모른다.

문명이라는 이름 아래 우리는 많은 것을 얻었지만, 동시에 더 많은 것을 잃으며 살아왔는지도 모른다. 진정한 풍요와 행복은 더 많이 가짐 속에 있는 것이 아니라, 덜 가지더라도 함께 나누며 누리는 삶 속에 깃드는 법이다.

문득 한 성경 구절이 떠올랐다.

> 두 손에 가득하고 수고하며 바람을 잡는 것보다, 한 손에만 가득하고 평온함이 더 나으리라. (전도서 4:6)

우리는 끝없이 애쓰며 더 많은 것을 가지려 한다. 이는 결코 인간의 본성이 아니다. 우리도 모르게 세상 풍조에 휘말린 결과일 뿐이다.

로마의 스토아 철학자 세네카(Lucius Annaeus Seneca:BC 4~AD 65)는 이렇게 말했다.

> 가장 가난한 사람은 적게 가진 사람이 아니라, 더 많은 것을 원하는 사람이다.

아, 나는 평생을 '더 많이 가지려는 자'로 살아왔으니, 어쩌면 늘 가난한 사람이었는지도 모른다. 얼마나 아이러니한가.

축제 시작의 행진
원로들의 행진 뒤, 깃털 장식의 전사들이 뒤따르며 축제의 시작을 알린다.

전사의 피가 요구되는 펜티 축제

오전 8시경 이윽고 행사가 시작되었다. 일단의 원로들이 회관에서 모습을 드러냈다. 하체는 붉은색 카인(Kain: 전통치마)으로 감쌌고, 상체는 흰 셔츠를 입었으며, 어깨에는 노란색과 빨간색의 줄무늬가 있는 머플러를 걸쳤다. 머리에는 주황색 천을 둘러 매듭을 지은 송콕(Songkok)이라 불리는 모자를 쓰고 있었다.

족장을 선두로 한 원로들의 행렬이 회관을 나서 일렬로 행진했다. 그 뒤를 잇는 전사들은 깃털 장식이 달린 모자를 쓰고, 상체의 날렵한 근육질의 몸을 드러낸 채 흰색 바지에 노란색 끈과 화려한 천으로 허리를 두르고 있었다.

행렬은 예상보다 길게 이어졌다. '저렇게 많은 사람이 어떻게 모두 회관 안에 있었을까' 하는 의문이 들 정도였다. 일행은 광장을 한 바퀴 돌고 나서, 회관과 제단 사이 공간에 둥그렇게 모였다. 전사 그룹의 앞에 선 한 중년 남자가 무엇인가를 설명했다. 아마도 전투 시범

전사들의 전투 시범
채찍을 휘두르며 펼치는 전사의 모의 전투, 피의 제의가 축제의 퍼포먼스로 남았다.

에 관련된 규칙이었을 것이다.

본래 이 전투는 실제 무기를 사용하여 싸우며, 전사가 피를 대지에 흘려 신에게 바치는 제의였다고 한다. 이제는 형식만 남아 시범의 형태로 행해지고 있었다. 두 명씩 짝을 지은 전사들은, 대나무 줄기를 둥글게 휘어 엮은 채찍을 휘둘러 서로를 공격했다. 한쪽이 공격하면 다른 한쪽은 방패로 막고, 곧이어 공수가 바뀌며 시범이 이어졌다. 대부분의 공격은 몸을 피하거나 방패로 막아냈지만, 간혹 채찍이 명중하면 관중의 함성이 터졌고, 맞은 몸 부위는 금세 벌겋게 부풀어 올랐다.

그 모습을 바라보던 나는 문득 의문이 들었다. 만약 이 전사의 싸움이 축제의 중심이라면, 과연 이들이 재현하는 것이 진짜 전통일까? 전사들의 복장과 무기는 마치 석기시대를 떠올리게 했지만, 이들은 분명 상당한 문명을 지닌 채 이곳에 정착했다. 만약 그 이후 외부와의 교류가 완전히 끊겼다면, 문명이 되레 과거로 퇴보했을 가능성도 있다. 실제로 뉴질랜드의 채담 부족이나 오스트레일리아 태즈메이니아에서는 소수 인원이 고립된 환경 속에서 외부 문명의 유입이 막히자 삶의 방식이 석기시대 수준으로 되돌아간 사례가 있었다.

하지만 와에레보는 달랐다. 이 마을은 불과 300여 년 전 이곳에 들어온 이들이 만든 공동체였고, 지금까지 외부와의 접촉이 완전히 끊긴 적은 없었다.

따라서 내가 본 축제는 단순히 과거의 전통을 보존하거나 번복하는 것이 아니라, 현대의 삶과 공동체의 정체성을 드러내는 방식으로 재창조된 문화일지도 모른다.

이 축제는 더 이상 신에게 전사의 피를 바치는 제의는 아닐 수 있다. 그것은 먼 산길을 걸어 이 마을을 찾아온 외지인들을 맞이하는 환대의 형식일 수 있었고, 공동체가 스스로 자신들의 오랜 기억을 되살리고 계승하는 의식의 장일수도 있었다. 마을은 변해가고 있었지만, 이 축제만은 변화 속에서도 선조를 잊지 않겠다는 다짐처럼 느껴졌다.

하산길에서 떠오른 생각들

축제는 하루 종일 이어질 예정이었지만 우리는 마을 원로들과 기념 촬영을 한 후 서둘러 하산했다. 도보 3시간 차량 4시간의 긴 여정이 기다리고 있었기 때문이다.

하산 전 기념 촬영

어제 산을 오를 땐 제법 힘들었지만, 하산길은 한결 수월했다. 발을 헛디뎌 두 번 넘어진 것을 제외하면, 생각보다 편하게 내려왔다. 사실 하산이 오르막보다 더 힘든 경우도 많다. 숨이 차고 허벅지와 종아리가 아픈 오르막과 달리, 내리막은 무릎 관절에 직접 충격이 가해지기 때문이다. 그러나 이번에는 끝까지 통증이 없었다. 꾸준히 하체 근육을 단련하고 자전거를 타온 덕분이었다.

통증이 사라지니 비로소 길가의 산세나 나무들이 눈에 들어왔다. 하지만 안타깝게도, 나는 나무들의 이름을 잘 알지 못했다. 어린 시절 산과 들을 뛰놀며 자랐지만, 그저 신나는 놀이터였지, 배움의 대상은 아니었다. 그 순간, 문득 이런 생각이 들었다. 왜 우리는 일상 속 사물에서부터 배우지 않았을까? 이름을 묻고, 관찰하고, 기억하며, 나무

하나, 풀 한 포기에서부터 세계를 넓혀가려는 마음, 그게 진짜 학습의 시작이어야 하지 않았을까.

자연에 대해 무지하듯, 나는 가족에 대해서도 얼마나 알고 있을까. 아내와 아이들이 무엇을 좋아하고 어떤 삶을 꿈꾸는지, 나는 진심으로 귀 기울인 적이 있었던가. 좋은 남편, 자랑스러운 아빠가 되려 애쓴 나머지, 정작 그들이 원하는 것이 무엇인지 묻지 않았던 건 아닐까 하는 자책이 밀려왔다. 가족의 관계는 관심에서 비롯되는데, 나는 그것을 놓치고 살았던 것 같다.

여행을 끝내고 집으로 돌아가면, 이제는 평생의 반려자인 아내와, 나의 미래를 살아갈 아이들을 더 가까이, 더 깊이 사랑하며 살아가야겠다고 다짐했다.

와에레보에서의 경험은 참으로 특별했다. 이들은 수천 년간 고립된 선사시대의 원주민이 아니라, 불과 수백 년 전 산속에 터전을 마련해 공동체를 세운 평범한 인도네시아 사람들이었다. 지금도 그들의 삶은 크게 달라지지 않았다.

세상은 AI와 생명공학의 시대로 급격히 변해가고 있지만, 이들은 개의치 않는다. 마치 절벽을 오르다 튀어나온 암반 위에 멈춰 선 문명처럼, 그 자리에서의 삶을 이어가고 있었다. 나는 그들에서 "다시 일어나 절벽을 올라라."라고 말하고 싶지 않았다. 오히려 그 자리에 그대로 머물며, 그 삶을 살라고 말해주고 싶었다.

텔레비전도, 스마트폰도 없이 살아가는 이들이 오히려 부러웠다. 인간이 아무리 문명이라는 외피를 두른다 해도, 본질은 결국 생존과 행복에 있지 않은가. 와에레보 사람들은 단순하고 공정한 공동체 안에서 더 많은 것을 가지려 하지 않는다. 하지만, 그들의 삶은, 어쩌면 우리보다 훨씬 풍요할지 모른다.

바조에 돌아오니 어느덧 저녁이었다. 1박 2일 동안 짧은 동행을 함께한 일행들과 아쉬운 작별을 나누었다. 지구라는 행성 위 전혀 다른 삶을 살아오던 사람들이 우연히 만나, 잠시 동행하다 갈림길에서 각자의 길로 향하는 것, 그것이 곧 인생이다.

호텔에 도착해 여권을 건네자, 프런트 직원이 대뜸 한국말로 "안녕하세요?"라고 인사를 건넨다. 요즘 인도네시아 어디서든 한국인은 따뜻한 환대를 받는다. 한류는 이제 낯설지 않은 흐름이었다.

직원은 한국 드라마를 좋아한다며 선심 쓰듯 오션뷰 객실로 업그레이드를 해주었다. 넓찍한 방, 베란다 너머로 한눈에 바다가 시원하게 들어왔다. 하지만 그 순간, 탁 트인 풍경보다 더 간절했던 것은 뜨거운 샤워와 푹신한 침대에서의 단잠이었다.

눈을 감기 전, 에이프릴에게 전화를 걸어 내일 떠날 크루즈 여행 일정을 다시 확인했다. 기대와 피곤이 뒤섞인 채, 나는 서서히 깊은 잠 속으로 빠져들었다.

5장

여행하며 자신의 길을 찾는
젊은 영혼들을 만나다

세계를 여행하는 젊은 여행자들과 마주하며
나는 오래도록 잊고 있던 질문을 떠올렸다.
어떻게 살아 왔던가. 이제 어떻게 살 것인가.
이제, 어린이 마음으로 자유롭고 충실하게 살아가려 한다.

코모도 해상공원

크루즈선에 승선하다

다음 날 아침 10시, 크루즈 여행 가이드가 픽업을 왔다. 승합차를 타고 부두로 이동한 뒤, 작은 보트로 옮겨 타고 바다에 정박 중인 크루즈선에 올랐다. 승객은 총 20명, 배의 정원은 가득 찬 상태였다. 혼자 침대를 쓸 수 있을 거란 기대는 빗나갔다.

유럽에서 온 젊은이들이 많았고, 그 외 호주에서 온 50대 부부와 인도네시아의 젊은이 두 쌍도 있었다.

2박 3일의 크루즈는 왕도마뱀 코모도를 만나는 일정을 중심으로, 해상공원 내 여러 섬을 트레킹하고, 몇 차례 스노클링을 하는 일정으로 짜여 있었다.

우리가 승선한 크루즈선, 코나 로카(Kanha Loka)호는 며칠 전 부두에서 본 피니시 목선과 비슷한 배로, 길이 약 30미터, 폭은 6미터 남짓했다. 선체 앞쪽에는 탁 트인 넓직한 거실이, 중간에 식당, 후미에는 조리

KANHA LOCA호

실과 선원들의 숙소가 있었다. 주갑판 아래에는 8인실 한 개와 2인실 두 칸이, 상갑판에는 조타실 뒤로 2인실 네 칸이 좌우로 배치되어 있었다.

조타실 앞으로는 선베드와 일몰을 감상하기에 안성맞춤인 넓은 덱이 있고, 조타실 위 상부에는 거대한 조각상이 자리하고 있었다. 가운데엔 바다의 신 포세이돈, 양옆엔 힌두의 코끼리 신 가네샤. 서로를 외면한 채 각기 다른 방향을 응시하고 있었다.

수호신이 셋이나 있으니, 이번 항해의 안전만큼은 걱정이 없을 듯했다.

바람 속에서 느끼는 편안함과 자유로움

이윽고 크루즈선이 출발했다. 너무 조용하게 움직여, 주변의 풍경이 달라진 뒤에야 출항했다는 걸 알아차렸다.

상갑판에 올라 바다를 둘러보던 나는 조타실에 눈길이 멈췄다. 놀랍게도 조타실에는 앳된 얼굴의 젊은 여성이 선박을 조정하고 있었다. "당신이 선장인가요?" 하고 묻자, 그녀는 수줍게 웃으면 "선장 보조예요."라고 말했다. 그러면서, 능숙한 솜씨로 복잡한 섬 사이를 유

거대한 수호신들

유히 항해하고 있었다.

  나는 해군 장교와 상선의 항해사로 일한 경력이 있어, 선박을 조정하는 일의 무게감을 잘 안다. 고속정 정장 시절, 입출항이나 협수로 통과 시에 반드시 정장인 내가 선박을 지휘했다. 그런데 이 배를 몰고 있는 스물한 살의 비나(Bina)는, 내가 몰던 고속정보다 훨씬 큰 배를 혼자서 태연하게 조정하고 있었다.

  사실 스물한 살은 어린 나이가 아니다. 마케도니아의 알렉산더 대왕은 스무 살에 동방 원정을 시작했고, 오스만 제국의 마호메트 2세는 열아홉에 천년 왕국 콘스탄티노플을 정복했다. 나이와 성취 사이에는 아무런 상관관계도 없다. 우리가 스스로 그어놓은 고정관념이 있을 뿐이다.

  조타실 바깥 양옆의 벤치에 반쯤 채워진 대형 쿠션이 놓여 있었다. 등을 기대자 쿠션이 몸의 곡선을 따라 부드럽게 감싸며 편안히 받쳐주었다. 나는 그 쿠션에 몸을 맡긴 채 떠나는 바조항을 바라보았다.

  부드러운 진동과 함께 크루즈선이 앞으로 나아가자 상쾌한 바닷바

수줍은 선장(보조) 비나

람이 온몸을 스쳤다. 멀어지는 항구를 보며 문득 세상의 모든 굴레에서 풀려나는 듯한 홀가분함이 밀려왔다. 앞쪽에서 다가오던 섬들이 금세 옆으로 지나갔다.

섬들은 민둥산이었다. 누런 풀만 산등성을 덮고, 그 사이로 커다란 나무 몇 그루가 띄엄띄엄 서 있었다. 왜 숲을 이루지 못하는 걸까. 불규칙한 비, 낮은 습도, 이따금 스치는 자연 화재 속에서 살아남은 나무는 우연히 수분과 양분이 모인 곳에 뿌리를 내린 생존자들이다. 식물은 이동할 수 없기에, 주어진 조건에 응전할 수밖에 없다. 서로의 뿌리를 섞을 여유조차 없는 거리에서, 결국 한 그루만 살아남는다.

사람도 다르지 않았다. 약 10만 년 전, 동아프리카 지구대의 울창한 밀림이 사바나로 변하자, 인류는 이동을 택했다. 아라비아반도를 지나 인도와 동남아, 그리고 플로레스를 거쳐 오스트레일리아로 이어진 여정-그것이 생존의 선택이었다.

반면, 해안선을 따라 난 맹그로브 숲은 밀물과 썰물에 순응하며 제자리를 지켰다. 그 숲은 겉으로는 고요했지만, 안으로는 치열한 생존의 기록이었다.

어쩌면 인간도, 끊임없이 이동하는 존재이면서 동시에 맹그로브처

상갑판의 선베드에 누워
사람이 떠난 섬은 무인도가 되었고, 승객들은 눈길 한번 주지 않은 채 스쳐 지나간다.

럼 제 자리에 뿌리를 내리고자 애쓰는 존재인지도 모른다.

사바나 섬은 사람이 살기 어려운 땅이다. 나무가 없어 빗물을 저장하지 못하고, 가파른 비탈은 경작에 적합하지 않고, 숲이 없으니 사냥할 짐승도 없다. 언젠가 이곳에 정착하려 했던 사람들도 끝내 삶을 이어가지 못하고 떠났을 것이다.

지금은 상갑판 위에서 선베드에 누운 승객들이 이 황량한 섬을 힐끗 보거나, 아예 눈길조차 주지 않은 채 스쳐 지나간다. 마치 인류의 긴 시도와 퇴각의 기억마저, 햇빛 아래 흘려버린 사소한 풍경처럼 묻혀가는 듯했다.

그렇게 섬은 다시, 아무도 머물지 않는 무인도가 되었을 것이다. 그리고 나 역시, 섬처럼 비워진 채 바람에 실려, 천천히 흐르듯 지나가고 있었다.

기분 좋은 해풍이 온몸을 감싼다.

이런 만족감은 어디에서 오는 것일까.
간절히 원하던 무언가를 이루었을 때의 성취감과는 다르다.
그저 편안하다. 불현듯 찾아온 자유로움.
나를 옥죄던 모든 굴레가 스스로 풀려나가는 듯한 홀가분함.

세속의 의무와 마음 깊이 숨겨두었던 욕망까지도 잠잠해지고,
그 자리를 무(無)의 고요와 공허가 채운다.

지금 이 순간, 나는 할 일도, 해야 할 일도 없다.
그저, 이대로 있을 뿐이다.

부드러운 바닷바람 때문일까.
느낄 듯 말 듯, 배 밑바닥에서 올라오는 엔진의 진동 때문일까.
청명한 하늘에 한가로이 떠 있는 몇 조각의 구름 때문일까.

이 감정은 낯설다.
무언가를 움켜쥐었을 때가 아니라,
모든 것을 내려놓았을 때 찾아오는 해방감.
포기하고 나서야 비로소 다가오는 아득한 평온.

나는 지금껏 이런 감정을 느껴본 적이 있었던가,
아, 어쩌면 어린 시절 이후 처음 찾아온 감정인지도 모른다.

욕망과 책임, 의무로 가득 차 있던 마음,

세상을 쪼개고 판단하던 이성은 희미해지고,
그 틈으로 바람과 빛이 스며든다.

문득 한 여행사의 슬로건이 떠오른다.
'아무것도 하지 않을 자유'

나는 그 자유를 누려보지 못한 채 살아왔다.
휴가조차 '비싼 값을 치렀으니 뭔가를 즐겨야 한다'라는 강박 속에,
두고 온 일들에 대한 염려가 늘 마음 한편을 짓눌렀다.

아무것도 하지 않아도 되는 이 시간조차,
그 편안함의 원인을 찾아내려 애쓰는 마음의 분주함.
아마도 그것은,
아직 세상에 매인 끈을 완전히 끊어 내지 못했기 때문이리라.

2,500년 전, 고타마 싯다르타는 안락한 왕궁을 떠나 6년간 고행에 나섰다. 그러나 그는 곧, 금욕만으로는 영적 통찰에 이를 수 없다는 것을 깨달았다. 싯다르타는 안락과 금욕 사이의 중도를 택했고, 35세에 증득(證得)하여 붓다, 즉 깨달은 자가 되었다.

붓다의 통찰은 단순했다. 삶은 고통이며, 그 고통은 갈망과 집착에서 비롯된다. 그리고 벗어나는 길은 갈망과 집착을 내려놓은 데 있다. 나는 불교 신도는 아니지만, 철인(哲人)으로서의 붓다에게서 깊은 공감을 느낀다.

예순아홉 해를 살아오며, 내 삶은 아프고 고통스러웠다. 그 뿌리는

대부분 갈애(渴愛)를 벗어나지 못한 데 있었다. 왜 그리도 '해야 할 일이 많다'고 믿었던가, 스스로 짐을 짊어진 채 사막을 건너는 낙타처럼 묵묵히 견디는 삶을 당연히 여겼다. 그러면서도 늘 부족하다며 자신을 채찍질했다. 결국 내 삶을 지배해 온 것은 집착이라는 괴물이었음을 이제야 깨닫는다.

세속적인 성공은 늘 눈앞에서 나를 유혹했다. 아름답고 숭고해 보였으며, 손에 잡힐 듯 가까웠다. 숨이 끊어질 듯 고통스러워도 '조금만 더' 버티면 정상에 도달할 수 있다고 믿었다. 그렇게 예순아홉 해를 걸어왔다.

조타실에 다시 가보았다. 항해 장비라고는 조타기와 엔진 컨트롤러가 전부다. 그러나 비나는 그 단출한 장비를 다루며 노래를 흥얼거리며, 태연한 얼굴로 배를 운항하고 있었다.

내가 예전에 해군 고속정의 정장(Skipper)이었다고 말하며, "스타~보드(Starboard)!", "미쩝(Midship)~!" 하고 조타 명령을 외치자, 비나는 놀라면서 반갑게 웃었다. 그리고는 "이 배는 작지만, 당신이 타던 배는 틀림없이 굉장했을 것"이라고 겸손하게 응답했다.

자신을 내세우지 않는 태도, 일상 속에서 자연스럽게 드러나는 존중과 겸손, 나는 무슬림 청년 비나에게서 내가 믿는 예수님의 가르침의 한 조각을 보았다.

우리는 지금, 섬과 섬 사이를 항해하고 있다. 왼쪽으로 기다란 섬 하나가 모습을 드러냈다. 해변에는 몇 채의 집들이 모여 있었고, 마을에서 산 위로 이어지는 오솔길이 희미하게 보였다. 이곳 사람들은 어떤 삶을 살아가고 있을까? 아마도 세상의 변화에 무심한 채, 주어진

사바나 섬
세상과 격리된 섬, 메마른 자연과 함께 묵묵히 살아가는 사람들이 거기에 있다.

환경에 순응하며 살아가고 있으리라.

 모두가 도시로, 그리고 더 큰 도시로 향한다. 그러나 그곳에선 웬만한 행운 없이 버텨내는 삶은 고되기 짝이 없다. 와에레보의 소녀들도 언젠가 도시에 나가고 싶어 할까? 비나는 언젠가 원양선의 선장을 꿈꿀까? 욕망은 인간의 본능이며 문명을 움직이는 동력이다. 그러나, 너무 많은 이들이 무언가를 쫓다 지쳐, 허무하게 생을 마쳤다.

 부처의 깨달음이 내 삶의 마지막 장에 와서야 스며드는 까닭은, 어쩌면 그 모든 갈망 끝에 도달한 자연스러운 귀결인지도 모른다.

 상부 선실에선 인도네시아 젊은 커플 두 쌍이 선베드에 누워 있었다. 그중 한 쌍이 다가와 말을 건넸다. 수마트라에서 휴가를 왔다며, 온라인 쇼핑몰을 운영하고 있다고 했다. 흰 피부와 경제적 여유가 느껴지는 말투를 들으며, 문득 수마트라 북단의 도시 아체가 떠올랐다. 대항해 시대 후추 산지로 유명했고, 오랜 네덜란드 지배 속에도 독립을 유지했던 곳. 예전에 싱가포르에서 그 도시를 가보려다 분리 독립 투쟁 소식에 포기했던 기억을 이야기하자, 그는 웃으며 말했다. "전혀 그렇지 않아요, 언제든 연락하세요."

 배가 출항한 후, 마음이 점점 느슨해진다. 온몸이 이완되는 기분.

적어도 이 배 위에서 보내는 2박 3일 동안은 스트레스를 받을 일이 없으리라. 예정된 스노클링과 섬 트레킹도 그리 부담스럽지 않다. 이곳 섬들은 해발 100미터 남짓한 민둥산이 대부분이니까.

열대 바다의 바람은 소리 내 웃는 장난기 어린 웃음이 아니라, 수줍은 눈웃음처럼 가볍고 섬세하다. 손으로 내어 바람을 잡아보면 살짝 젖은 듯한 기분. 그 바람이 있으니 꿉꿉한 선실에 머물 이유는 없었다. 오늘 밤, 나의 침실은 이곳 상부 갑판, 쿠션은 매크리스. 바닷바람은 포근한 차렵이불이었다. 밤하늘 아래, 나는 기분 좋은 숙면을 취했다.

아침 식사 후, 오늘 오전 일정은 스노클링이었다. 망설이다 참여하기로 했다. 어차피 이 크루즈 여행의 핵심은 그것인데, 빠지면 절반은 놓치는 셈이니까.

그런 문득 생각했다. 아, 이것도 의무감일까? '돈을 냈으니 즐겨야 한다'는 오래된 강박. 아직 멀었다. '아무것도 하지 않을 자유'를 온전히 누리기까지는.

스노클링: 다시 만난 바닷속 세계

본선 옆에 매달린 조그만 보트로 갈아타고 10여 분을 달려 스노클링 포인트에 도착했다. 젊은이들은 망설임 없이 물속에 뛰어들었다. 나도 뒤따라 입수했다. 스노클이 얼굴에 잘 밀착되는지 확인한 뒤, 천천히 입으로 숨을 들이마시고 내쉬어 보았다. 괜찮았다. 안심하고 머리를 물속에 담갔다.

스노클링

　순간, 세상이 조용해졌다. 소리는 사라지고 시각만 또렷해졌다. 오감이 멈춘 듯, 오직 눈으로만 느껴지는 세계였다. 산호초는 형언할 수 없을 만큼 선명했고, 원색의 생물들은 마치 의식을 치르듯 조화롭게 어우러졌다. 형광빛 작은 물고기들이 떼 지어 유영했고, 좀 더 큰 어종들은 유유히 홀로 흘러갔다. 서두름도 경계도 없었고, 넓고 깊은 공간 속에서 서로를 방해하지 않은 채 살아가고 있었다.

　우리는 늘 소리, 냄새, 말에 휘둘리며 살지만, 이곳에선 '보는 것' 하나만으로도 세상이 충분했다. 플라톤이 말한 동굴의 벽 너머 '진짜 세계'가 있다면 이런 모습이 아닐까. 일상에서 보지 못했던 본질이 물속 풍경으로 눈앞에 펼쳐지는 듯했다.

　물론 알고 보면 이곳도 생존의 치열함으로 가득할 것이다. 그러나 그 순간만큼은, 그런 사실도 잊고, 무음(無音)의 황홀 속으로 잠겼다. 아름다움이란, 어쩌면 가장 치열한 생존 위에 덧씌워진 부드러운 외피일지도 모른다.

　나는 조화와 평온함 속에 감춰진 치열함을 감지하지 못한 채, 그저 바닷속 세계의 표면만을 보고 있는지도 모른다. 인간 사회도 마찬가지다. 화려한 문명의 겉모습 속에는 눈물겨운 경쟁과 투쟁이 숨어 있다. 그런데도 지금 내 눈앞의 바닷속은 경이롭고 평화로웠다.

1990년대 디즈니 애니메이션 「인어공주」가 떠오른다. 'Under the Sea'라는 흥겨운 노래 속에서 바닷속 생물들이 현란한 군무를 추던 장면. 한때는 그 장면이 과장이라 여겼다. 그러나 몇 년 전, 스쿠버다이빙을 했을 때, 생각이 달라졌다. 애니메이션의 화려한 상상조차 실제를 따라가지 못한다는 걸 깨달았다. 인간의 표현 능력으로는 이 세계를 온전히 재현할 수 없었다. 이런 경이를 마주했을 때는 그저 온몸으로 느끼는 수밖에 없었다. 직접 그 속에 들어가, 물결과 빛에 몸을 맡겨야 했다. 그때야 비로소 나는 바닷속 세계의 일부가 되었다.

그러나 그 경이로운 풍경도 오래 누리지는 못했다. 입안으로 자꾸 바닷물이 들어왔다. 마우스피스를 제대로 물지 못한 탓인지 숨쉬기가 점점 불편해졌다. 물 밖으로 머리를 빼고 스노클을 벗어 물을 뱉어내는 과정을 반복했다. 같은 장비를 쓴 젊은이들은 수심 깊은 곳까지 자유롭게 다이빙했는데, 그들은 물속에서 스노클을 다루는 요령을 이미 익힌 듯했다.

물이 입안에 차오르면 호흡은 곧 생존의 문제가 되었다. 길게 들이마시고 천천히 내뱉어야 했지만, 조급해지며 리듬이 무너졌다. 스노클 사용도, 호흡도 결국 연습이 필요했다. 익숙하지 않으면, 아무리 아름다운 바다도 위험한 공간이 된다. 나는 물 위에서 어기적거리며, 물속을 유영하는 젊은이들을 바라보았다. 그들은 마치 커다란 인어처럼 유연하게 움직였고, 진정 바다의 일부가 된 듯 보였다. 그들의 모습이 부러웠다. 세상을 열심히 살아왔건만, 여전히 배워야 할 것이 많음을 실감했다.

　스노클링이 끝나고 다시 작은 보트로 올라가는 일은 생각보다 쉽지 않았다. 측면에 설치된 1미터 남짓한 철제 사다리를 잡고 올라가야 했는데, 먼저, 스노클과 오리발을 벗어 배 안으로 던진 뒤 두 손으로 난간을 잡고 사다리를 딛는 순간, 보트가 내 쪽으로 기울며 휘청였다. 나는 거의 거꾸로 매달린 꼴이 되었고, 이제는 팔의 힘으로 몸을 끌어 올릴 수밖에 없었다. 배 위의 젊은이들이 손을 내밀었지만, 그 손을 잡는 순간 균형이 더 무너질 것 같아 거절했다. 몇 차례 시도 끝에 '이번이 마지막이다'라는 마음으로 온 힘을 다해 난간을 힘껏 당겨 점프하듯 보트 끝을 넘었다. 안도할 틈도 없이 몸은 보트 바닥으로 구르며 허리에 강한 충격이 전해졌다.

　모두가 손을 내밀어 일으켜 주며 괜찮냐고 물었다. 나는 웃으며 대답했지만, 사실 통증은 꽤 심했다. 그렇게 오늘의 스노클링은 다소 극적인 장면으로 끝을 맺었다.

　그 사다리 앞에서, 문득 생각했다. 내 몸이 이렇게까지 약했단 말인가. 과학과 기술이 만들어 준 편리함 속에서 평생을 살아오다 보니, 어느새 나의 육체적 능력은 퇴화되어 있었다. 자신의 몸 하나 들어 올리지 못한 채 바다라는 낯선 세계 앞에서 속수무책이던 나.

　생명은 본래 바다에서 왔다고 한다. 그러나 우리는 육지로 올라와 진화하고, 문명을 세우며, 고향과 멀어졌다. 바다는 이제 더 이상 우리의 집이 아니다. 감성은 여전히 바다에 조응하지만, 몸은 낯설고 어색하다. 물속에서 호흡도, 움직임도 어색했던 내가 그 증거였다. 인간은 위대한 문명을 이루었지만, 그 대가로 자연 속에서 살아갈 능력을 잃었다.

그래서였을까. 옛 조선의 선비들은 말년에 속세를 떠나 자연으로 돌아갔다. 그것은 단순한 은둔이 아니라, 잃어버린 인간 본연의 감각과 관계를 회복하는 회귀였는지도 모른다.

나 또한 은퇴 후 고향에 돌아가 집을 짓고 자연 속에서 살겠다는 계획을 세웠다. 고향에 땅을 미리 마련했고, 집을 직접 짓겠다며 목조주택학교에 다니기도 했다. 그러나 막상 은퇴를 하고 나니 시골에 가지 못할 이유들이 하나둘 쌓여갔다.

봄날 꽃이 만발하는 정원을 가꾸는 낭만보다, 쉴 새 없이 자라는 잡초 앞에서 허둥대는 모습이 먼저 그려졌다. 도시에 살면서도 자주 가지 않던 도서관이나 음악회조차 멀어진다고 생각하니 아쉬움이 밀려왔다. 나이가 들수록 거동은 불편해질 텐데, 대형 병원이 멀다는 불안도 마음을 붙잡았다.

그렇게 나는 아직 도시를 떠나지 못했다. 마음은 이미 떠났는데, 몸은 여전히 도시에 남아 있다.

다음 날도 스노클링 일정이 있었다. 참여할지 결정하려면, 먼저 오늘 무엇이 문제였는지를 돌아봐야 했다. 가장 큰 문제는 입안으로 들어오는 바닷물을 적절히 처리하지 못한 점이었다. 처음에는 괜찮았던 것을 보면, 장비 자체의 문제는 아니었던 것 같다. 그래도 얼굴에 잘 맞는 장비를 미리 고르는 건 여전히 중요하다.

근본적인 문제는 호흡법이라는 생각이 들었다. 스노클을 착용하면 고글이 코를 막기 때문에 입으로만 호흡해야 한다. 천천히 길게 들이마시고, 짧게 내쉬는 것이 핵심인데, 나는 이 원리를 잘 알지 못했다. 물이 스노클 안으로 들어왔을 때 처리하는 요령도 몰랐다.

선실 동료인 필립에게 물어보니, 방법은 생각보다 간단했다. 짧고 강하게 숨을 내뱉으면 압력으로 스노클 내의 물이 빠져나간다는 것이다. 우선, 장비가 모여 있는 곳으로 가서 여러 개를 착용해 보고, 가장 잘 맞는 것을 골랐다. 착용한 채 호흡을 연습하니 조금씩 익숙해졌다. 옆에서 지켜보던 필립은 엄지손가락을 들어 응원해 주었다. 오늘 터득한 단순한 요령이 내일 전혀 다른 경험으로 이끌 것만 같다. 세상일도 그렇다. 의외로 작은 것이 큰일의 성패를 결정하는 경우가 많다.

켈러섬: 사바나 기후가 만든 풍경

점심을 먹고 휴식을 취하는 동안 배는 다음 목적지인 켈러(Kelor)섬으로 향했다. 섬 가까이 이르자 배는 정박했고, 우리는 작은 보트로 갈아타고 트레킹을 위해 섬으로 접근했다. 그러나 세찬 바람과 높은 파도 탓에 보트를 부두에 대기가 쉽지 않았다. 보트는 파도에 따라 아래위로 심하게 요동쳤다. 우리는 가이드의 신호에 따라 보트가 파도를 타고 올라갔다가 잠시 정지된 찰나를 노려 재빠르게 부두로 건너가야 했다. 선원 한 명이 보트에서 우리를 잡아주었고, 다른 한 명은 부두 위에서 손을 내밀어 끌어 올려주었다.

시간은 걸렸지만 모두 무사히 부두에 내려 길게 뻗은 나무 덱을 따라 섬 안으로 걸어 들어갔다. 켈러섬은 생각보다 작았다. 길이는 약 500미터 남짓, 폭은 그보다 좁고, 중앙에는 해발 100미터 정도의 낮은 언덕이 솟아 있었다. 섬 전체는 사바나 기후의 특성 그대로,

미끄러운 하산길
모래가 흘러내리는 경사로.
접지력 좋은 신발과 엉덩방아에
의지해 내려왔다.

30~50센티미터 길이의 누런 풀로 뒤덮여 있었고, 해안선을 따라서는 얇은 맹그로브 숲이 띠처럼 둘러싸고 있었다.

건기가 길어지며 나무와 풀은 생기를 잃고 쓰러진 채 말라 있었다. 언덕으로 오르는 길은 흙가루와 모래가 뒤섞여 발을 디딜 때마다 먼지가 일었다. 경사는 가파르고 바닥이 미끄러워 여간 조심하지 않으면 안 되었다. 그러나 조금 오르다 보니 나름 요령이 생겼다. 이미 발자국이 난 안쪽보다, 바깥쪽으로 지그재그로 걷는 편이 조금 수월했다.

정상에 오르자, 눈 아래로 코모도 국립공원의 섬들이 한눈에 들어왔다. 그 너머 바다 위로 크루즈선들이 오가고 있었다. 하지만 풍경은 황량했다. 우기로 접어들어야 할 시기였지만, 올해는 엘니뇨의 영향으로 단 한 차례의 비도 내리지 않았다. 풀들은 이미 수분을 다 빼앗긴 채 바싹 말라 있었고, 바람에 흩날릴 듯한 건초더미처럼 섬 전체를 덮고 있었다. 기후 변화의 최전선에 선 존재는 언제나 움직이지 못하는 초목이다. 이어 초식 동물, 육식 동물, 그리고 마지막이 인간이다.

정상에서 내려오는 길은 더 험했다. 발을 디딜 때마다 흙가루가 흘러내리고, 붙잡을 만한 나무도 없었다. 다행히 이번 여행을 위해 준비한 트레킹화의 접지력이 좋아 서너 번 엉덩방아를 찧고서 무사히 내려올 수 있었다.

켈리 섬의 해안선엔 좁은 백사장이 이어지고, 바다는 여전히 높은 파도를 일으키고 있었다. 우리를 태울 보트는 아직 보이지 않았다. 알렉스와 안토니아는 파도가 거센 바다로 들어가 수영을 하고 있었다. 파도에 머리가 드러났다 사라지기를 반복한다. 곧 다른 젊은이들도 차례차례 물속으로 뛰어들었다.

해변에 남은 사람은 호주인 부부, 인도네시아인 커플들, 그리고 나였다. 커플들은 천막 그늘 아래에서 컵라면을 먹고 있었다. 유난히 이들의 식사 장면이 자주 눈에 띈다. 여성들은 대부분의 액티비티에는 참여하지 않고, 선실에서 시간을 보내다, 가끔 긴 드레스를 입고 거실에 나타나곤 했다. 가만히 관찰하다 보니, 외모뿐 아니라 행동 양식에서도 동서양의 차이가 느껴졌다. 서양의 젊은이들은 세상 속으로 몸을 던지는 듯했고, 동양의 커플들은 한발 물러서 세상을 바라보는 듯했다.

인류는 왜 서로 다른 철학과 문명을 만들어 왔을까. 서양은 '무엇인가'를 묻고, 세계를 분석하고 개입해 왔다. 플라톤과 아리스토텔레스, 데카르트의 사유는 과학혁명과 산업혁명, 자본주의와 민주주의로 이어졌다. 반면 동양은 "어떻게 살아야 하는가?"를 물었다. 공자는 인간을 관계적 존재로 보았고, 노자는 인위보다 자연의 흐름을 따르라 했다. 즉, 서양은 바꾸려는 태도, 동양은 받아들이는 태도가 더 강했다.

그 사유의 궤적이 지금 이 해변에서 조용히 드러난다. 서양의 젊은이들은 파도 속으로 몸을 던지고, 동양의 커플들은 그늘 아래에서 세상을 바라본다. 정복과 개입, 관조와 수용. 작은 차이가 수백 년간 문명의 방향을 갈랐는지도 모른다.

물론, 이것은 단순한 대비나 우열의 문제가 아니다. 서양도 자연을 경외했고, 동양 또한 위계와 억압의 그늘을 안고 있었다. 그러나 오늘, 정복의 피로와 생태적 위기 앞에서 두 세계관은 다시 만난다. 동양의 조화적 세계관은 생태 위기와 인간 소외 속 대안이 되고, 서양의 합리주의는 문제 해결의 도구가 된다. 미래의 문명은 어쩌면 이둘의 교차점에서 태어날 것이다. 바꿀 수 있다는 믿음과 받아들일 수 있는 여유. 두 철학이 나란히 존재하는 공간에서, 인간은 다시 '어떻게 살 것인가'를 물어야 한다.

나는 이 질문을 마음속에 되뇌며 바람 소리를 들었다. 바람이 점점 강해졌다. 멀리 있던 크루즈선이 우리 쪽으로 다가왔다. 서양의 젊은 이들은 여전히 바다에서 파도를 즐기고 있었고, 인도네시아 커플들은 천막 아래 그늘에서 셀카를 찍고 있었다. 드디어 보트가 도착했고 우리는 무사히 배로 돌아왔다.

파다르섬: 일출을 찍기 위해 모여든 인파

크루즈선은 다음의 목적지인 파다르(Padar) 섬을 향해 천천히 나아갔다. 왼편으로 해가 지고 있었다. 뉴질랜드 스키장에서 일하다가 영국으로 돌아가는 길이라는 브리아나가 낙조를 찍고 있었다. 해가 지는 모습은 일출보다 더 깊은 감동을 준다. 해돋이가 시작과 희망을 상징한다면, 해넘이는 이별의 쓸쓸함을 담고 있기 때문이다. 수평선 위에 섬들의 실루엣이 떠오르고, 짙은 감청색 하늘 위로 별들이 하나둘씩 빛나기 시작했다.

바다의 낙조

배는 두 시간가량 어둠 속을 조용히 항해하다가 마침내 파다르섬 인근 해역에 닻을 내렸다. 엔진이 멈추자, 바람도 함께 가라앉으며 사방은 깊은 어둠과 적막 속에 잠겼다. 이제 배는 부드럽게, 아주 천천히 좌우로 흔들릴 뿐이었다.

워크맨을 꺼내 라흐마니노프의 교향곡 3번을 들었다. 길고 낮게 이어지다 돌연 치솟는 선율. 현의 떨림과 관악의 폭발이 억눌린 감정을 흔들어 깨웠다. 내 안에서 무언가가 진동한다. 슬픔도 기쁨도 아닌, 그 사이 어딘가에서 피어나는 아득한 감정. 눈을 감자, 우주가 내는 숨소리 같은 침묵 속에 라흐마니노프의 선율과 별빛이 겹쳐졌다. 음 하나하나가 별처럼 반짝이며 내 안의 우주에 공명을 일으켰다.

밤하늘을 올려다보니 은하수 구름이 하늘을 가르고 있었다. 저 빛들 중 하나쯤은, 수십 년 전 지구를 떠나 지금 성간 우주를 항해 중인 보이저호의 궤적 위에 놓여 있을지도 모른다. 보이저호에 실린 금색 음반에는 지구의 소리와 음악, 인간의 심장 박동을 담겨 있다. 우주 어디에 있을지 모를 생명체를 향한 그 메시지는 지금도 어둠 속을 항해 중이다. 그것은 과학이라기보다는, 기도다. 수만 년 전 이곳을 살던 원시 인류가 알 수 없는 하늘의 존재를 향해 동굴 벽에 날아오르는 새를 그렸던 것처럼, 미지의 존재를 향한 기도다.

이 조용한 밤,
나는 라흐마니노프 선율에 의식을 실어 우주로 띄운다.
보이저호가 지구를 찍었던 자리. 그곳에서 뒤돌아 본다.
어둠 속에 떠 있는 희미한 작은 별,
칼 세이건이 '창백한 푸른 점'이라 불렀던 그곳.
인류의 모든 이야기와 나의 삶이 그 안에 담겨 있다.
얼마나 작고, 얼마나 연약한가.
가슴이 저려왔다. 라흐마니노프의 선율처럼.

의식은 다시 천천히 내 안으로 들어왔다.
수조 개의 별이 은하계에 흩어져 있듯,
내 뇌 속의 뉴런들도 시냅스를 통해 연결되어 있다.
그 연결망 어딘가에서 '경외'라는 감정이 창발한다.
별빛이 모여 별자리를 이루듯,
신경세포들이 하나의 진동으로 응답하고 있다.
존재와 세계가 겹쳐지는 찰나, 경외는 숭고로 깊어졌다.

음악이 끝나자 피로가 몰려왔다. 내 안의 시냅스들이 하나둘 불을 끄듯, 내 의식도 천천히 가라앉았다. 그날 밤은 선실이 아닌 식당의 소파에서 잠을 청했다. 그러다, 새벽 1시쯤, 차가운 기운에 눈을 떴

파다르섬에 모인 크루즈선들
이른 새벽, 일출을 보기 위해 크루즈선들이 모여든다.
승객을 실어나르는 보트들이 분주히 해변을 오간다.

다. 나는 온기를 찾아 침실로 내려갔다. 안은 고요했고, 모두 깊은 잠에 빠져 있었다. 나는 필립의 다리 아래쪽을 조심스럽게 지나, 안쪽 빈자리에 몸을 눕히고 다시 잠들었다.

오늘 일정은 일찍 시작되었다. 파다르(Padar)섬에서 일출을 보기 위해 오전 4시에 기상했다. 이 섬의 일출은 코모도 해상공원의 상징과도 같다. 인도네시아를 소개하는 포스터, 여행 책자, 자카르타 공항 입국 통로에도 이 장면이 빠지지 않는 장면이다.

식빵과 버터, 잼으로 간단히 아침을 먹고, 커피 한 잔을 마시니 아침의 감각이 깨어났다. 곧 우리를 태운 보트가 파다르섬으로 다가가 해변 앞에서 멈췄다. 주위에는 이미 수많은 크루즈선이 닻을 내리고

정상을 향하는 인파

있었고, 플로레스의 모든 크루즈선이 여기에 모인 듯 분주했다. 각 배는 보트가 오가며 승객을 실어 나르고 있었다.

선착장이 없는 까닭에 바다에 직접 내려야 했다. 신발을 손에 들고 종아리 깊이의 물을 걸어 백사장에 닿았다. 발의 물기를 닦고 신발을 신으니, 본격적인 오름길이 기다리고 있었다.

해변에는 이미 많은 사람들이 도착해 있었다. 계단을 따라 산에 오르기 시작하니, 줄지은 인파가 앞뒤로 빼곡하다. 오래전 새해 첫 일출을 보러 관악산을 올랐던 기억이 떠오른다. 정상 아래 1,000보 계단 앞에 몰린 인산인해처럼, 이 언덕길도 사람들로 가득했다.

파다르섬은 어제 올랐던 켈러섬보다 훨씬 크고 복잡한 지형이다. 우리가 상륙한 지점은 섬의 중앙이며, 이곳에서 세 방향으로 울퉁불퉁한 산 능선이 뻗어 있다. 뒤편엔 양면으로 솟은 능선이, 앞쪽엔 가장 높은 정상이 이어졌다.

하늘은 여명의 노란빛으로 물들기 시작했다. 정상에 닿기 전 해가 떠오를 것 같았다. 하지만 꼭 정상까지 오를 필요가 있을까? 어디서

일출을 기다리는 사람들

든 주황빛 태양을 마주한다면 충분하지 않을까? 사람들은 촛대처럼 솟은 바위나 실루엣이 잘 드러나는 자리에 앉아 서로 사진을 찍어주며 일출을 기다렸다. 포토존에는 줄이 늘어서 있었다.

이곳에서 찍힌 사진은 누구든 비슷한 모습으로 엽서의 주인공이 된다. 요즘 웨딩사진도 다르지 않다. 사진가는 젊은 커플의 인생 장면을 연출하는 방법을 안다. 마주 보며 눈을 맞추거나, 신랑의 등에 업힌 신부 같은 포즈는 이미 정형화된 아름다움이다.

그 순간, 개성은 지워지고, 보편적 아름다움만 남는다. 피타고라스의 비례와 균형의 미처럼, 이는 개성이 아니라 형식의 산물이다. 오늘날 사진은 후보정으로 완성된다. 신부와 신랑의 얼굴은 잡티 없이 다듬어지고, 눈과 입술은 또렷해진다. 결혼식장에 걸린 사진은 실제 모습보다 이상화된다.

우리 모두 이런 유혹에서 자유롭지 않다. 나만의 삶을 꿈꾸지만, 막상 선택의 순간엔 타인의 시선을 의식한다. 결국 개성보다는 이상화된 보편을 택하고, 그렇게 타인의 기대 속에 살아간다. 우리의 삶 역시 사진처럼, 실제보다 다듬어진 이상 속에서 살아가고 있는지도 모른다.

이른 새벽, 파다르섬을 오르는 이들도 포토존 앞에 서 있었다. 누구나 자기 삶의 한 장면을 실제 이상으로 아름답게 남기고 싶어 하기 때문이다. 그리고 그 순간, 삶은 사진 속 포즈처럼 꾸며진 틀 속에 고정된다.

정상에 오르기 전, 낯익은 얼굴을 만났다. 네덜란드 젊은 커플 마그너스와 밀러였다. 도착한 다음 날 아침 바조 부둣가에서 처음 만나, 프렌치 베이커리와 스타벅스, 와에레보를 거쳐 이곳에서 다시 마주친 것이다. 이들은 1년째 세계를 여행하며 온라인으로 일하고 있었고, 인도네시아에서만 6개월을 보냈다고 했다. 귀국 후 잠시 고향에 머문 뒤, 다시 아이슬란드로 떠날 예정이라고 했다.

나는 문득 생각했다. 내가 이들 또래였다면, 과연 저들처럼 세계를 유랑할 수 있었을까? 그들이 모습에서 14세기 모로코 여행자 이븐 바투타가 떠올랐다. 메카 순례에서 시작해, 만남과 경이로움에 이끌려 25년간 중앙아시아, 동남아시아, 중국을 여행했던 인물. 마그너스와 밀러도, 어쩌면 그렇게 살아갈지도 모른다. 스마트폰과 앱이 세상을 잇는 오늘날에도, 여전히 문화적 장벽과 불확실성은 남아 있다. 그러나, 이들은 그것을 두려워하지 않는다. 마치 사막을 향해 달려가는 사자처럼 앞으로 나아간다. 그리고 언젠가 사막의 끝에 도달할 것이다.

돌아오는 보트에서 내 옆에 앉은 티에나는 벨기에서 온 스물두 살의 여성으로, 일행 중 가장 어렸다. 대학을 막 졸업하고 직장을 시작하기 전, 세계를 여행 중이라고 했다.

이야기를 나누다 그녀가 한숨을 쉬며 말했다. "저 이제 늙어가는 것 같아요."

나는 웃으며 맞장구쳤다. "나는 네 덕분에 젊어지고 있어."

그 말에 모두가 웃음을 터뜨렸다. 천진난만하고 약간은 천방지축인 이 아가씨도 곧 마주할 인생의 무게를 어렴풋이 느끼는 듯했다. 그러나 지금 그녀는, 앞으로의 삶을 스스로 정하기 위한 여행을 하고 있었다.

"두려워할 필요는 없어, 중요한 건, 무엇을 하며 어떤 삶을 살지 스스로 선택하는 거야. 남을 따라 살다 보면, 어느 날 문득 낯선 자신과 마주하게 될 수도 있어."

그녀는 커다란 눈을 반짝이며 고맙다고 말하며, 환하게 웃었다.

핑크빛 모래, 은밀한 시간의 산물

크루즈선에 돌아와 늦은 아침을 먹고 잠시 휴식을 취한 뒤, 우리는 다시 보트를 타고 핑크 비치를 향했다. 크지 않은 섬의 해변에 도착하니, 정말로 핑크빛 모래사장이 길게 뻗어 있었다. 도대체 어떻게 이런 색의 해변이 생긴 걸까? 그 정체는, 시간과 바닷속 산호였다.

산호는 살아 있는 생물이다. 죽은 산호는 물고기에게 먹히고, 그 껍질은 소화되어 잘게 부서진다. 이 탄화칼슘 입자들이 파도를 타고 해변으로 밀려와서 수만 년 동안 쌓이며 핑크빛 해변을 만든 것이다.

우리는 모래 위에 둥글게 서서 손을 맞잡았다. 크루즈 사진작가가 드론을 띄우자, 하늘에서 내려다본 우리의 모습은 또렷한 하나의 원이 되어 새겨졌다. 나중에 받은 사진 속 우리는, 핑크빛 모래 위에 활짝 핀 꽃처럼 남아 있었다.

핑크 비치 위에 만든 동그라미
핑크빛 산호가 만든 해변 위, 우리는 손을 잡고 하나의 원이 되었다.

    보통 해안의 모래는 산에서 흘러 내려온다. 바위가 풍화되고, 빗물과 강물을 따라 바다에 도달해 백사장을 만든다. 쌓인 모래는 파도에 밀려 바다로 유실되기도 하지만, 새로운 모래의 유입이 계속되기에 백사장은 유지된다. 이 모든 과정은 느린 시간에 걸쳐 섬세하게 이루어진다.

    하지만 인간의 신중하지 못한 개입은 이 섬세한 균형을 망가뜨린다. 해변을 따라 상가나 도로를 만들면 모래의 유입은 차단되고 유출만 계속되어 결국 백사장은 사라진다. 부산 해운대의 경우, 매년 트럭 수백 대 분량의 모래를 외부에서 실어 와 보충해도 백사장은 점점 줄고 있다고 한다. 자연의 섭리는 인간이 이해할 수 없을 만큼, 은밀하고도 느리게 진행된다. 인간의 조급함은, 그런 질서를 무너뜨린다.

핑크 비치에서 돌아온 우리는 뱃전에 모여 햇살을 받으며 이야기를 나누었다. 브리아나는 영국에서 태어났지만, 지금은 뉴질랜드 퀸스타운(Queen's Town) 근처 스키 리조트에서 일하고 있다고 했다.

퀸스타운은 내가 뉴질랜드에 살던 시절 아내와 함께 여행한 곳이다. 인근의 밀포드 사운드(Milford Sound)는 지구상에서 가장 아름다운 트레킹 코스 중의 하나로 꼽힌다. 청명한 호수와 하늘을 찌를 듯 솟은 산봉우리, 피오르드를 따라 쏟아지는 폭포들, 4박 5일의 트레킹은 숨 막힐 듯한 경외와 숭고함의 연속이었다.

브리아나는 지금, 그 만년설이 덮인 스키장의 냉기를 안고 뜨거운 햇빛 아래 서 있다. 고향으로 돌아가는 길목에 잠시 이 해변에 머물며, 삶의 온도를 조율하고 있는 셈이다. 외모와 말투는 차분하지만, 그녀의 삶의 진폭은 크다. 눈과 모래, 냉기와 열기, 고요함과 스키의 활강 사이를 자유롭게 오가며 살고 있었다.

코모도섬, 침묵하는 야성과 공존

오후, 크루즈는 코모도섬의 인근에 닻을 내렸다. 워낙 큰 섬이라 멀리서도 한눈에 들어오지 않았다. 면적은 약 390제곱킬로미터. 이는 제주의 1/5 크기에 해당한다고 한다. 중앙에는 완만한 능선이 동서로

마을회관 앞 안내판

길게 뻗어 있고, 그 사이사이에 골짜기와 계곡이 움푹 파여 있었다.

이 섬에는 약 2,000명의 주민과 1,000마리의 코모도가 함께 산다. 보트가 닿은 곳에 작은 마을이 형성되어 있지만, 농경지는 눈에 띄지 않았다. 대신 바다 위에는 몇 척의 어선이 한가롭게 떠 있었다. 이 섬의 경제는 결국 코모도 관광에 의지하고 있는 듯했다.

보트의 접안대에서 마을 입구까지 긴 목재 덱으로 연결되어 있었다. 덱의 끝에 작은 마당에는 '코모도 마을'의 표지판이 세워져 있었고, 안내소에서 우리는 한 팀으로 묶여 가이드를 배정받았다. 그는 끝이 Y형으로 갈라진 긴 장대를 한 손에 들고 있었는데, 우리에게 숏코스, 미디엄코스, 그리고 롱코스 중 하나를 고르라고 했다. 코스에 따라 코모도를 만날 확률이 달라진다고 했다. 숏코스는 아쉬울 것 같고 롱코스는 어쩐지 부담이 될 듯하여 우리는 미디엄 코스를 택했다.

가이드를 따라 들어선 섬은 전형적인 사바나 지형이었다. 누런 풀이 언덕을 덮고, 작은 계곡에는 듬성듬성한 가시나무들이 숲을 이루고 있었다. 긴장과 기대가 서서히 고조되었다. 이제 곧 이번 여행의 백미인 왕도마뱀 코모도를 만날 것이다.

그런데, 코모도의 정체는 무엇일까? 누구는 지구에 살아남은 공룡이라고 하고, 혹자는 드래건이라 부른다. 몸길이 2~3미터에 몸무게가 100킬로그램에 이르는 거대한 도마뱀이 이 건조하고, 사냥한 초식동

코모도 드래건

물이 많지 않을 것 같은 이 섬에서 어떻게 살아남았을까?

코모도는 단순히 크고 오래된 도마뱀이 아니다. 그 존재 자체가 진화의 고집스러운 증거였다. 과학자들에 따르면, 코모도의 조상은 약 400만 년 전 유라시아 대륙에서 나타난 모니터 도마뱀의 일종이었다. 수천만 년 전 지각판이 움직이며 섬들이 솟아오르자, 일부 개체가 인도네시아 순다 열도로 흘러들어와 고립되며, 포식자가 없는 환경에서 '섬 거대화'라는 진화의 길을 걷게 되었다. 호모 플로레시엔시스가 '섬 왜소화'를 겪은 것과는 정반대였다.

과거에는 이들이 오스트레일리아의 멸종한 자이언트 도마뱀 메갈라니아(Megalania)의 후손이라고 여겨졌지만, 최신 연구는 공통 조상에서 갈라진 별개의 계통임을 보여준다고 한다. 코모도가 이 섬에서 지금까지 살아남을 수 있었던 건, 인간의 이동을 따라 들여온 사슴과 멧돼지 같은 도입종 덕분이었다. 그 먹이 자원을 바탕으로 이 고대의 포식자는 오늘날까지도 그 야성을 유지하며 이 코모도섬 먹이사슬의 정점에 군림하고 있다.

산에 오르려면 마을을 지나 왼쪽으로 난 길로 들어서야 한다. 마을 집들은 모두 땅에서 1.5미터 정도 올려 목재로 지어져 있는데, 태양의 복사열과 홍수를 피하고, 집 아래 공간을 가축을 키우는 용도로 사용하기 위해서다. 그리고 무엇보다 코모도의 침입을 막기 위한 구조였다.

마을을 벗어나자 길은 완만한 경사의 산 능선으로 이어졌다. 바다

코모도 설치물
맞서는 코모도 형상 사이에
세워진 인간의 막대기.
야생은 인간의 중재를 받아들일까?

가 내려다보이는 지점에 대나무를 엮어 만든 삼각형 구조물이 세워져 있었고, 그 한가운데는 가이드가 들고 있는 장대와 같은 막대가 꽂혀 있었다. 마치 두 마리의 코모도가 상체를 들어 올려 맞붙은 듯한 모습, 그리고 그 사이에 선 막대는 인간이 심판하는 형상 같았다. 단순하지만 강렬한 설치물이었다.

초식동물의 배설물 흔적을 따라 계곡에 들어가자 곧 가이드가 손을 들어 조용히 하라는 신호를 보냈다. 나뭇가지 뒤편에서 웅크리고 있는 코모도가 우리의 등장을 응시하고 있었다. 그 모습은 '파충류'라는 단어로는 도저히 담을 수 없는 중량감과 위압감을 품고 있었다. 비늘 사이로 햇빛이 스치자, 마치 공룡의 유전자가 되살아 움직이는 듯했다. 그 눈을 마주하고 서 있자니, 이 거대한 생명체가 나를 본 것인지, 수천만 년의 시간을 관통한 시선이 나를 꿰뚫는 것인지 분간이 되지 않았다.

그런데 내 눈에 들어온 또 하나의 장면. 가이드가 손에 들고 있는 Y자 나무 장대를 이용해 마치 소를 몰듯, 코모도의 진행 방향을 막아서며 일정 거리 이상 접근하지 못하도록 제어하고 있었다. 저 거대한

순화된 코모도
움막 곁에 웅크린 코모도.
이제 인간에게 순화되는 길을 택했다.

포식자를 겨우 나무막대 하나로 막을 수 있다니, 상상하기 어려운 아이러니였다.

코모도는 정밀한 조건반사로 생존해 온 파충류다. 그런데 가이드의 Y자 장대가 그 반응을 억누르고 있다는 사실은 실로 흥미롭다. 단순한 도구의 힘이 아니라 오랜 공존 속에 각인된 공포의 기억일지도 모른다. 어쩌면 그 막대는 인간과 코모도 사이에 맺어진 일종의 '묵계'의 상징일지도 모른다.

뉴질랜드에 살던 시절, 아내와 나는 교외의 소 목장 울타리를 따라 산책하곤 했다. 우리가 나타나면 넓은 초지에서 풀을 뜯던 수십 마리의 소 떼가 우르르 몰려와 마치 우리를 덮칠 듯한 기세를 보였다. 그러나 그 거대한 동물들은 결코 울타리를 넘지 않았다. 얇은 철조망을 사이에 두고 한 무리의 소 떼와 왜소한 두 인간이 나란히 걷기만 했다. 어떻게 이런 일이 가능할까. 소에게 울타리는 단순한 금속 줄이 아니었다. 통과가 허락되지 않은 경계였고, 울타리를 넘으려다 겪은 극심한 고통이 쌓인 경험의 기억이 세대를 거쳐 각인된 결과였다. 작은 줄에 묶인 코끼리가 결코 그 줄을 끊으려 하지 않는 것처럼, 학습된 공포는 물리적 제약보다 더 강력한 억제력을 가진다.

그렇다면 코모도도 인간과의 반복된 접촉 속에서 반복된 위험을 인식하고, 그 감각이 유전되었거나 집단 기억으로 남아 있는 것은 아닐까. 야생이 스스로 위험을 피하여 절제하는 법을 배운 것. 이 작은 나무막대 하나는 바로 인간과 코모도의 관계를 기억으로 상징하고 있는지도 모른다.

다시 걷기를 계속하여, 덤불이 덮인 조그만 계곡을 건넜다. 이곳에 야성을 가진 코모도가 숨어 있을 수도 있으니 조심하라는 가이드의 설명에 머리가 쭈뼛해졌다. 계곡을 지나 한참을 전진하니 큰 나무들이 조그만 숲을 이루고 있었고, 그 그늘에 세 마리의 코모도가 모여 있었다. 그러나 기대와 다르게 우리를 맞이하는 자세는 역시 무관심이었다. 도대체 코모도의 야성은 완전히 사라진 것인가?

몇 사람이 대담하게 코모도에 접근하여 사진을 찍었다. 이곳이 바로 포토존이었다. 이곳을 방문한 관광객이 SNS에 올리는 사진이 바로 여기에서 찍은 것이라고 했다. 그러니, 이 세 마리의 코모도는 방문객의 사진 촬영을 위해 동원된 조연배우인 셈이다.

우리는 가이드가 지정하는 순서에 따라 코모도를 배경으로 사진을 찍었다. 특히, 가이드의 설명에 따라 카메라의 시점과 피사체의 거리 차이를 이용한 착시 효과를 활용해서 코모도를 손바닥에 올려놓거나 머리를 쓰다듬는 듯한 장면을 연출했다.

어떤 이들은 진지하게 포즈를 취하다가 중심을 잃고 휘청거렸고, 어떤 이는 코모도가 고개를 돌리자 움찔하며 웃음을 터뜨렸다. 야생

코모도 인증샷

은 배경으로 물러났고, 사람들은 무대의 주인공이 되었다. 코모도들도 마치 길들여진 가축처럼 느긋하게 움직이며, 찍히는 것이 익숙한 듯 배경의 자리를 지키고 있었다.

그렇게 짧은 몇 장의 사진 속에 야생의 위협과 관광의 연출이 공존하는 순간을 남긴 뒤, 우리는 다시 산길을 따라 내려가기 시작했다. 왼쪽에는 제법 넓은 마른강이 펼쳐졌다. 강변은 침식 작용으로 깎인 절벽이 드러나 있었고, 뿌리를 공중에 드러낸 큰 나무들이 위태롭게 서 있었다. 우기인데도 아직 비는 내리지 않았다. 그러나 언젠가 비가 내리면, 이 사막 같은 삭막한 풍경도 변할 것이다. 부서질 듯 바싹 마른 풀더미와 고목 같은 나무들이 물기를 빨아들여, 줄기와 가지는 통통해지고 새잎도 돋아날 것이다.

그런데 그 풍경 속 어디에도 생명은 눈에 띄지 않는 듯했지만, 안내원의 손짓에 따라 눈길을 돌린 순간, 우리는 또 다른 코모도와 마주했다. 절벽에 위태롭게 서 있는 나무들의 뿌리 사이, 무성하게 엉킨 뿌리 아래에 커다란 코모도 한 마리가 숨어 있었다. 안내원이 아니었

야생의 코모도
낙엽 아래 숨어 있던 코모도. 자극이 닿자 번뜩이는 혀와 함께 포식자의 야성이 되살아난다.

다면 결코 알아채지 못했을 것이다. 그는 연신 조심하라며 우리를 절벽 위로 이끌었다. 그렇게 마른 바람만이 불던 풍경 속에서, 드디어 야생의 코모도, 커다란 혀를 날름거리며 우리를 향해 눈을 움직이는 진짜 포식자와 마주한 것이다.

가이드가 절벽 위에서 긴 장대를 이용해 코모도를 자극하자, 그 반응은 놀랍도록 빠르고 격렬했다. 지금까지 귀찮은 듯 늘어져 있던 코모도와는 전혀 달랐다. 가이드가 장대로 찌를 듯이 어르자 거칠게 몸을 뒤틀며 반응했다. 숨이 멎는 듯했다. 그 고요를 깨뜨린 건, 한순간의 야성적 반응이었다.

지금껏 보아온 침묵은 야성의 외피였을 뿐이었다. 그 안엔 육식과 생존의 본능이 맹렬하게 살아 있었다. 코모도가 시속 20킬로미터의 속도로 야생 동물을 추격하고, 바다를 헤엄쳐 섬을 넘나들며 민가를 위협하며, 거대한 들소를 쓰러뜨린다는 말이 실감이 났다. 그렇지만, 이곳에서도, 가이드가 들고 있는 장대는 여전히 제 몫을 다하고 있었다.

마을로 들어서니 골목에 서너 마리의 흑염소가 긴 끈에 매어져 있었다. 방금 야생의 맹렬한 코모도를 보고 오는 길에 염소들을 보니, 어쩌면 이들의 목숨이 절체절명일 수도 있다는 생각이 들었다. 하지만, 염소들은 자신들의 운명에는 개의치 않는다는 듯이 한가롭게 마른 풀을 뜯어 우물거리고 있었다.

육식 파충류인 코모도가 인간 마을과 울타리 없이 공존하고 있었고, 오히려 염소로 유인하고 있다는 느낌마저 들었다. 어쩌면 공존이라기보다는 타협된 긴장 속에서 유지되는 절묘한 질서일지도 모른다.

이런 공존과 평화는 언제까지 지속될 수 있을까? 코모도는 인간보다도 훨씬 오래, 수백만 년을 살아남았다. 빙하기도, 해수면 상승도, 생태계의 변화도 견뎌냈다. 그러나 지금 우리가 맞이한 이 '대가속기'의 시대, 지구의 온도가 급속히 오르고 생태계가 인위적으로 재편되는 이 시대에도 코모도는 여전히 인간과 공존하며 살아남을 수 있을까?

더운 날씨에 민감한 이 냉혈동물은 체온 조절이 어렵고, 서식지가 사라지면 더 이상 은신처를 찾지 못할 수도 있다. 가뭄이 길어지면 먹이도 줄어든다. 그러면, 이 야성의 코모도는 생존을 위해 어떤 행동을 취할 것인가. 신진대사를 줄이기 위해 섬 왜소화의 과정으로 나아갈 것인가?

나는 조금 전 조용히 웅크려 있던 코모도와, 가이드의 장대에 거칠게 반응하던 코모도를 번갈아 떠올렸다. 자연은 우리가 종종 상상하듯 온순하거나, 인간에게 순응하는 존재가 아니다. 그 안에는 생존을 위한 본능과 예측할 수 없는 힘이 숨어 있다. 자연은 인간처럼 선하거나 악하지 않고, 옳고 그름을 따지지 않는다. 오래도록, 자기 방식대로 존재해 왔다. 코모도가 앞으로도 살아남을 수 있을까? 어쩌면 더 근본적인 질문은 이것일지도 모른다. 우리가 과연, 이들과 함께 살아남을 수 있을까?

코모도 조각 장인
간이 천막 아래, 손칼 하나로
코모도를 깎는 장인에게 장비는 문제가 되지 않는다.

    코모도는 이 섬 관광의 중심이고, 마을 주민은 그것을 기반으로 생계를 꾸린다. 인간이 코모도를 완벽하게 통제할 수는 없다는 사실은 마을 주민들도 잘 알고 있을 것이다. 그래서 염소를 제물로 바쳐 타협을 하고 있는 것일까?

    마을 입구의 천막 가게에는 코모도가 그려진 모자와 티셔츠, 그리고 정교하게 조각된 코모도 목각상이 진열돼 있었다. 천막 그늘 아래, 대나무 의자의 끝에 앉은 한 남자가 작은 톱과 뾰족한 손칼 하나로 놀랍도록 정교한 코모도 목각을 깎고 있었다.

    타고난 예술가에게는 도구는 큰 문제가 아니구나 하는 생각이 들었다. 그 모습을 보며, 수년 전 수백만 원을 들여 장만했던 내 목공 장비들이 떠올랐다. 지금쯤 집 어딘가에 먼지를 뒤집어쓴 채, 언젠가 사용될 날만을 기다리고 있을 것이다. 어쩌면 그 비싼 장비들은 주인을 잘못 만난 운명을 못내 아쉬워하고 있을지 모른다.

만타레이 포인트: 운이 좋아야 만난다

배에 돌아와 점심을 먹는 동안, 우리는 다시 만타레이(Manta Ray) 포인트를 향해 항해를 시작했다. 열대산 대형 가오리인 만타레이는 한국어로는 '대왕쥐가오리'라고 불린다. 여러 종이 있는데, 큰 개체는 그 너비가 7미터에 이르고, 작은 종도 5.5미터에 달한다고 한다.

가오리는 머리 양쪽에 돌출된 지느러미가 귀처럼 달려 있고, 넓게 펼쳐진 삼각형의 날개가 꼬리까지 이어져 전체적으로 오각형에 가까운 독특한 형태를 하고 있다.

1990년대, 애니멀 플래닛에서 악어 사냥꾼으로 유명했던 호주인 스티브 어윈(Steve Irwin)을 기억하는 이들이 많을 것이다. 그는 악어나 뱀 같은 위험한 파충류를 맨손으로 다루며 얼굴 가까이에 대고는 "Beautiful!"을 외치곤 했다. 그러던 어느 날, 그는 수중 촬영 중 가오리 꼬리 침에 찔려 사망했다. 그의 죽음을 접한 많은 사람들이 충격을 받았다. 그는 육지와 바다의 포식 동물을 자유자재로 다루는 인물처럼 보였기 때문이다. 이 사건 이후 많은 사람은 모든 가오리를 위험한 생물로 여기게 되었지만, 그를 죽게 한 건 만타레이가 아닌 가시고기(Stingray)라는 다른 종류였다.

만타레이는 깨끗한 환경의 산호초 주변에 서식하며, 피부에 붙은 기생충을 청소해 주는 물고기들과 공생 관계를 맺는다. 만타레이 스노클링은 바조 지역의 대표적인 관광 상품 중 하나다. 하지만 만타레이는 일정한 장소에 머무르지 않고 유영하기 때문에 운이 좋아야 만날 수 있다고 한다.

거대한 수중 생명체를 마주하리라는 기대를 안고 만타레이 포인트

만타레이(위키피디아 자료)

에 도착해 스노클링을 시작했다. 그러나 이곳은 수심이 상당히 깊고 시야가 탁해 바닷속이 아득하게 느껴졌으며, 조류 또한 상당히 빨랐다. 지금까지 경험한 화려한 산호초와는 사뭇 다른 풍경이었다.

가이드는 스노클링 전, 조류를 따라 흘러가면 하류에서 픽업하겠다고 설명했다. 만타레이는 수심이 깊은 곳에 서식하기 때문에, 우리가 떠다닌 곳은 얕은 산호초 지대가 아닌 심해였다. 조류에 몸을 맡기며 떠내려가자, 바닷물의 냉기가 피부를 타고 스며들었다.

20여 분을 기다렸지만, 만타레이는 모습을 드러내지 않았다. 이윽고 가이드가 손 신호를 보내 보트로 복귀하라고 알렸다. 조류가 예상보다 강하고 수온이 낮아, 일찍 스노클링을 마치기로 한 것이다. 보트로 돌아온 사람들끼리 서로 만타레이를 보았느냐고 묻자, 몇몇은 멀리서 스치는 모습을 보았다고 했지만, 대부분은 보지 못한 채 아쉬운 표정을 지었다. 거대한 해양 생물을 마주하는 황홀한 경험은, 역시 특별한 운이 따라야 가능한 모양이다.

배 위에 앉아 잠시 바닷바람을 맞았다. 눈앞의 수면은 평온하지만, 그 아래에는 인간의 접근을 거부하는 깊고 낯선 세계가 펼쳐져 있다.

그 경이로움은 우리의 손에 잡히지 않고, 때로는 일부러 멀어지는 듯하다. 만타레이는 어쩌면, 인간과 적당한 거리를 유지하며 존재하는 자연의 품격 같은 것일지 모른다. 그런 존재와의 만남은, 언젠가 또다시 찾아오고 싶은 이유가 될지도 모른다.

타카 마카사르: 자연이 시간을 그린 자리

잠시 배 위에서 휴식을 취한 후, 다시 스노클링하러 향한 곳은 타카 마카사르(Taka Makassar)였다. 이곳은 바다 한가운데 떠 있는 모래톱으로, 매우 이색적인 장소다. 붉은빛을 띠는 곱고 부드러운 모래는 핑크비치와 비슷하지만, 이곳은 간조 시엔 길이가 1킬로미터 정도, 만조 시에는 50미터 남짓한 작은 섬이 된다. 흥미로운 점은, 썰물과 밀물로 물이 드나들어도 모래톱의 면적은 변하지 않는다는 사실이다. 이는 유실과 유입이 절묘하게 균형을 이루기 때문일 것이다.

모래톱 주변에는 산호초가 원형을 그리며 넓게 퍼져 있었다. 비슷한 규모의 작은 모래섬들이 이 일대에 여섯 개 정도 더 있으며, 공중에서 바라볼 때 그 아름다움이 가장 잘 드러난다. 그러나, 드론을 띄우려면 100만 루피아의 촬영료를 내야 했고, 그래서인지 드론은 거의 보이지 않았다. 내가 도착했을 때 약 200명 남짓의 인파 가운데 하늘을 나는 드론은 한 대뿐이었다. 드론은 특유의 윙윙거리는 소리를 내며 주변을 맴돌았고, 마치 누군가가 계속 지켜보는 듯한 기분이 들었다. 높은 촬영료는 어쩌면 방문자들에게 조용한 환경을 제공하기 위한 장치일지도 모른다는 생각이 들었다.

카이트 서핑
바람을 한껏 품은 붉은 카이트가 떠오르고, 남자의 몸은 물 위를 미끄러지듯 질주한다.

그때, 또 다른 볼거리가 시선을 사로잡았다. 건장한 남성이 카이트 서핑을 시작한 것이었다. 그는 몸에 여러 줄로 연결된 커다란 카이트를 달고, 발에는 서핑보드를 고정했다. 바람을 받은 카이트가 마치 패러슈트처럼 활짝 펼쳐지자, 그는 바다 위로 가볍게 떠올라 공중에서 회전한 뒤 활강하듯 바다 위로 내려앉았다.

줄의 각도에 따라 카이트와 보드의 위치가 끊임없이 바뀌었고, 그에 따라 방향도 속도도 유려하게 달라졌다. 카이트가 수면 가까이 낮게 스칠 땐 놀라울 속도로 질주했고, 곧바로 공중회전과 급격한 턴으로 이어졌다. 그의 움직임은 바다와 하늘 사이에서 펼쳐지는 역동적인 공연 같았다.

우리는 누구나 한 번쯤 하늘을 날고 싶다는 욕망을 품는다. 나는 새가 하늘을 가로지르는 모습을 볼 때마다, 어디론가 훌쩍 날아가고 싶다는 충동을 느낀다. 인류 역사에서 이 욕망을 가장 먼저 구체적인 형상으로 그려낸 이는 르네상스 시대의 레오나르도 다빈치였다. 그의 날틀 스케치는 훗날 라이트 형제가 비행기를 발명하는 데에도 영

모래톱의 석양
자연이 만든 우연의 기적 위에서, 우리는 석양을 향해 손을 흔들었다.

향을 주었다고 한다. 오늘날 우리는 비행기를 타고 대륙을 넘나들지만, 그것은 새처럼 자유로운 비행이라기보다는, 밀폐된 공간 안에서의 갑갑하고 피로한 이동에 가깝다. 그렇다면, 행글라이딩은 어떨까? 그러나, 지금 내 눈앞의 카이트서핑이 훨씬 역동적이고 생생해 보였다. 행글라이딩이 정적인 비행이라면, 카이트서핑은 험한 산비탈을 내달리는 산악자전거의 질주처럼 스릴과 속도가 가득했다.

하지만, 나로서는 이미 나이도 들고, 굼떠진 운동 신경으로는 그 어떤 것도 감히 엄두조차 낼 수 없는 세계다.

해가 기울며 모래톱은 점점 사라지고, 석양은 바다 위를 붉게 물들였다. 이 풍경은 사람이 만든 것이 아니라, 자연이 긴 시간을 재료 삼아 빚어낸 우연의 기적이었다. 우리는 그 위를 잠시 밟고 지나가는 존재일 뿐이다. 순간의 조우와 머물렀음을 기념하기 위해, 석양을 향해 손을 흔들며 함께 드론 사진을 남겼다.

마지막 밤, 별똥별에 빈 소원

저녁 식사 후, 마지막 밤을 기념하는 파티가 열렸다. 2박 3일간의 짧은 여정이었지만, 승객들 사이에 제법 친밀감이 생겨 있었다. 주 갑판의 거실에는 스피커가 설치되고, 곧 가라오케가 시작됐다. 모두가 나에게 K-pop 노래를 부르라며 등을 떠밀었지만, 대부분의 K-pop 곡은 내 가창력을 한참이나 초과한 곡들이라 손을 내저으며 물러났다. 젊은이들은 낯선 팝송을 부른 뒤, 음악은 이내 빠른 비트가 이어졌고, 몇몇은 비키니 차림으로 신나게 춤을 췄다. 그 모습은 마치 고대인이 북을 두드리며 자연의 신령과 소통하던 원초적인 의식처럼 느껴졌다.

밤이 깊자 주변에 정박한 배들에서도 화려한 조명이 하나둘 켜졌고, 음악과 춤이 절정을 향해 달려갔다. 브리아니아가 나를 끌어내 춤추자고 재촉했지만, 몸치인 내 춤은 어색하기 짝이 없었다. 젊은이들은 여전히 음악에 몸을 실은 채 자유롭고 격렬하게 움직였다. 나는 그들만의 세계에서 조용히 빠져나와, 상갑판으로 올라갔다.

상갑판에 오르자, 조명 하나 없는 어둠 속에 잠겨 있었고, 밤하늘은 별로 가득했다. 쿠션에 누운 젊은이들 곁에 자리를 잡고 하늘을 올려보자, 시야 가득 별빛이 쏟아졌다. 와에레보의 하늘이 산등성이에 둘러싸여 사발처럼 열려 있었다면, 이곳의 하늘은 수평선 끝까지 펼쳐진 거대한 돔 같았다. 은하수는 하늘을 가로질러 흐르고, 별빛 하나하나가 수백만 년, 혹은 수억 년의 시간을 건너 지금 이 순간 내 눈에 닿고 있었다. 그 빛 앞에서 나는 한없이 작아졌으나, 그것은 두려움이 아니라 경이였다.

하늘과 바다, 물질과 정신의 경계가 흐려지고, 나는 마치 우주의 결 속에 스며든 하나의 점이 된 듯했다.

별 하나를 응시하자 내 인생의 모든 장면이 겹쳐졌다. 어린 시절 아산만 제방길, 어머니의 얼굴, 아내와 아이들과의 시간들, 언젠가 맞이할 죽음 이후까지. 별빛은 기억을 담고 있지 않지만, 그 빛을 바라보는 순간 기억은 내 안에서 조용히 깨어났다. 오늘 밤, 나는 별빛을 따라 아주 먼 시간과 연결되고 있었다.

그때 비로소 깨달았다.
나는 처음부터 우주의 일부였고,
그 거대한 질서와 섭리 속에 살고 있다는 것을.
나를 떠난 이들을 언젠가 어디에선가 다시 만날 것이다.
나를 끔찍이 사랑해 주셨던 외할아버지,
내 시선을 애써 외면하시던 아버지,
며칠 전 세상을 떠난 친구.

그리고 언젠가, 와에레보의 아이들처럼 숲속을 뛰노는
미래에 태어날 나의 손자 손녀들도 만나게 될 것이다.

하늘의 별 하나가 나를 비추고, 나는 그 별이 되었다. 과거와 현재, 미래의 시간이 한 점에 응축되는 이 감각 속에서, 문득 칸트의 말이 떠올랐다.

> 두 가지 것이 내 마음을 항상 새롭고 점점 더 강렬한 경탄과 경외로 채운다. 그것은 내 위의 별이 빛나는 하늘과 내 안의 도덕 법칙이다.

또, 니체는 『차라투스트라는 이렇게 말했다』에서, 삶을 있는 그대로 긍정할 수 있는 자는 마침내 어린이가 되어 "예."라고 말한다고 했다. 모든 무게와 의무를 내려놓고, 별빛처럼 순수하게 삶을 다시 받아들이는 태도. 내가 지금 이 별빛 아래서 느끼는 경외와 평화가 바로 그 "예."의 순간이 아닐까.

그때 별똥별이 하늘을 가로질렀다. 혜성에서 떨어진 미세한 먼지가 대기 속에서 불타는 현상이라지만, 그 순간을 바라보는 마음까지 과학으로 설명할 수는 없다.

옆자리의 알렉스와 안토니아는 웃으며 속삭였다. "소원을 빌면 이루어진대요."

내가 농담처럼 말한다. "그럼 리스트를 만들어 다 빌어봐."

안토니아가 깔깔대며 말했다. "소원은 즉흥적으로 비는 거예요."

젊은 그들에게는 이루고 싶은 바람이 많을 것이다. 나는 조용히 말한다. "모든 소원을 다 이룰 필요는 없어. 삶이 누군가와 연결되어 있다는 생각만으로도, 인생은 충분히 풍요로우니까."

광막한 우주 속에서 지구와 그 속에 살고 있는 인간의 자리는 지극히 작고 짧을지 모른다. 그러나 사랑, 기억, 순간의 기쁨-그 소소하고 실존적인 감정들이야말로 우주의 시간과 공간을 넘어, 진정한 삶의 무게를 이루는 것이 아닐까.

그리고 그 순간, 나는 니체가 말한 어린이처럼, 단순히 "예."라고 속삭이며 이제부터 살아갈 삶을 긍정하고 있었다.

귀항, 그리고 헤어짐

다음 날 오전, 크루즈선은 2박 3일간의 코모도 해상공원 항해를 마치고 바조항으로 돌아왔다. 하선을 한 후, 일행 모두가 부두에서 기념사진을 찍었다. 이틀 전만 해도 이름조차 모르던 얼굴들이 이제는 낯설지 않았다.

좁은 선실을 함께 쓰고, 식탁을 마주하며 식사를 하고, 바닷속 세계를 바라보고, 밤하늘에서 떨어지는 별똥별에 소원을 빌었던 사람들. 짧은 시간이었기에 오히려 더 또렷하게 기억에 남는다. 그리고 이제는 헤어질 시간이다.

전 세계 약 80억 인구 중, 우리가 진심을 나눌 수 있는 관계는 평균 150명 남짓이라고 한다. 이른바 던바 수(Dunbar's Number)다. 그래서일까, 우리는 가끔 우연히 스쳐 간 얼굴들을 예상보다 더 오래 기억 속에 붙잡고 있기도 한다.

벨기에에서 온 아가씨, 침대를 나눠 썼던 프랑스인 셰프, 밤하늘을 올려다보며 조용히 이야기를 나누던 독일인 젊은 커플, 고향으로 돌아가던 영국 아가씨, 토론토의 치과의사, 수마트라에서 온 커플들. 우리는 잠시 같은 시간과 공간을 공유했고, 이제 각자의 세계로 흩어진다.

이 짧은 항해가 각자의 뇌 속 어디에, 어떤 방식으로 남게 될지는 알 수 없다. 다만, 언젠가 저녁 바람결이나, 익숙한 냄새, 파도 소리,

2박 3일의 짧은 만남을 기억하기 위해
2박 4일의 항해를 함께한 이들과 마지막 기념사진을 찍었다.

혹은 밤하늘에 떨어지는 별똥별 하나에 의해 이 기억은 다시 점화될 지도 모른다.

가이드는 우리를 각자의 호텔까지 데려다주었다. 나는 크루즈선을 타기 전 머물렀던 호텔로 돌아와 다시 체크인했다. 이번에는 상황이 달랐다. 한류에 열광한 매니저의 배려가 사라지자, 배정받은 방의 수준은 확연히 낮아져 있었다.

미로처럼 구불거리는 복도를 따라 들어가야 닿는 방, 외부가 보이지 않는 작은 창에 드리운 커튼, 그리고 훨씬 좁아진 실내. 어쩐지 쓸쓸한 기분이 들었다. 그러나, 곧 생각을 고쳐먹었다. 나는 지금 저비용 배낭여행 중이다. 호의는 선물이지, 권리가 아니다.

다행히 따뜻한 물이 세차게 쏟아졌고, 침대 위에는 깨끗하고 보송

한 리넨이 단정하게 깔려 있었다. 샤워로 피로를 씻어낸 뒤, 조용히 침대에 누워 낮잠을 청하였다.

라보엠의 보헤미안들

　단잠에서 깨어나니 어느새 오후 2시였다. 호텔 지하 마트에서 빵과 우유, 그리고 사과를 사 왔다. 이곳에선 사과 가격이 무게로 정해진다. 생각해 보면 꽤 합리적이다.
　방에 돌아와 사 온 음식으로 간단히 점심을 해결한 뒤, 문득 이런 감정이 들었다. 이 우울한 공간에서 벗어나고 싶다. 호스텔로 옮겨볼까? 자유로운 영혼으로 세계를 떠도는 젊은 여행자들을 만날 수 있을지도 모른다.
　인터넷에서 몇 군데를 검토하다가 '라보엠'(La Boheme)이라는 이름에 마음이 끌렸다. 19세기 파리의 가난한 예술가들의 삶과 사랑을 그린 푸치니의 오페라, 라보엠. 벨 에포크(Belle Époque), 가난하지만 자유롭고, 찬란했던 시대를 배경으로 한다. 세계 곳곳을 떠도는 배낭여행자의 숙소 이름으로 이보다 더 잘 어울릴 수 있을까. 어두운 밤, 촛불 하나를 빌리기 위해 이웃의 문을 두드리는 오페라 속 장면이 '그대의 찬손'이라는 아리아와 함께 떠올랐다. 육체는 노쇠했지만, 마음

만큼은 여전히 젊고 자유롭다. 그렇기에 나 역시 이곳에 묵어도 되지 않을까.

라보엠에는 8인용 도미토리와 단독실 두 가지가 있다. 공용 침실은 공동 샤워실과 화장실을 사용해야 한다. 순간 망설였다. 혹시 나의 등장이 젊은 여행자들의 분위기를 어색하게 만들지는 않을까. 결국, 비용이 두 배지만 단독실을 선택했다.

라보엠 예약을 마친 뒤, 호텔을 나와 부두 근처의 스타벅스에 들렀다. 긴 테이블에 다섯 명의 젊은이들이 나란히 앉아 노트북을 펼치고 작업에 몰두하고 있었다. 모두 네덜란드에서 왔다고 한다. 또 네덜란드인이다. 바조에 도착한 날, 그다음 날, 그리고 오늘까지 벌써 세 번째다. 우연이라기보다, 이곳에서 이들을 만나는 일이 일상이었다.

400여 년 전, 네덜란드 동인도회사의 상인과 군인들은 거대한 함대를 이끌고 이 바다를 건너왔다. 그들은 향료무역을 독점하기 위해 섬들을 점령했고, 무력으로 주민들을 억압했다. 제국주의는 언제나 '문명을 전한다'는 명분을 내세웠지만, 그 뒤에는 독점과 착취, 그리고 오만이 있었다.

그리고 지금, 그 후손들은 다시 이 땅을 찾고 있다. 육중한 무장의 함선 대신 날렵한 노트북을 들고, 폭력적인 명령 대신 부드러운 웃음을 띠며. 나는 문득 궁금해진다. 이 젊은이들은 과연 조상들이 내세웠던 "문명의 전진만이 역사의 방향"이라는 오만한 사고에서 벗어났을까. 이 땅의 전통문화가 가치 있는 문명으로 존중받아야 한다고 생각하고 있을까?

어쩌면 이들은 서구 사회가 줄 수 없는 마음의 위안을 찾고 있는지도 모른다. 영화 속 줄리아 로버츠가 자신을 찾아 헤매다 우붓에 도착했듯이. 오늘날 서구 사회는 과거의 자신감을 잃었다. 1,500년을 이어온 기독교 문명은 쇠퇴했고, 교회는 비어가고 있다. 합리주의와 과학이 신의 자리를 대신했지만, 남긴 것은 기후위기와 사회적 불평 등이었다. 포스트모던의 회의와 허무가 그 빈자리를 채우자, 사람들은 다시 위로를 갈망한다. 그래서 서구의 젊은이들은 불교 사원에서 명상을 배우고, 힌두 의식으로 심신을 정화하고, 유교의 관계 윤리에서 잊었던 공동체 의식 속에서 길을 찾으려 한다.

나는 이 아이러니에서 역사의 한 장면을 본다. 한때 제국의 깃발을 내세워 세계를 지배했던 나라의 젊은이들이 이제는 아시아의 섬과 마을에서 위안을 구하고 있다. 이것은 단순한 여행일까, 아니면 새로운 문명의 방향을 묻는 몸짓일까. 19세기 제국주의가 내세웠던 '백인의 짐'이라는 오만을 내려놓고, 겸손히 세상을 배우려는 시도일 수도 있다.

역사는 우리 모두에게 같은 질문을 던진다. 과거의 지배와 착취, 문명의 우월을 내세운 오만에서 벗어나, 이제는 서로의 문화를 존중하고 배움의 대상으로 마주할 수 있는가. 그것은 단지 네덜란드 청년들의 문제가 아니라, 오늘을 살아가는 인류 모두의 과제다.

우리가 진정으로 아름다운 미래를 열 수 있는 길은 정복이 아니라 존중, 우월이 아니라 공존, 경쟁이 아니라 서로를 인정하고 포용하는 데 있다. 인종, 신체적 능력, 자산의 유무, 지식의 차이는 차별의 잣대가 아니라 인류 사회를 구성하는 다양성의 원천이다. 그 다양성을 조화 속에서 받아들일 때, 새로운 길이 열린다.

바로 이 지점에서, 사도 바울이 갈라디아 교회에 보낸 말씀은 여전히 울림을 준다.

> 너희는 유대인이나 헬라인이나 종이나 자유인이나 남자나 여자나 다 그리스도 예수 안에서 하나니라. (갈라디아서 3:28)

차별을 넘어 하나 됨을 향할 때, 역사의 무게를 내려놓고, 겸허하고 순전한 마음으로 서로를 바라볼 수 있다. 바라건대, 이곳을 찾는 네덜란드 청년들의 마음속에 그러한 마음이 깃들고, 그것이 우리 모두의 마음이 되길 소망한다.

동화 속 은신처 같은 라보엠

아침 9시쯤 일어나 호텔 식당에서 아침을 먹고, '라보엠'으로 향했다. 구글맵을 보니 도보로 20분 거리다. 큰길을 벗어나 좁은 골목으로 접어들자, 작은 나무판에 손 글씨로 적힌 'La Boheme' 간판이 걸려 있었다. 그 표지가 아니었다면 아마 그냥 지나쳤을 것이다.

골목길을 한참 내려가자 바다가 시야에 들어왔고, 해변을 따라 낮은 방파제가 길게 뻗어 있다. 방파제 안쪽으론 꽤 넓은 콘크리트 포장도로가 놓여 있고, 아이들이 무리를 지어 뛰놀고 있었다. 조금 더 걸으니 윗마을에서 흘러내린 작은 강이 바다로 이어지고, 그 위로 중앙이 볼록한 목재 다리가 걸쳐 있었다. 다리 난간에 붙은 또 하나의 안내판이 라보엠 방향을 가리키고 있다.

다리 아래로는 작은 배들이 오가고, 위쪽으로는 몇 척의 배들이 정

라보엠
나무로 지은 구조물에 색색의 페인트가 덧칠된 이곳은, 마치 동화 속 한 장면처럼 소박하고 자유롭다.

박해 있었다. 다리를 건너 꺾인 길을 따라 15미터쯤 더 가자, 파라솔 뒤로 나란히 선 두 채의 건물이 보인다. 왼쪽의 3층 테라스가 있는 건물이 라보엠이다.

입구로부터 모든 구조물이 나무로 되어 있었고, 색색의 페인트를 덧칠한 외벽은 예술가의 은신처를 떠올리게 했다. 대문을 지나면 좁아지는 마당 중앙에 천막 캐노피가 드리워져 있었다. 그 아래에 나무 탁자 몇 개가 놓여 있었다. 조용한 한낮, 사람들의 모습은 보이지 않았다. 카운터에서 여권을 보여주자 곧바로 방으로 안내해 주었다. 단출한 퀸사이즈 침대, 거친 촉감의 침대보, 작은 캐비닛, 그리고 소박한 화장실. 필요한 것만 있는 간결한 공간이었다.

짐을 풀고 밖으로 나서자 바로 앞에 바다가 펼쳐졌다. 다만 반짝거리는 백사장이 아닌 거무죽죽한 개펄이었다. 그 너머로 크고 작은 배들이 떠 있었고, 그중엔 내가 탔던 크루즈선도 보였다.

방파제 길을 따라 걷자, 일정 간격으로 세워진 파빌리온에 사람들

라보엠의 내부모습

이 말없이 앉아 바다를 바라보고 있었다. 처음엔 그 모습이 한가한 게으름처럼 보였다. 그러나 곧 오래전 필리핀 루손 해안에서의 일이 떠올랐다. 천막 아래, 젊은이들이 모여 있고, 한 노인이 대나무 실패를 솜씨 있게 움직이며 어망을 수리하고 있었다. 나는 물었다.

"왜 저 젊은이들은 저렇게 빈둥거리고 있나요?"

노인이 웃으며 답했다.

"저들은 새벽 두세 시에 바다에 나가 조업을 하고, 해 뜨기 전에 돌아왔지요."

그제야 알았다. 그들은 게으른 것이 아니라, 내가 자고 있는 동안 하루 일을 끝낸 사람들이었다. 지금 이곳의 사람들도 마찬가지일지 모른다. 이른 새벽 바다에서 조업을 마치고, 햇살이 뜨거워지기 전 잠시 휴식을 취하고 있는 순간일 것이다.

방파제 길은 여객선 터미널과 스타벅스가 있던 2층 건물까지 이어졌다. 길가에는 음식점과 선물 가게, 다이빙 숍, 여행사들이 줄지어 있었다. 이곳은 바조 여행 경제의 중심가로, 외국인들이 많이 모이는 거리다. 조그만 호텔들도 그 사이사이에 늘어서 있었다. 1층은 식당, 2층과 3층은 통나무로 지은 숙소로, 창문에는 빨간, 노란, 초록 커튼이 걸려 있다. 어딘가 축제의 느낌을 주었다.

식당 안은 무척 자유스러운 분위기였다. 손으로 만든 나무 탁자, 플라스틱 의자, 슬리퍼를 신은 반라의 젊은이들, 바다를 향해 활짝 열린 창. 그 안에서 높은 톤의 대화와 웃음이 흘러나왔다. 손 글씨로 쓰여진 메뉴판의 음식 가격이 하나같이 부담스럽지 않았다.

그래서일까? 이곳에 보헤미안 같은 자유로운 영혼들이 모여든다. 만남과 떠남, 자유와 낭만, 그리고 누구도 구속되지 않는 무질서가 자연스럽게 뒤섞여 있었다. 문득, 시인 로돌포와 친구들이 미미를 초대해 웃고 떠들며 술을 마시던 오페라 라보엠의 한 장면이 겹쳐졌다.

보헤미안들과 만나다

서쪽 하늘이 붉게 물들 무렵, 라보엠으로 돌아왔다. 대여섯 명의 젊은이들이 목제 테이블에 앉아 맥주잔을 부딪치며 떠들고 있었다. 내가 다가가 "합석해도 될까?"라고 묻자, 오랜 친구를 기다렸다는 듯 환호성이 터졌고, 내가 "맥주 원 라운드!"라고 외치자 더 큰 함성이 쏟아졌다.

곧 국적도 성격도 다른 이들이 차례로 자기소개를 했다. 영국인 샬럿과 로버트. 폴란드 출신의 폴리나와 그녀의 동행인 우크라이나인 도널드. 이탈리아에서 온 앨버트, 그리고 브라질에서 온 제임스. 낯선 땅에서 모였지만, 우리는 금세 오래된 여행 친구처럼 한자리에 섞여

세계의 여행자, 보헤미안들
낯선 이들이 모인 라보엠의 저녁 시간. 국적도 언어도 다른 이들이 쉽게 친구가 된다.

앉았다.

그중에서도 제임스는 독특한 분위기를 풍겼다. 짙은 피부색에 곱슬머리, 마른 듯 단단한 체격, 어느 인종에도 딱 맞지 않는 얼굴, 그는 7개월째 여행 중이라고 했다. 브라질에서 출발해 유럽, 중동, 동남아를 거쳐 이곳까지 왔고, 이제 중국, 일본, 미국을 지나 내년 8월 고향에 돌아갈 예정이라며 웃었다. 서른 살의 그는 자신이 부동산 중개인으로 모은 전 재산을 이번 여행에 모두 쓰겠다고 했다. "돈은 다시 벌면 되잖아."라고 당연한 듯 말했다.

젊은이들은 내 이야기도 궁금해했다. 라보엠의 첫 한국인이자 최고령 투숙객. 나는 은퇴한 경영자이며 대학교수이자, 이제는 사진작가이자 여행 에세이 작가라고 소개하자, 모두 잔을 들어 건배를 청했다.

"To your new chapter!"

화제는 내일의 일정으로 옮겨갔다. 랑코 동굴, 와랑 폭포가 후보에 올랐다. 일정과 교통편을 정하는 것은 활달한 제임스에게 맡기기로 했고. 모두가 박수로 동의했다.

도미노 게임을 하는 마을 사람들

밤이 깊어져 갈 무렵, 카메라를 들고 다시 방파제 쪽으로 향했다. 여객선 터미널까지 걸어보기로 했다. 어둠 속에서도 방파제는 여전히 살아 있었다. 아이들은 피구처럼 공을 던지고, 가로등 아래에서는 더 어린 아이들이 '땅 따 먹기 놀이'를 하고 있었다.

그 장면을 보며 문득 생각했다. 피구와 땅따먹기는 어디서 시작된 것일까? 아이들은 그저 몸을 움직이며 노는 사이에 규칙을 만들고, 질서를 세우며, 놀이를 하나의 형식으로 발전시킨다. 어쩌면 문명도 이와 다르지 않았을 것이다. 사람들 사이의 삶이 쌓이고 이어지면서, 교류가 없어도 세계 곳곳에서 유사한 사상과 제도가 비슷한 시기에 싹텄다. 카를 야스퍼스가 말한 "축의 시대(Axial Age)"가 그 예이다.

그때 불현듯, 애플과 삼성의 디자인 분쟁이 겹쳐 떠올랐다. 아이폰의 둥근 모서리와 인터페이스를 두고, 삼성이 이를 모방했다며 '카피캣' 소송이 벌어졌던 일. 당시 거대한 법정 공방은, 어떤 의미에서는 놀이터에서 규칙을 두고 다투는 아이들의 모습과도 닮아 있었다. 인류의 문명사 역시 언제나 모방과 변형, 그리고 그로부터 태어난 새로운 창조가 맞물리며 발전해 왔다. 특허를 내고 '내 것'이라 주장하는 것이 문명의 발전을 저해할지, 아니면 또 다른 창조를 촉발할지는 아직 알 수 없다.

방파제 한쪽, 파빌리온 안에서는 도미노 게임이 한창이었다. 네 명이 둘러앉아 노란 플라스틱 패를 차례로 내려놓고 있었다. 돈을 거느냐고 묻자, 그들은 겸연쩍게 웃으며 눈짓으로 담배를 가리켰다. 판돈은 담배 한 개비. 그러나 그들의 진지한 표정은 큰돈이 걸린 도박판

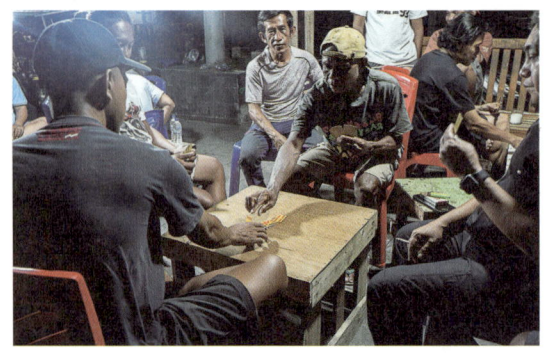

도미노 게임을 하는 사람들
도미노 패를 놓는 손끝에 밤의 열기가 스며든다. 이 작은 일탈은 하루의 긴장을 풀어주는 진지한 놀이가 된다.

못지않았다.

간간이 터지는 한숨과 웃음, 이들은 매일 저녁 이렇게 바닷가 파빌리온에서 크지 않은 일탈을 반복하며, 감당할 수 있을 만큼의 긴장을 즐기고 있었다. 삶이란 이렇게, 버거움과 여유 사이의 균형을 유지하는 것이 필요한 것이리라.

낮에는 텅 비었던 방파제 길이 밤이 되자 활기를 띠고 있었다. 도미노에 몰두한 어른들, 농구에 열중한 청년들, 계단에 앉아 웃으며 담소를 나누던 소녀들, 공놀이를 하는 아이들까지. 누구 하나 심각한 표정은 없었다. 지나가는 나를 보고는 어김없이 인사를 건넸다. 넉넉해 보이지는 않았지만, 부족해 보이지도 않았다. 슬리퍼에 반바지 하나만 걸쳐도, 이들은 충분히 뛰고 웃고 즐겼다.

그 모습을 보자, 늦은 저녁 아파트 엘리베이터에서 마주쳤던 한국의 아이들이 떠올랐다. 학원 가방을 멘 채 지친 얼굴로 스마트폰을 들여다보던 모습. 더 나은 미래를 위한 준비라 말하지만, 우리는 정말 옳은 방향으로 가고 있는 걸까.

이곳의 사람들에게는 과장된 위기의식이 보이지 않았다. 그저 오늘처럼 내일도 올 것이라 믿고, 자연스럽게 하루를 이어간다. 할아버지가 살았듯 아버지가 살고, 자신도 그렇게 살아갈 것이라 여기는 듯했다. 누군가는 "그래서 발전이 더딘 것"이라 말할지 모른다. 하지만 발전이라는 이름 아래 많은 것을 움켜쥔 우리는, 정작 그들보다 행복한 삶을 살고 있는 것일까.

아침 6시 30분, 침대에서 일어나 가볍게 스트레칭을 한 후 밖으로 나왔다. 탁자에 앉자, 종업원이 다가와 주문을 받았다. 아메리칸 브렉퍼스트, 커피, 그리고 바나나를 시켰다. 그런데 주변의 젊은이들은 주방 앞 카운터에 가서 직접 음식을 받아오고 있었다. 그렇다면, 내게 와서 주문받는 것은 무슨 이유일까? 관광객과 장기 투숙객 사이, 나는 그 어딘가에 속한 듯했다.

식사를 마친 뒤 제임스를 찾아 차량과 일정을 확정했는지 물었지만, 그는 아직 알아보지 못했다고 했다. 그럼 내가 알아보겠다고 말하고, 여행사들이 모여 있는 거리로 갔다. 여러 곳을 들러봤지만, 대부분 가이드가 동반되는 투어 상품뿐이었다. 차량만 따로 빌릴 수 있는 곳은 없었다. 그러다 한 곳에서 차량 대여가 가능하다는 얘기를 들었지만, 입장료를 제외한 요금이 200만 루피아. 비싸다고 하자 직원은 어깨를 으쓱이며 시선을 돌렸다.

그때 문득, 라보엠 호스텔 매니저에게 물어보는 것이 낫겠다는 생각이 들었다. 돌아와 매니저 파리쇼(Paricio)에게 도움을 청하자, 그는 바로 친구에게 연락해 보겠다고 했다. 잠시 후, 입장료를 모두 포함해 150만 루피아에 가능하다는 답변이 돌아왔.

랑코 동굴이 20만, 와랑 폭포가 5만 루피아로, 네 명 기준 총 100만 루피아. 그렇다면 차량 비용은 50만 루피아가 되는 셈이다. 뭔가 착오가 있는 듯했지만, 일단 기사를 만나 확인해 보기로 하고, 8시 50분 호텔 뒷문에서 만나기로 했다.

약속 시간에 파리쇼와 함께 호텔 뒷문으로 가니 깨끗한 토요타 승합차가 도착해 있었다. 운전석에는 짙은 피부에 덩치가 큰, 온화한 인상의 중년 남성이 앉아 있었다. 이름은 조셉. 나는 앞좌석에, 나머지 세 명은 뒷좌석에 나란히 앉았다. 창문을 내리자 이른 아침의 바람이 얼굴을 스쳐 지나갔다.

가뭄으로 빈약해진 와랑 폭포

첫 번째 목적지인 와랑 폭포는 라보 시내를 지나 동북쪽으로 약 30킬로미터 떨어져 있으며, 차량으로 1시간 정도 걸린다. 하지만, 출발에 앞서, 조셉과의 비용 문제를 먼저 확인했다.

그런데, 조셉은 차량 임대료만 150만 루피아라고 이해하고 있었고, 입장료는 별도라는 생각하고 있었다. 거래를 주선한 호스텔 매니저 파라쇼에게 확인했지만, 그는 말을 흐리며 명확한 답변을 피했다.

이쯤 되면 잘잘못을 따지는 건 무의미하다. 중요한 건 오늘 일정을 그대로 진행할 수 있느냐는 것이다. 내가 조셉에게 추가로 원하는 금액을 묻자, 그는 추가로 100만 루피아를 요구했다. 일행에게 이 사실을 전하자 의견이 갈렸다. 나는 "일단 나에게 맡겨달라."고 말하고 조셉에게 중간선인 50만 루피아를 제안했다. 그는 잠시 망설이다 결국 수락했다. 나는 일행에게 이는 1인당 12.5만을 추가하는 셈이고, 조셉의 하루 수입이 100만 루피아 남짓이라는 점을 설명하자, 모두 고개를 끄덕이며 수긍했다.

와랑 폭포에 가는 길은 와에레보를 갈 때처럼 산 계곡을 따라 난 비탈길이었다. 좌우로 급격히 휘돌고, 내리막과 오르막이 반복된다. 심한 구간에서는 130도 좌회전으로 가파른 내리막을 내려섰다가, 다시 45도 우회전으로 급경사 오르막을 올라야 했다.

이런 길인 줄 모르고, 며칠 전엔 스쿠터를 임대하여 혼자 다녀올 계획을 세웠었다. 우붓에서의 사고 이후 여전히 트라우마가 남아 있는 상태에서, 이 험한 길을 스쿠터로 넘는다고 생각하니 아찔하다. 그때는 평지에서 넘어진 게 다행이었지, 이곳이었다면 계곡 밑으로 굴러떨어졌을지도 모른다.

꾸불꾸불한 고개의 정상쯤에서 차는 비포장의 작은 길로 접어들었다. 길 중앙에는 깊게 팬 웅덩이들이 듬성듬성 있었고, 쓰러진 나무가 길을 막는 구간도 있었다. 우리는 마치 곡예를 하듯, 장애물을 피해 나아갔다.

그때, 한 쌍의 서양 젊은이가 커다란 스쿠터를 타고 아래쪽에서 올라오고 있었다. 웃통을 벗은 건장한 남성은 짙은 선글라스를 쓰고 반바지 차림이었고, 마치 놀이기구라도 타듯 유유히 장애물을 피하며 운전 중이었다. 뒷좌석에는 짧은 반바지에 브래지어만 걸친 금발 여성이 하얀 이를 드러내며, 우리를 향해 환하게 웃으며 격렬하게 손을 흔들어 댔다.

너무나 태연하고 여유만만한 모습이었다. 이 위험한 길에서 긴장이라곤 찾아볼 수 없고, 그저 장난기와 여유만 넘쳤다. 뜨거운 태양이 그들의 피부를 벌겋게 그슬리고 있었지만, 전혀 개의치 않는 듯했다.

예전에 만났던 밀러와 마그너스도, 아마 이런 모습으로 세상을 누비고 있을 것이다.

이윽고 폭포 안내소에 도착했다. 안내소라 해봤자 허름한 목조 오두막 하나. 앞쪽 창문을 열어두고, 중년 남자가 그 안에서 앉아 표를 팔고 있었다. 입장료는 5만 루피아. 이 비용에는 폭포 가이드의 비용이 포함되어 있었다.

폭포는 이곳에서부터 숲속으로 1킬로미터 정도를 더 내려가야 했다. 그런데 그 길이 완전한 야생 상태였다. 사람들의 발길이 오가면서 생긴 오솔길뿐이었다. 다행히 경사가 심한 구간에는 조그만 돌을 쌓아 만든 계단이 있었다.

가파른 내리막길을 몇 번이나 미끄러지며 30여 분을 내려가자, 사방에서 정체를 알 수 없는 새와 곤충들의 소리가 요란하게 들려왔다. 우리의 출현이 이들에게는 아무런 위협이 되지 않는지, 소리가 줄거나 멎는 기색도 없이 내내 숲을 가득 채우고 있었다.

한참을 내려가자, 아래쪽에서 물소리가 들려오기 시작했다. 폭포가 가까워진 것이었다. 밀림에서 벗어나 시야가 트이자, 평평해진 길의 끝에 구름다리가 나타났다. 계곡의 양쪽을 연결한, 길고 가느다란 현수교였다.

다리의 동시 통행 인원은 다섯 명으로 제한되어 있었다. 가이드를 포함해 다섯 명이 다리에 올라서자, 무게가 한쪽으로 쏠리며 현수교가 한쪽으로 심하게 기울었다. 우리는 서로를 바라보며 무게 중심을 좌우로 분산시켜 가며, 40여 미터의 다리를 스릴 넘치게 건넜다.

다리 건너편에는 짧은 계단이 이어졌고, 그 아래로는 강가로 내려

폭포에 가는 현수교
길고 가느다란 현수교는 다섯 명까지 허용된다. 무게가 한쪽으로 쏠리자 다리가 스릴 있게 흔들렸다.

가는 가파른 바윗길이 있었다. 때때로 1미터 남짓한 높이에서 뛰어내려야 했는데, 젊은이들은 가볍게 뛰어내려 섰지만, 내겐 여간 난감한 일이 아니었다. 착지 후 균형을 잡는 것이 자신이 없었다.

결국 제임스에게 도움을 청했다.

"내가 뛰어내릴 때 바위 위에서 잡아줄 수 있겠니?'"

그는 고개를 저으며 말했다.

"바위가 좁아서, 저도 함께 떨어질 수 있어요."

이때 가이드가 나섰다.

"제가 위에서 손을 잡아드릴게요, 아래에 있는 제임스의 등에 발을 디디세요."

남의 등에 발을 디딘다는 게 미안했지만, 어쩔 수 없었다. 조심스럽게 제임스의 등을 짚고 내려섰다. 젊은이들이 내 나이를 배려해 수시로 도움을 주었다. 내가 미끄러지거나 균형을 잃을 때면 재빨리 다가와 부축해 주고, 앞장서서 길을 살폈다.

가파른 길을 오래 걷는 건 괜찮지만, 자주 넘어지는 건 몸의 유연성이 예전 같지 않기 때문일 것이다. 나이가 들면 체력보다 균형 감각이 먼저 무너지는 법인가 보다.

나는 젊었을 때도 운동 신경, 그러니까 순발력이 좋은 편이 아니었다. 공간을 다투는 축구나 농구 같은 단체 운동엔 소질이 없었고, 대신 조깅이나 피트니스 같은 개인 운동을 즐겨 했다. 그런 습관 덕분에 지금도 적당한 근육과 지구력을 유지하고 있다.

하지만 이제는 그것만으로 부족하다. 몸의 유연성과 반사신경이 예전보다 훨씬 둔해졌다. 원래 약했던 부분이, 나이가 들며 더욱 도드라지는 것이다. 언덕을 오를 힘은 여전한데, 균형을 잡는 데는 매번 긴장해야 한다. 내가 노인이 되었다는 사실은, 이런 순간에 인정하지 않을 수 없다.

가이드와 제임스의 도움을 받아 바위를 타고 내려오자, 드디어 폭포가 눈앞에 드러났다. 약 100미터 상류에서 떨어지고 있었지만, 물줄기는 믿기 힘들 만큼 가늘었다. 거대한 암벽을 타고 내려오면서도, 마치 실낱같은 흰 선이 바람에 흔들리듯 흘러내릴 뿐이었다.

기대했던 굉음 대신 들려온 건, 바위에 스며드는 듯한 가벼운 물소리였다. 우기라지만, 벌써 몇 달째 비가 내리지 않고 있었던 것이다. 그제야 알았다. 찾아오는 관광객이 이렇게 적은 이유를.

인도네시아의 계절은 대체로 4월에서 9월이 건기, 10월이 전환기, 11월부터 이듬해 3월까지가 우기다. 지금은 11월, 본래라면 장맛비가 시작되어야 할 시기지만, 엘니뇨 남방 진동 현상으로 강수량이 급감했다고 했다. 지난 3월 이후로 벌써 8개월째 비 한 방울 내리지 않았다. 대지와 강이 말라붙은 지금, 상류에 흐를 물이 있을 리 없다. 그런 상황에서 이 가느다란 물줄기라도 흐르고 있다는 것이 오히려 기

빈약한 물줄기의 폭포
비 한 방울 내리지 않은 여덟 달,
바싹 마른 대지 위에서 흐르는
이 물줄기가 오히려 기적처럼 느껴졌다.

특하게 느껴졌다.

그래도 폭포 바로 아래엔 제법 물이 고여 있었다. 그때 제임스가 바지를 벗고 강으로 뛰어들었다. 능숙한 동작으로 수영하며 곧장 폭포 아래로 향했고, 곧 폴리나도 뒤따라 물속으로 들어갔다. 볼레스는 반대 방향으로 강 아래를 향해 걸어갔고, 나는 그 중간쯤까지 조심스럽게 물에 들어갔다.

강 한가운데 드러난 바위 위에 제임스가 앉아 있었다. 수량이 적고 유속도 느려, 태양에 데워진 강물은 미지근했다. 수면과 수중에는 나뭇잎, 꽃잎, 수많은 부유물과 포자들이 떠다녔다. 숲에서 떨어져 나온 흔적들이 썩어가며, 물 위를 천천히 흘러갔다. 수질은 그다지 좋지 않았다.

우리는 곧 수영을 마치고 다시 가파른 오르막길을 따라 안내소로 돌아왔다. 돌아오는 길 내내, 다른 방문객은 한 팀도 마주치지 않았다. 이 정적과 고요 속에서, 우리가 만난 와랑 폭포는 더없이 쓸쓸하게 안타깝게 느껴졌다. 몇 달째 이어지는 가뭄은 단순한 계절적 변덕이 아니라, 기후변동이 남긴 흔적이었다. 물줄기를 잃어버린 폭포는 그 자체로, 이 시대가 겪고 있는 위기를 말없이 증언하고 있었다.

랑코 동굴의 깊고 어두운 호수

다음 방문지인 랑코 동굴에 가기 위해서는 다시 바조로 돌아간 뒤, 동쪽으로 약 20킬로미터를 더 이동해야 했다. 바조 시내를 벗어나 한참을 달리다 보니, 왼쪽 바닷가에 제법 큰 컨테이너 터미널이 나타났다. 그런데 그 앞에서 도로 공사가 진행 중이었다.

공사 구간에서는 한쪽 차로를 막고, 나머지 한 차로로 교차 통행을 유도하고 있었다. 문제는 터미널 게이트 앞에 줄지어 늘어선 트럭들이 그 유일한 통행로까지 막고 있다는 점이었다. 트럭들의 진입이 지체되면서 도로 전체가 마비된 것이었다.

그런데도 누구 하나 상황을 해결하려 들지 않았다. 사람들은 그저 묵묵히 기다릴 뿐. 공사 인부들도 무심하게 제 할 일만 느긋하게 하고 있다. 초조해하는 것은 우리뿐이었다.

랑코 동굴은 오후 5시에 문을 닫는다. 지금은 3시, 시간을 벌기 위해 서둘러야 하지만, 방법이 없었다. 주변 차량들은 모두 조용히 기다리는 분위기라, 외국인인 우리가 나서서 소란을 피우기도 애매했다. 기사인 조셉에게 무언가 조치를 취해보라고 하자, 그는 어깨를 한번 으쓱하고는, 이내 두 팔을 운전대 위에 얹고 편안한 휴식 자세로 들어갔다.

그러던 중, 전혀 움직일 것 같지 않던 차량 행렬이 갑자기 꿈틀대기 시작했다. 어디선가 나타난 교통 안내원이 손짓으로 신호를 보내며 '빨

바다를 가르는 핑크 보트
핑크색 작은 보트가
빠른 속도로 랑코 동굴을 향해
바다 위를 나아간다.

리 지나가라'라고 재촉했다. 누군가 항의라도 했는지, 부두 측이 사태를 알아차리고 일 처리를 서두른 것인지 알 수는 없었다. 어쨌든, 정체되던 트럭들이 신속하게 터미널 안으로 들어가며 막혀 있던 도로가 열렸다. 교차 통행은 재개되었고, 우리는 마침내 앞으로 나아갈 수 있었다.

우리가 도착한 곳은 바닷가의 작은 마을이었다. 마을회관 마당에 차를 세우자, 한 남자가 나타나 우리를 랑코 동굴로 데려다 줄 보트까지 안내했다. 그런데 보트는 모래사장에서 20여 미터 떨어진 바다 위에 떠 있었다. 우리가 직접 물속을 걸어가 배에 올라야 했다.

신발과 양말을 벗어들고, 맨발로 바다로 들어갔다. 수온은 미지근했고, 물 위에는 각종 쓰레기가 둥둥 떠다녔다. 냄새도 심상치 않았다. 물에 발을 담그는 순간부터 후회가 밀려왔지만, 이미 들어선 이상 멈출 수는 없었다.

보트에 도착하자 젊은이 둘이 우리를 맞이했다. 곧바로 출발. 한 명은 뱃머리에 발을 내밀고 앉아 바다를 견시하고 있었고, 다른 한 명은 배 중간에 설치된 장난감 같은 작은 핸들을 돌리며 조정하고 있었다.

보트의 바닥과 지붕을 지탱하는 각재 기둥들은 온통 핑크색으로 칠해져 있었다. 마치 유치원 아이들이 소풍 가는 배에 함께 올라탄 기분이 들었다. 이걸 타고 정말 바다를 건널 수 있을까 싶었지만, 막상 넓은 수면 위로 나서자 제법 빠른 속도로 파도를 가르며 나아갔다.

배는 저 멀리 곶처럼 바다로 튀어나온 해안에 자리 잡은 수상 목조 건물을 향해 달려갔다. 약 20분 후, 우리는 그 건물 앞의 목제 덱에 도착했다. 멀리서 보이던 건물은 방문자 휴게소였다. 비바람을 피하거나, 보트를 기다리는 대기 공간이었다.

긴 덱을 따라 걸어 들어가니, 끝자락에 조그마한 건물이 하나 있었다. 입장권 판매소다. 와랑 폭포와 마찬가지로, 관리인은 오두막 앞에 놓인 작은 책상에 무표정한 얼굴로 앉아 있었다. 돈을 건네자, 그는 말없이 입장권을 건넨 뒤 고개를 돌려 안내 표시판을 가리켰다. 말 한마디 없다. 설명도 없다. 그저 손짓과 시선으로 전달되는 무언의 안내일 뿐이었다.

조그마한 모래 언덕에 올라서니, 멀지 않은 곳에 동굴의 입구가 모습을 드러냈다. 바위로 이루어진 그 입구는 마치 거대한 괴물이 입을 벌리고 있는 듯한 형상이었다.

바윗길을 따라 동굴 안으로 들어서자, 높고 너른 천장 아래 크고 작은 종유석들이 매달려 있다. 고요한 어둠 속, 그 아래에는 제법 넓은 호수가 내려다보였다. 물은 검고 깊어, 빛을 삼킨 버린 듯 아무런 반사도 없었다. 호수에는 몇몇 사람들이 수영하고 있었다. 동굴의 천장은 아치처럼 가운데가 높고, 안쪽은 컴컴하게 가라앉아 있어, 무언가 숨어 있을 듯한 으스스한 기운이 감돌았다.

입구에서 호수로 내려가는 길은 크고 작은 바위들이 겹겹이 쌓인

랑코 동굴
어두운 동굴 속 호수, 몇몇 사람들만이 수영을 하고 있다.
동굴 안쪽 어둠 속에 무언가가 숨어 있는 듯 으스스한 기분이 감돈다.

급경사였다. 바위는 물에 젖어 매우 미끄러워 보였고, 잘못 디뎠다가 미끄러지면 날카로운 바위에 부딪혀 크게 다칠 수도 있을 것 같았다. 게다가 입구를 막고 있는 바위가 빛을 가리며, 내리막길은 더욱 어둡고 음침하다.

어둠에 눈이 익은 후, 조심스럽게 내려가면 중턱에 평평한 공간이 하나 나타난다. 방문객들은 이곳에서 겉옷을 벗고 수영복 차림으로 다시 아래로 내려간다. 호수 가장자리에는 크고 작은 바위들이 수면 위로 솟아 있고, 수심이 깊어 보이는 안쪽에도 암초처럼 군데군데 바위가 드러나 있다.

이 동굴은 바닷가 산비탈에 형성된 석회암 동굴로, 스며든 해수가 아래쪽에 고여 호수를 이루었다고 한다. 나도 조심스럽게 물에 들어가 안쪽으로 천천히 수영해 들어갔다. 햇빛이 닿지 않는 탓에 수온은 제법 차가웠다.

수면 위에는 작은 부유물들이 떠다니고 있었다. 아마도 천장에 매달린 덩굴식물의 잎이 떨어져 부패해 가는 것일 테다. 어두워 잘 보이진 않았지만, 이곳의 천장과 벽은 박쥐들의 서식처일 수도 있겠다는 생각이 들었다. 어둡고 습하며 기온이 일정한 이 공간은 새나 박쥐에게는 더없이 좋은 보금자리일 것이다.

랑코 동굴은 인공적인 시설이 전혀 없다. 안내 등도, 난간도, 안전장비도 없다. 그래서 조금은 불편하고 위험하지만, 긴 시간에 걸쳐 자연이 빚은 이 공간은 더없이 신비롭게 다가왔다.

동굴 속 호수에서 20여 분쯤 머물다 밖으로 나오니 어느덧 5시가 가까워지고 있었다. 이곳의 관람 시간은 오후 5시까지. 그 이후엔 동굴 안이 더욱 어두워져 위험해질 것이다.

부두로 돌아오니, 우리가 타고 왔던 핑크색 보트가 우리를 기다리고 있었다. 보트는 올 때와 똑같은 모습으로, 단지 방향만 반대로 바뀐 채, 서서히 어둠이 내리는 바다 위를 빠르게 가로질렀다.

육지 가까이에 이르자, 우리는 다시 물에 발을 담갔다. 미끄럽게 감기는 해초를 조심스레 헤치며, 해변으로 걸어 나왔다.

나는 젖은 발을 손수건으로 닦은 뒤 트레킹화를 신었다. 그런데 제임스는 전천후다. 이 친구는 언제나 슬리퍼다. 오전에 폭포를 가기 위해 밀림 길을 걸을 때도, 지금처럼 바닷물을 걸을 때도, 늘 같은 슬리퍼였다. 슬리퍼는 익숙해지면 참 편리한 신발이다. 물에 젖은 발을 굳이 말릴 필요도 없다. 제임스는 슬리퍼를 신은 채로 걷다가도, 아이들과 뛰어다니며 축구까지 한다.

브라질 청년 제임스

제임스를 보고 있으면 여러모로 놀랍다. 고향 브라질을 떠나 세계 곳곳을 여행하고 있음에도, 마치 옆 마을을 산책하듯 태연하다. 누구와도 금세 친해지고, 무엇이든 잘 먹고, 어디서든 잘 잔다. 낯선 곳에서도 전혀 불편함이 없어 보인다.

오늘만 해도 두 번이나 바다에 들어가 수영을 했지만, 그는 그저 햇볕 아래에서 몸을 말릴 뿐, 젖은 옷조차 개의치 않았다. 작고 민첩한 몸, 낙천적인 성격. 생기 넘치는 눈빛, 제임스는 타고난 여행자인 듯했다.

그는 모국어인 포르투갈어는 물론, 남미 대부분이 사용하는 스페인어와 영어도 자유롭게 구사한다. 문법은 완벽하지 않고 억양도 독특하지만, 대화에는 전혀 문제가 없다. 오히려 그의 말투는 듣는 이의 집중을 이끌고, 대화에 자연스러운 리듬을 만든다. 그에게 언어란, 정확한 발음이나 문법이 아니라 그저 사람을 연결하는 도구다.

여행을 하다 보면 알게 된다. 낯선 언어를 사용하는 사람들 간에도 기본적인 소통은 충분히 가능하다는 것을. 눈빛, 손짓, 억양, 그리고 서로를 향한 마음이 열려 있다면, 뜻은 전달되고, 관계는 이어진다. 언어는 그렇게 사람 사이를 잇는 다리가 된다. 우리가 영어를 어려워하는 이유는 어쩌면 지나치게 완벽하려는 노력 때문이 아닐까?

제임스를 보며 다시금 깨닫는다. 세상을 살아가기 위해 필요한 것은, 특별한 능력보다도, 일상 속에 깃든 작은 차이에 귀 기울이고, 타인의 세계를 기꺼이 이해하려는 마음이라는 것을. 그런 민감한 호기심이야말로 진짜 소통의 시작이며, 세상과 연결되는 가장 본능적인 태도일 것이다.

브라질 청년, 제임스
제임스에게는 자유로운 여행자의 본능이 깃들어 있다.
낯선 나라를 옆 마을처럼 누비는 이 젊은이는, 삶을 대하는 태도가 남달랐다.

 나는 그런 호기심을 지닌 사람들을 좋아한다. 낯선 환경 속에서 익숙함을 깨뜨리고, 소리와 향기, 눈빛과 침묵을 통해 세계를 읽어내는 사람들, 프랑스의 소설가 '마르셀 프루스트'가 그랬다. 반복되는 산책과 사색을 통하여, 그는 풍경의 변화와 냄새의 농도, 교회 종소리의 여운 같은 아주 작은 차이를 포착했다. 그리고 그 차이로부터 과거의 기억을 환기시키며, 20세기 문학의 최고 걸작으로 평가받는 『잃어버린 시간을 찾아서』를 써 내려갔다.

 그 책을 읽은 뒤로, 나도 계절을 눈으로만이 아니라, 소리와 냄새로 느끼려 애쓰게 되었다. 정말 귀를 열고, 코끝을 세우면, 익숙했던 풍경은 낯설고도 다채롭게 다가온다. 복잡한 멜로디가 단순한 감정을 환기하듯, 감각은 하나의 장면을 넘어 삶의 지평을 넓힌다.

 그렇게 나는 제임스를 바라보다가, 문득 어린 시절의 내가 떠올랐다. 내 고향의 봄은 언제나 시끌벅적하게 찾아왔다. 얼었던 시냇물이 다시 졸졸 흐르고, 버드나무 줄기에 물이 올라 피리를 만들 만큼 통

통해지면, 복사꽃 향기가 온 동네를 채웠다. 들에는 종달새가 찌르르 소리를 내며 하늘로 솟아오르고, 먼 산에서는 뻐꾸기 소리가 아득하게 울려왔다. 나비가 날고, 제비도 돌아왔다.

이즈음이면, 추위에 움츠렸던 우리는 들판에 피어오르는 아지랑이를 잡으러 이리저리 뛰어다녔다. 온 세상이 생명의 소생을 노래하던 환희의 계절, 나는 오감을 열어 세상을 끌어안던 아이였다.

고향을 떠난 뒤, 나는 그 생명의 환희를 잊고 지냈다. 자연의 바람과 소리 대신 도시의 소음 속에 살았고, 계절의 변화보다 일상의 루틴에 더 익숙해졌다. 감각은 무뎌지고, 마음은 세속의 분주함 속에서 점점 메말라 갔다.

하지만, 이곳에서, 제임스를 보는 순간, 잊고 지냈던 기억들이 문득 되살아났다. 나는 깨달았다. 오래전 잃어버린 그 고향의 봄날들을 다시 찾아야 한다는 것을. 계절의 소리에 귀를 기울이고, 들판에 피어나는 작은 야생화에서 자연의 환희를 느끼며, 잃었던 나의 시간과 생명력을 되찾아야 한다는 것을.

수산물 야시장에서의 카르타고 이야기

라보엠으로 돌아와 기사 조셉과 작별했다. 저녁에는 바닷가 야시장에 가기로 했다. 바다 위에는 수많은 어선이 떠 있었는데, 왜 이제야 어시장이 떠올렸는지 오히려 의아했다.

야시장을 생각하니, 문득 10여 년 전 자카르타에서의 기억이 떠올랐다. 현지 파트너와 함께 찾은 야시장에서 먹었던 생선구이. 바닥에

야시장의 생선구이
신선한 해산물이 진열된 야시장 좌판 옆으로는 생선을 굽는 숯불의 열기와 연기가 자욱했다.

널찍한 불판을 깔고 장작불 온도를 높인 뒤, 재를 덮어 불길을 억제하고, 그 위에 꼬치에 꿰인 커다란 생선을 얹어 천천히 익혔다. 생선은 통째로 식탁에 올라왔고, 포크로 조심스레 껍질을 들추자 김이 모락모락 피어오르며 속살이 드러났다. 흰 살이 촉촉하고 부드러웠다. 그때의 생선이 얼마나 감동적이었는지, 그 후로 생선구이를 먹을 때마다 자카르타의 그 장면을 떠올리곤 했다. 입안 가득 번지는 기억의 맛, 생각만 해도 군침이 돌았다.

야시장으로 가는 길은 여행사들이 줄지어 있는 거리였다. 제임스와 몰레스는 도중에 몇 군데 다이빙 숍에 들러 투어 일정을 알아보았다. 제임스는 스쿠버 다이빙 상품을, 몰레스는 스노클링 투어를 물색했다. 숍 주인들은 대개 유럽인이었다. 유럽 관광객이 많아서일까.

가격을 물어보니, 1박 2일짜리 다이빙 투어는 270만 루피아였다. 이틀 동안 총 10회의 다이빙이 포함된 일정이다.

제임스는 두 번째로 들른 숍에서 내일 시작하는 투어를 예약하고 계약금을 낸 뒤, 장비 사이즈를 쟀다. 몰레스는 조건이 마음에 들지 않았는지 한참을 망설이다가, 결국 결정을 미뤘다.

세계의 여행자들
젊은 여행자들과 많은 대화를 나누었다. 이들은 세상이 정해 놓은 길이 아니라, 스스로의 길을 찾기 위해 고민하고 있었다.

　야시장에 도착하니, 폴리나의 친구인 이스마일과 안헬리나가 자리를 잡고 기다리고 있었다. 튀니지 태생의 이스마일은 지금 독일에, 우크라이나 출신의 안헬리나는 네덜란드에 거주한다고 했다. 짙은 피부에 사자 갈기 같은 곱슬머리를 가진 이스마엘과, 유난히 피부가 하얀 안헬리나는 대비되는 외모만큼이나 이국적인 조화를 이루고 있었다. 그들은 발리에서 플로레스로 오는 크루즈에서 만나 지금까지 함께 여행 중이라고 했다.

　야시장은 바닷가를 따라 세워진 캐노피 아래 형성되어 있었다. 줄지어 놓인 나무 벤치마다 사람들이 가득 앉아 있었고, 테이블 위에는 다양한 해산물들이 푸짐하게 올려져 있었다.

　캐노피 바깥쪽으로 좌판들이 줄지어 늘어서 있었다. 그루퍼, 고등어, 랍스터, 크랩, 새우, 조개류까지 가득 진열되어 있었고, 그 옆에서는 숯불 위에서 해산물을 굽는 연기와 열기가 자욱하게 퍼지고 있었다. 우리는 큼직한 핑크빛 그루퍼 한 마리와 새우 여덟 마리, 조개 한 무더기를 고르고, 흥정 끝에 50만 루피아에 샀다.

　생선이 구워지기를 기다리며, 튀니지 출신인 이스마엘에게 물었다.

"혹시 네 고향에서 가까운 옛 도시 '카르타고'(Carthage)에 대해 들어본 적이 있어?"

그는 고개를 저으며 모른다며 나에게 설명을 청했다.

나는 간단히 이야기해 주었다. "카르타고는 기원전 9세기 페니키아 상인들이 세운 해상 무역 도시였어. 한때 지중해를 제패했지만, 로마와 세 차례 걸친 포에니 전쟁 끝에 기원전 2세기 무렵 철저히 파괴되고 말았지. 명장 한니발이 알프스를 넘어 로마를 위협하기도 했지만, 결국 패했고, 이후 지중해는 로마의 바다, 곧 팍스 로마나의 시대가 열렸지."

나는 잠시 말을 멈췄다가, 천천히 덧붙였다.

"만약 한니발이 포에니 전쟁에서 승리했더라면, 지금의 세계는 전혀 다른 모습이 되었을지도 몰라. 어쩌면, 우리가 지금 여기서 식사하는 방식조차 튀니시식이 되었을지도 모르지."

내 이야기가 끝나자, 이스마엘이 갑자기 내 나이를 물었다. 아마도 흰머리와 눈썹 때문이었을 것이다.

"그래, 몇 살쯤으로 보여?"

그는 잠시 고개를 갸웃하더니 말했다. "마흔다섯?"

내가 주위를 둘러보자, 폴리나가 웃으며 덧붙였다. "글쎄요, 50대?"

내가 "예순아홉"이라고 밝히자 모두가 눈이 동그래졌다.

나는 평소 나이를 크게 의식하지 않는다. 물론 육체의 노화는 피할 수 없다. 하지만 이렇게 젊은 여행자들과 어울리다 보면, 나이라는 경계는 흐릿해진다. 그들과 이야기를 나누다 보면 단순한 세대 차이가 아니라, 삶을 바라보는 방식의 차이였다.

폴리나는 "이 여행은 내 인생을 설계하는 과정"이라 했고, 안헬리나는 "다양한 삶의 방식을 보고 느껴야 내 길을 정할 수 있을 것 같다."고 말했다. 정해진 성공의 이정표 대신, 자기 리듬으로 살아가려는 단단한 의지가 느껴졌다.

그들의 인간관계 역시 자유로웠다. 여행 중 우연히 만나 친구가 되고, 때로는 연인이 되기도 하며, 길이 갈라지면, 미련 없이 헤어진다. 중요한 것은, 그 순간의 진심이었다. 발리에서 내려오는 크루즈에서 만나 연인이 된 이스마엘과 안헬리아는, 지금 이 순간 서로에게 충실했다. 국적이나 학력, 직업, 나이는 중요하지 않았다. 마음이 열리고 감정이 오간다면, 그것이면 충분했다.

그들과의 대화를 나누며 내 안에서 무언가가 변하고 있음을 느꼈다. 그래서 다시 다짐했다. 앞으로는 자유로운 영혼으로 살리라. 무엇을 이루려 애쓰기보다 순간을 기뻐하고, 소유보다 만남을 귀하게 여기며, 비슷함으로 편을 가르기보다는, 다른 이들과도 기꺼이 어울리며, 무엇보다도 어린이 마음으로 살리라.

"그래, 이제부터 너희가 불어넣어 준 젊은 영혼의 리듬으로 살아가야지."

이윽고 나온 숯불에 구운 생선은 겉껍질이 거칠게 탔지만 속살은 촉촉했다. 새우는 신선했고, 맥주와 어우러져 이 여행에서 맛본 음식 중 단연 으뜸이었다. 이제 자카르타 야시장에서의 기억은, 바조 야시장의 경험으로 덮일 것이다.

생선 굽는 냄새와 자욱한 연기, 그 사이로 스며드는 시원한 바닷바람, 그리고 세계를 여행하는 자유로운 영혼들과의 대화. 이 모든 것이 어우러진 이 밤은, 언젠가 다시 떠올릴 소중한 기억으로 남을 것이다.

숯에 덥힌 별미 생선
직화로 구워진 생선의 겉껍질은 숯처럼 타버렸지만, 속살은 여전히 촉촉하고 풍미가 살아 있었다.

크게 웃으며, 이제 각자의 길로

식사 후 이스마일과 안헬리나와 작별 인사를 나누고, 우리는 바닷가 길을 따라 라보엠으로 향했다. 산책을 즐기거나 낚시를 하는 사람들이 곳곳에 앉아 있었고, 바다 위에 떠 있는 크루즈선들의 불빛이 잔잔한 물결 위에 반사되어 별빛처럼 반짝였다.

열대의 밤. 낮의 뜨거움은 사라지고 바다에서 불어오는 바람은 시원하고 상쾌했다. 무엇보다 좋은 건 자유로움이었다. 누군가는 웃통을 벗은 채 걷고, 누군가는 바닷물에 발을 담그고 물장구를 쳤다. 격식도, 억지도 없었다. 바람과 파도, 웃음으로 채워진 밤공기 속에서, 우리는 조금 더 본래의 인간에 가까워졌다.

굳이 꾸미지 않아도 어떤 일탈의 모습도 굳이 숨기지 않아도 된다. 바람이 몸을 스치며 마음속 먼지를 털어낸다. 내 안에 겹겹이 쌓여 있던 아쉬움, 원망, 안타까움은 조용히 스러지고, 그 자리에 새로운 기대와 희망, 기분 좋은 전율이 차올랐다. 그래, 본래 나는 이런 사람이었지. 세상이 온통 내 것 같았고, 뛰고 웃고 넘어져도 다시 일어나

웃던 아이.

  육체는 늙었지만, 마음은 언제든 다시 어린아이가 될 수 있다. 그래서 다짐하듯, 그냥 크게, 힘껏 웃었다. 폴리나와 제임스가 놀란 눈으로 바라보다가, 이내 웃음이 전염되어 함께 소리 내어 웃었다. 기쁨은 나눌수록 커진다는 단순한 진리를, 나는 너무 오랫동안 잊고 있었다.

  내일이면, 폴리나는 발리 챙구(Changgu)로, 제임스와 몰레스는 각각 바닷속 스쿠버 다이빙과 스노클링 투어로 떠난다. 나는 자카르타와 쿠알라룸푸르를 거쳐 귀국길에 오른다. 오늘이 플로레스에서의 마지막 밤이다.

  열하루의 시간, 나는 자유로운 영혼을 지닌 보헤미안들과 어울리며, 나이를 잊었다. 젊은이들과 웃고 걷고 함께 숨 쉬며, 오래전 묻어두었던 꿈을 다시 꺼냈다.

  라보엠에 도착한 제임스는 자기 방의 동료들이 모두 체크아웃을 했다며 "오늘 밤은 8개의 침대를 혼자 차지한다."며 익살스럽게 웃었다. 우리는 내일의 이별을 아쉬워하며 포옹했고, 서로의 여행이 행복하길 빌어주었다.

  그렇게 각자의 길로 흩어졌지만, 이 밤의 공기와 나누었던 대화, 그리고 그 웃음은 '어린이로 살겠다'는 나의 다짐과 함께 오래도록 내 안에 머물렀다.

돌아오는 길

어제저녁, 피곤이 몰려와 늦잠을 잤다. 일어나 나가 보니 모두 떠나고 없다. 폴리나는 발리로, 제임스와 몰레스는 다이빙을 하러 갔을 것이다. 아침 식사 후, 그랩 스쿠터를 타고 정오 무렵 바조 공항에 도착했다. 열흘 전, 이 공항에 도착했을 때 코모도 섬을 바라보며 품었던 환상이 이제는 선명한 현실의 기억으로 남았다. 그러나, 아주 먼 옛날, 이 땅에서 코모도와 함께 살아갔을 호모 플로레시엔시스의 자취는 여전히 상상의 세계에 남아 있다.

전날 온라인 체크인을 해두었기에, 카운터에서는 보딩패스만 받으면 됐다. 탑승 게이트 근처 계류장이 보이는 자리에 앉아 아내에게 카톡을 보냈다.

"여보, 오늘 오후 귀국 예정이야."

비행기는 예정대로 자카르타에 도착했다. 환승 구역은 개방감이 뛰어난 세련된 구조였다. 중앙 홀에서 방사형으로 펼쳐진 탑승 게이트, 수직 기둥과 수평 빔의 간결한 구조에 전통 박공지붕이 얹혀 있었다. 유리 벽면으로 밝은 햇살이 쏟아졌고, 창밖에는 코코넛 나무와 진초록 스트렐리치아, 붉은 아칼피파가 어우러진 정원이 펼쳐졌다. 이국적이지만, 더 이상 낯설지 않은 풍경이었다.

그때, 갑자기 주변이 시끌벅적해졌다. 연두색 바탕에 자주색 문양이 어울려진 전통 복장을 입은 열댓 명 남짓한 무리가 탑승 게이트로 향하고 있었다. 젊은 여인에게 어디에 가느냐 묻자, 가족과 함께 메카로 순례를 떠나는 길이라고 했다. 어린아이부터 노인까지, 세대를 아우른 대가족의 순례 여행이었다.

"몇 년을 준비한 여행이에요."

"복장이 인상적이네요."

"여행 중 흩어지면 쉽게 찾을 수 있게 색을 맞췄어요."

그러다 갑자기 한국어로 말했다.

"오빠, 괜찮아!"

K-드라마를 보며 배웠다며 웃었다. 함께 사진을 찍고 인사를 나눴다. 그들의 웃음소리는, 마치 이른 아침 나무를 가득 채우는 한 무리 새들의 지저귐처럼 생기와 기쁨으로 가득했다.

쿠알라룸푸르에 도착한 뒤, 네 시간을 기다려 인천행 비행기에 탑승했다. 이륙 직후 잠들었지만, 곧 눈을 떴다. 창밖에는 어스름한 어둠이 드리워져 있었다.

돌이켜 보면, 이번 여행은 무모했다. 예순아홉의 나이에 혼자 낯선 땅, 플로레스로 떠나다니, 아내 앞에선 아무렇지 않은 척했지만, 속으론 불안이 컸다. 그래도 이렇게 무사히 돌아간다니 다행이다.

무엇보다 감사한 건, 오랫동안 나를 얽매었던 관습과 타인의 시선에서 잠시 벗어날 수 있었다는 것이다. 인터넷도 텔레비전도 없는 곳에서 적게 일하고 적게 소비하며 느리게 사는 사람들, 해 질 녘 비탈길에 둘러앉아 담소를 나누고 아침이면 해가 뜨기를 기다리며 인사하는 얼굴들. 처음엔 낯설었지만, 그들의 삶은 내 안의 깊은 감각을 조용히 깨웠다.

그들은 내게 속삭였다.

과잉하지 말고, 상상해 온 삶을 미루지 말며, 주저하지 말고, 지금 당장 자유롭게 살아보라고. 그러면, 잊고 있던 '나'와 미래의 '나'와 마주할 수 있다고.

나는 수억 년 인류 역사에서 찰나의 체류가 허락된 존재일 뿐이다. 애써 이뤄낸 성취와 실패도 결국은 잊히고 흩어진다. 이제는 움켜쥐기보다 눈앞의 사람들과 시간을 더 깊이 느끼고 싶다. 아내가 얼마나 소중한 사람인지, 딸과 아들이 얼마나 자랑스러운 존재인지, 그들을 통해 나의 생이 어떻게 아름답게 이어지는지를.

그래서 결심했다. 세상의 풍조를 좇기보다, 내 곁에 있는 이들 속에서 나답게 살아가리라. 그 안에서 내가 존재한다는 사실을 이 여행은 내게 가르쳐 주었다.

인천공항에 도착한 새벽, 아내는 나를 공항에서 기다리고 있었다. 나를 향해 뛰어와 말없이 끌어안았다. 나는 젊은이를 흉내 내듯 말했다.

"오빠는 괜찮아!"

그녀의 온기가 가슴에 닿는 순간, 설명할 수 없는 따뜻함이 번졌다. 그건 단순한 사랑의 감정이 아니었다. 내가 어디서 왔는지, 지금 어디에 서 있는지, 그리고 아내와 함께 걸어갈 미래까지 이어질 고요한 공명의 울림이었다.

에필로그

다시 만난 아버지

나는 인도네시아를 여행하며,
잊고 지냈던 나 자신을 다시 만났다.

기억의 심연에 묻혀 있던 과거의 나와 지금의 나,
언젠가 내 딸 아들과 그들의 아이들 속에 이어질 미래의 내가
하나의 숨결처럼 되살아났다.

낡은 목선과 하멜의 표류,
부조 조각과 그림자로 전해지는 신의 메시지,
바틱 선묘화와 호모 플로레시엔시스의 뼛조각,
코모도왕도마뱀과 바닷속 세계.
그리고 길 위에서 만난 젊은 여행자들,
그 모든 만남이 내 안의 시간을 흔들어 깨웠다.

나는 문득 생각했다.
어쩌면 인생을 너무 무겁게 끌어안고 살아온 건 아닐까.

예수는 말씀하셨다.
"어린아이처럼 되지 않으면 천국에 들어갈 수 없다."

니체는 말했다.
"사람은 마침내 어린아이가 되어야 한다."

삶이란 성취만을 향한 전진이 아니었다.
멈추어 계절을 느끼고,
별빛에 전율하는 순간에 있었다.

나는 이제 안다.
욕망의 외피를 벗고
소박한 기쁨을 느끼고 싶다고.
와에레보 마을의 젊은 가장이
억만장자보다 행복할 수도 있음을.

예순아홉의 긴 여정,
성공과 실패의 조각들이 결국 오늘의 나를 만들었다.

거울 속 아버지를 떠올린다.
이제는 안다.
그 무표정은 체념이 아니라 기다림이었다는 것을.

아버지가 미소 지으며 말하실 것 같다.

"그래, 아들아, 참 열심히 살아왔구나.
이제부터, 네 마음이 가는 대로 살아라."

그 순간,
나는 어린 시절 나와 젊은 아버지가 함께 웃는 모습을 본다.
그 웃음은 내 아이들에게,
그리고 다음 세대에 이어진다.

삶은 세대를 건너 흐르는 강물,
흐르고 흘러 다시 자신에게 돌아오는 여정.
그 끝에서 나는
내 얼굴에 겹쳐지는 아버지의 미소를 다시 본다.

나는 다시, 어린이가 된다.
놀고, 느끼고, 기뻐하며,
온 우주와 시간의 결 속에 연결된 존재로 살아가기 위해.

그리고 이제부터, 어린이 마음으로 살겠다.